INTEGRATIVE LEARNING FOR LIBERAL ARTS EDUCATION

教養教育と統合知

山脇直司——［編］

東京大学出版会

Integrative Learning for Liberal Arts Education

Naoshi YAMAWAKI, Editor

University of Tokyo Press, 2018
ISBN 978-4-13-016035-3

はじめに ―― 本書の企図と構成

山脇直司

　我が国の中央教育審議会が，大きな社会変動の中での新たな教養教育構築論を唱えてから久しい[1]．しかしその間に，それとは逆行するような人文科学不要論が経済界などから起こり始めており，そうした安易な声を論駁するパワフルな教養教育論が未だに不在なように思われる．ふりかえれば，我が国の教養教育は，もっぱら大学1，2年生のみを念頭に置き，専門（後期）教育を顧みずに論じられる場合が多かった．だが今日必要とされるのは，そうした専門教育の前段階としての教養教育ではなく，一定の専門教育を修めた後の教養教育（後期教養教育），あるいは，専門教育を内包するような統合的教養教育である．

　本書は，このような問題意識から出発し，従来の教養教育論のレベルを超えて，「専門教育との相互連関」や，タコツボ的な学問状況を突破する「統合知」という観点から，様々な論者が教養教育のあり方や意義についてを包括的・多面的に考察し，論じ合ったものである．

　周知のごとく，日本で現在支配的な学部学科構成は，19世紀末以降に確立されたものである．現代において哲学は，「他の諸学問に体系的な統一を与える唯一な学」と「すべての認識と理性使用とが人間理性の究極目的に対してもつ関連についての学」とカントが18世紀末に定義した意味[2]を喪失し，多くの場合，人文学部などの一学科に格下げされ，過去の哲学研究や分析哲学の世界に埋没しており，諸科学（諸学問）は，それが他の学問とどのような関連をもつのか，それが社会にとっていかなる意味をもつのかといった問いを欠いたまま，タコツボ的な専門主義の度合いを強めている．しかし他方，科学・技術が加速度的に進展する現代社会は，「タコツボ的な専門知」だけでは扱い得ない多くの諸問題を生み出しており，専門主義を超えた「統合知」を要求している．しかし，そのような「統合知」はどのように育まれるであろうか．それはまた「新しい教養知」と呼ばれ得るものではないだろ

うか．だとすれば，「教養教育と統合知」はどのように関連し合い，どのような実践的課題を提示するのだろうか．

　ここで，戦後初代東京大学総長だった南原繁が提示していた教養論を引用してみよう．彼は次のように述べていた．

　「教養の目指すところは，諸々の科学の部門を結び付ける目的や価値の共通性についてであり，かような価値目的に対して，深い理解と判断をもった人間を養成することである．われわれの日常生活において，われわれの思惟と行動を導くものは，必ずしも専門的知識や研究の成果ではなく，むしろそのような一般教養によるものである．それは究極において，われわれが一個の人間として人生と世界に対する態度，随って道徳と宗教にまで連なる問題である．」（東京大学『教養学部報』創刊号，1951 年）．

　彼のこの言明は，教養という言葉に次の三つの含蓄を与えている．

1）　諸学問を結び付ける目的や価値の理解力
2）　日常生活における思惟や行動の指針力
3）　道徳や宗教にまで連なる人生観と世界観

　筆者が思うに，1）の意味での教養は，タコツボ的な専門教育を相対化しつつ，それをメタレベルで統合する力だと言ってよい．だがそうした力を養う教養教育は，少なくとも多くの大学では今までほとんどなされてこなかった．2）の意味での教養は，個人個人が日常生活を通して身に付ける統合的生活力であり，学校のみならず，様々な現場での経験や教育を通して培われるべきものであるが，そういう意味での教養教育はあまり効果をあげてこなかった．3）の意味での教養は，今日のグローバル社会の中で新たに論じられなければならないテーマであるが，戦前の国家神道への反動として，日本の公教育では避けられる傾向にあった．

　この三つの意味にわたる教養は，無教会派のキリスト教徒であり[3]，原子力文明に対して楽観的幻想を抱いていた[4]南原の思想的限界を乗り越える形で再考され，今日的教養教育論に反映されなければならないだろう．

　本書は，期せずしてこうした問題関心に応えるべく，日本の各分野を代表

する18名ほどの論者が論考・質疑応答する形で成り立っている．その内容を手短に紹介してみよう．

　第1部では，主に前述の2）の教養概念に見合う形で，また部分的に前述の1）の教養概念を含む形で，「教養教育を再考する」というテーマの下，これまでとは異なる教養教育論が示され，論議される．

　まず，元日本哲学会会長であり現在は東北大学の高度教養教育・学生支援機構教養教育院での総長特命教授を務める野家啓一は，かつての普遍主義的・生命主義的・エリート主義的な教養概念が崩壊した現代社会において必要な「新たな具体的教養概念」を定式化し，その上で「教養教育のために必要なカリキュラム」を提示する．そして，それに対する山脇直司と直江清隆との質疑応答を通して，議論が深められる．

　次に，東京工業大学名誉教授で，元数理社会学会会長であり，日本学術会議「高レベル放射性廃棄物の処分に関する検討委員会」委員長を務めた今田高俊が，現在の教養教育の危機を乗り越えるべく，「新たなリベラルアーツの構成要素」と「文理融合型のカリキュラム」構成を提示する．それに対して，直江清隆，水野義之，野家啓一らが質問し，議論が展開される．

　最後に，東北大学文学部教授で価値哲学と技術哲学・倫理学が専門の直江清隆が，「大学教育の全専門分野の枠を超えて共通に求められる教育」であると同時に，「社会構築に参加するための能力の育成」のための「高校までの教育と連続した教養教育」について，市民形成という観点から論じる．それに対して，すでに論考を終えた野家啓一と今田高俊が質問し，直江が詳しく応えるという形で第1部は終了する．

　第2部では，前述の1）の教養概念を具現化すべく，「統合的教養教育をめざして」というテーマの下，大学の現場でいま実際に行われている授業のあり方が披露され，それに関する質疑が交わされる．

　まず，元STS（科学技術社会論）学会会長であり，東京大学で2015-2016年度の総合文化研究科副研究科長兼教養学部副学部長を務めた藤垣裕子が，「専門を学んだあとの後期（学部後期という意味）教養教育」の在り方と意義に

はじめに——本書の企図と構成　iii

ついて自らの実践経験を基に論じつつ,「知の統合の可能性と責任ある公共
的議論を担う市民性」の教育に言及する.それに対して,第1部で登場した
野家,今田,直江と次に登場する水野が質問し,論点が鮮明にされる.

フランスSaclay原子力研究所・基礎研究所,欧州原子核研究機構
(CERN)や大阪大学核物理研究センター等を経て,現在京都女子大学現代社
会学部で教える水野義之は,「新学部」を創設した際の「工学的要素も含ん
だ社会問題アプローチ」と,「分析・総合の統合的理解」という二つの理念
を紹介しつつ,それが大学での教養教育に果たす役割について論じ,それに
対する今田と直江との質疑応答が交わされている.

最後に,元日本公共政策学会副会長で,現在は京都大学大学院地球環境学
堂教授を務める法哲学が専門の宇佐美誠が,かねてから各地の大学・大学院
で行ってきた「討論型授業」という方法を詳しく紹介しつつ,教養教育のあ
り方を論じ,それに対して,同じように長らく討論型授業を試みてきた小林
正弥(千葉大学)をはじめ,水野と直江との質疑応答が交わされ,議論の立
体化が試みられている.

第2部と第3部の間に挿入された短いコラムでは,学界の重鎮である伊東
俊太郎(科学哲学者,比較文明学者)と八木誠一(新約聖書学者,宗教哲学者)によ
る教養に関する簡潔な見解が提示されている.統合的教養教育を「文明学的
なマクロの視点」で捉えている伊東と,「認識,理解,自覚というミクロ的
な視点」で捉えている八木の見解は共に重要であり,第2部と第3部の繋ぎ
になっている.

第3部では,南原が示唆した3)の教養概念を引き継ぐべく,「人間存在
の統合知」という根源的で倫理や宗教にまでおよぶテーマが,教養教育に不
可欠なものとして論じられる.

まず,第2部の議論を承ける形で,山脇直司により,高校生から専門学者
までを対象とした「教養教育における公共哲学の統合的役割」が,「対話的
相互理解の哲学」を展開したシュライエルマッハーの知的遺産,グローバリ
ズム,ナショナリズム,ローカリズムを越える「グローカルな人間」論,社

会諸科学を統合する後期教養教育などの視点から論じられ，それについて，山脇と共に日本で公共哲学を展開してきた小林正弥との質疑応答が交わされる．

　次に，東京大学で数学と科学哲学を学びつつ，キリスト教と仏教の双方を学び，京都学派の哲学にも造詣が深く，国際ホワイトヘッド学会理事を務める田中裕は，ホワイトヘッドにおける「古典教育と科学教育の統合」と「人間存在の統合」の試みを論じつつ，最後に「日本の伝統を踏まえた統合教育」の在り方を提唱し，そのための具体的活動に関して，末尾での山脇との質疑応答の中で示唆している．

　続いて，統合学術国際研究所理事長であり，日蓮宗の僧侶として宗教間対話にコミットしている竹内日祥は，第二バチカン公会議以降のカトリック教会の動きに連動する形で，「諸宗教間対話」の必要の論理づけを試み，そのためには「個性や多様性を活かす統合的思考や存在論」が不可欠という見解を打ち出す．そしてそれを承けつつ深化する形で，東西宗教交流学会会長でもある前述の田中裕が，「統合学」を，integral science ではなく，integral philosophy と理解した上で，「自己言及を含む存在論」を論じている．

　ところで，これまでの教養教育における宗教学の内容や位置付けは，哲学や倫理学と比べとかく曖昧であった．特定の宗派に偏らず，宗教を論じることが学問的にどのようにして可能だろうか．次にこのテーマをめぐって，日本の宗教学の重鎮である島薗進上智大学グリーフケア研究所所長が「生きる意味（求心的問い）と「多様性（遠心的問い）」という観点から論じ，それに対して京都大学で宗教学を講じる杉村靖彦が自らの宗教学論を提示しつつ，積極的に質問を投げかけ，島薗がそれに応えるという議論が展開されている．

　さて，「脳死は人の死か」という議論が起こり始めたのは数十年前に遡る．そうした中，欧米，特にアングロサクソン系の生命倫理学者の間で，人間は意識をもつ限りで人間であるという「パーソン論」が台頭した．そのような皮相なパーソン論に早くから反対し，生命倫理の数々の問題に発言してきた森岡正博早稲田大学人間科学部教授は，パーソン論に代わる「ペルソナ論」を最近唱えており，本書第3部を締める今回の論考では，自らの父親の死に遭遇した経験から始め，「生命のシェア」という視点から自身の生命論を展

はじめに——本書の企図と構成　v

開している．それを受けた前述の島薗進のコメントと質疑応答は，このテーマの深みを理解する上で多くの刺激を与えるであろう．

第4部は，統合的な教養力が試される現代社会の重要テーマが「現代社会の課題と統合的教養」として論じられる．

原子力，グローバル資本主義，IT 社会の行方などのテーマは，いずれも現在進行中の社会的争点や現象に関わるものであり，その意味で教養教育にとっても挑戦的テーマであると言えよう．実際にこれらは，第1，2部で論議された「文理融合的思考と市民性（シティズンシップ）の教養力」が共に必要な領域である．

まず，2011 年3 月に起こった福島第一原発事故以来，「原発問題」は国民的な一大テーマになった．しかし原発問題を考えるためには，「エネルギー技術と絡む包括的視野と統合的論議」が必要である．この重要テーマに関して，民主党政権時代に原子力委員会委員長代理を務めた鈴木達治郎長崎大学核兵器廃絶研究センター長が，福島原発事故の教訓を踏まえた上で，エネルギー技術，特に「原子力と現代社会の関係」に焦点を当て，そのリスクと二面性について検討し，特に事故以降に失われた「信頼」の回復に向けて，何をすべきかを統合学的に考察している．それに対し，日本学術会議「高レベル放射性廃棄物の処分に関する検討委員会」委員長を務めた今田が長いコメントと短い質問を行い，それに加えて山脇と水野の質問に対して，鈴木が応えるという形で議論が展開される．

さて，現在の「グローバル資本主義」は，世界情勢のみならず我々の日常生活にも大きな影を及ぼしている．しかしグローバル資本主義を捉えるために現在の大学で教えられている「マクロ経済学」がどれほど役立つであろうか．次に，このテーマについて，平井俊顕日本ケインズ学会会長・上智大学名誉教授が論ずる．彼は，グローバル資本主義の特質を彼なりの統合的観点からとらえつつ，この問題を考える上で，現在のマクロ経済学はあまり役に立たず，「経済に及ぼす政治的要因」を十分考慮に入れるような経済学の変革と，専門分野に拘泥せず，「いま最も重要と思う経済問題」を直接に論議できるような教育環境と教養教育の創出に期待を寄せている．末尾の山脇と

の質疑応答と合わせ，経済学の行方を読者に考えて頂きたい．

　ところで，第1部の今田論文が示すように，今後の文理融合の教養教育に，「IT のリテラシー」は不可欠である．第4部の最後は，長らく IT 産業に携わり，JST（国立研究開発法人科学技術振興機構）の研究開発戦略センター上席フェローも務めた岩野和生株式会社三菱ケミカルホールディングス Chief Digital Officer が，IT 開発の進行と現状を独自の観点から捉えた論考を提示している．岩野は，IT 開発の急激な進化によって現れつつある知のコンピューティングの状況を，「物理的世界とサイバー的世界が不可分の状態となって生み出される新たな世界」としての「リアリティー 2.0」と呼び，そこで新たに生まれる「森羅万象の価値創造に伴う様々な問題」を統合的に論じている．その内容はやや難解ではあるが，この分野に疎い読者にとっては，多くを学びうる論文であり，それに続く宇佐美，水野，山脇との質疑応答によって，統合学的・教養論的・哲学的な諸論点が鮮明にされていくプロセスも興味深い．

　このように本書は，多様な論者によってこれからの教養教育の在り方や統合知の必要性・可能性が追究され，論じ合われている．読者の方々には，それらの論議に自ら参加される形で，本書を味わって頂きたく思う所存である．

注

1) 「新しい時代における教養教育の在り方について（答申）」中央教育審議会，2002年2月21日．http://www.mext.go.jp/b_menu/shingi/chukyo/chukyo0/toushin/020203/020203a.htm

2) Kant, Immanuel, *Logik: Ein Handbuch zu Vorlesungen*, Hamburg: Felix Meiner, 1800→1904（カント『論理学序論』III，湯浅正彦・井上義彦訳，岩波書店，2001年）．

3) 南原のキリスト教（プロテスタント）信仰は，当時，それなりの大きな意義をもっていたことは否定できない．しかし今日の宗教間対話の哲学は，キリスト教中心主義を脱して展開される必要があるだろう．

4) 上丸洋一『原発とメディア』朝日新聞出版，2012年，39頁によれば，南原繁はこの教養論に先立つ1947年9月30日の東京大学卒業式で次のように述べたという．「最近における原子力の発見は第二次産業革命をもたらすであろう．すでに原子力の時代は到達している．」しかし，このような楽観的文明論は，今日では通用しないことが明らかとなった．

はじめに──本書の企図と構成　　vii

『教養教育と統合知』目次

はじめに——本書の企図と構成　　山脇直司　i

第1部　教養教育を再考する

第1章　「教養」のための弁明 [アポロギア]　　野家啓一 ……………………… 3

はじめに　3

1. 「教養」の来歴　4
2. 「教養」の行く末　6
3. 専門知と教養知　8
4. 方向感覚と平衡感覚　10

野家論文への質疑と応答　13

第2章　新しいリベラルアーツを求めて　　今田高俊 ………………… 19

1. 新たな教養教育の要請　19
2. 教養教育の危機　21
3. 新リベラルアーツを求めて　23

3.1　市民性の啓蒙（公共心の涵養）　　3.2　品格の陶冶（人格形成）

3.3　俯瞰力の育成（文理融合）

4. カリキュラムの構成へ　30

今田論文への質疑と応答　33

第3章　教養教育と市民形成　　直江清隆 ……………………………… 39

1. 倫理から市民形成へ　39
2. 人格形成と市民形成　42
3. 市民形成に向けた教育　45

直江論文への質疑と応答　51

第2部　統合的教養教育をめざして

第4章　後期教養教育と統合学
——リベラルアーツと知の統合　藤垣裕子 ……………… 57

1. 後期教養教育とは　57
　　1.1　教養とは何か　　1.2　日本における教養の理念
2. 後期教養教育の実践例　61
　　2.1　異分野交流授業の実施　　2.2　「往復」と教養
3. 後期教養と知の統合　64
4. 市民性教育 —— 公共空間論と責任論とリベラルアーツ　67
　　藤垣論文への質疑と応答　72

第5章　新学部創設と社会問題アプローチ
——「教養」としての統合知を目指して　水野義之 ……… 77

　はじめに　77
1. 新学部創設の前夜　77
2. デカルト，ニュートンの「分析」と吉川における総合の課題　78
3. 新学部創設の理念　79
4. 「社会問題アプローチ」の教育効果 —— 卒業生の言葉から　81
5. 吉川の俯瞰的な工学教育思想との関係　83
6. おわりに——分析と総合，「教養」としての統合知を目指して　85
　　水野論文への質疑と応答　88

第6章　討論型授業による教養教育　宇佐美 誠 ………………… 93

1. 教育の内容と方法　93
2. 一方向型授業から多方向型授業へ　94
3. 討論型授業の仕組み　96
4. 討論型授業の二つの意義　99

5.　教養教育における討論型授業　101

　　　宇佐美論文への質疑と応答　102

コラム1　教養教育と統合教育　　　伊東俊太郎 ……………………110

コラム2　教養ということ　　　八木誠一 ………………………113

第3部　人間存在の統合知

第7章　教養教育における公共哲学の統合的役割
　　　　　――シュライエルマッハー的アプローチ　　山脇直司 ………121

　はじめに　121

　1.　市民のための教養教育における公共哲学の統合的役割　121

　　　1.1　シュライエルマッハーの教育論――その独自性と現代的意義

　　　1.2　「グローカル」な教養教育と人間像――ナショナリズム，グローバリズ
　　　　　ム，ローカリズムを越える教育

　2.　後期教養教育における公共哲学の統合的役割　127

　　　山脇論文へのコメント（小林正弥）と応答　129

第8章　ホワイトヘッドの教育論
　　　　　――古典教育と科学教育の統合　　田中　裕 ………………136

　1.　ホワイトヘッド自身が受けた古典教育の「公共性」　136

　2.　ケンブリッジ大学の「使徒団」とプラトン的対話による自己啓発　138

　3.　ロンドン大学時代のホワイトヘッドの教育論
　　　　――教育の目的と自己啓発の3段階　141

　4.　ハーバード大学時代のホワイトヘッドの哲学における「宇宙の直観と
　　　　感情」　143

　5.　日本の教養教育の今後とホワイトヘッド
　　　　――岡潔の思想との対比を通して　145

　　　田中論文へのコメント（山脇直司）と応答　148

第9章　宗教間対話と存在論　　竹内日祥，田中　裕‥‥‥‥‥‥‥‥‥151

1. 21世紀の多元化社会と「宗教間対話」 151

2. 宗教間対話に期待される具体的成果と課題 152

3. 宗教間対話と自己言及 —— 竹内論文を受けて 154

第10章　教養教育における宗教学の役割
　　　　—— 教育環境の変化のなかで　　島薗　進 ‥‥‥‥‥‥‥158

はじめに 158

1. 生きる意味と宗教性 —— 求心的な問い 160

2. 多様性を学ぶこと —— 遠心的な問い 163

おわりに 166

　島薗論文へのコメント（杉村靖彦）と応答 168

第11章　そこに人間がいるとはどのようなことか
　　　　—— 「生命の哲学」の視点から　　森岡正博 ‥‥‥‥‥‥176

はじめに 176

1. パーソン論的人間観 177

2. シェアの次元 180

3. シェアの次元についての若干の考察 184

4. ペルソナの次元 186

　森岡論文へのコメント（島薗　進）と応答 189

『教養教育と統合知』目次　xi

第4部　現代社会の課題と統合的教養
——原子力，グローバル資本主義，IT 社会——

第12章　現代社会とエネルギー（原子力）問題
——その統合学的考察　　鈴木達治郎 ……………………… 199

はじめに　199

1. エネルギー技術の特徴　199

2. 原子力・核技術の二面性　201

3. 福島原発事故の教訓と意義　202

　　3.1　事故原因の究明　　3.2　事故後の対応——不十分な社会対策

4. 原子力のリスクと社会　206

5. 原子力と核兵器問題——核燃料サイクルとプルトニウム問題　207

6. 国民の信頼回復に向けて何をすればよいのか？　209

7. 日本のエネルギー政策は変革したのか　210

結びに代えて　212

　　鈴木論文へのコメント（今田高俊，山脇直司，水野義之）と応答　214

第13章　グローバル資本主義と主流派マクロ経済学の抱える問題性
——政治経済学的志向の必要性　　平井俊顕 ……………… 226

はじめに　226

1. 資本主義とグローバリゼーション　226

　　1.1　資本主義　　1.2　グローバリゼーション

2. 主流派マクロ経済学の問題性　232

3. 「政治」経済学と後期教養教育　234

むすび　236

　　平井論文へのコメント（山脇直司）と応答　240

第14章　知のコンピューティングと森羅万象の価値創造
——リアリティー 2.0 試論　　岩野和生 ……………… 245

1. 情報科学技術の進展とその役割の変遷　245

xii　　『教養教育と統合知』目次

2.「リアリティー 2.0」の世界　248

3. 機能のエコシステムを実現するサービスプラットフォーム　250

4. 実体定義レンズによる機能のエコシステムの実体化　251

5.「リアリティー 2.0」のもたらすインパクト　255

6.「リアリティー 2.0」の世界における将来のサービスの形　257

7. 知のコンピューティング　257

8. さまざまな課題　260

　　岩野論文への質疑と応答　263

おわりに　　山脇直司　271

編者・執筆者紹介　273

第1部　教養教育を再考する

　「はじめに」でも述べたように，この第1部では，3名の論者が過去の教養教育に代わる「これからの教養教育のヴィジョン」を提示し，それについて議論が交わされる．ここで論点となるのは，現代における教養教育ないしリベラルアーツの意義と復権，教養教育がなされる段階（初等中等，高校，大学前期・後期，大学院，社会人，全生涯など），教養知と専門知の違いと関連，新しいカリキュラムのあり方，文理融合の必然性とその内容，教養教育がめざす市民性（シティズンシップ），等々である．これらは本書全体のベーシックな諸論点であり，読者の方々には，この第1部を本書の（少し長めの）イントロとして受け取って頂きたく思う．

第1章 「教養」のための弁明^{アポロギア}

野家啓一

教養のたりない国では
扇動家は
ティーンエージャーのご機嫌をとる.
　W. H. オーデン「欄外に」（中桐雅夫訳）
　　（『オーデン詩集』沢崎順之助編，思潮社，1993年）

はじめに

　「教養」という言葉は，もちろんいまだ死語にはなっていない．実際，大学の呼称や学部・学科の名称の中には，今なおそれはしぶとく生き残っている．だが他方で，私の学生時代（1960年代から70年代）ほど大手を振ってまかり通っていないこともまた事実である．その当時は，書店に立ち寄れば『現代教養全集』（全15巻，筑摩書房），『世界教養全集』（全34巻，平凡社），『現代の教養』（全16巻，筑摩書房）といったシリーズものがところ狭しと書棚に並んでおり，文庫本の棚の一角は『現代教養文庫』（社会思想社）によって占められていた．そのうちの何冊かは，黄ばみはしたものの，いまだに私の本棚にも並んでいる．いわば「教養」は戦後の一時期まで，人々がある種の憧れをもって口にする知のシンボルだったのである．

　ところが，大学の教養科目が学生たちによって「パンキョウ」と呼び捨てにされ，やがて文部科学省による規制緩和策，すなわち大学設置基準の大綱化により，ほとんどの大学から「教養部」が消滅するにつれて，「教養」は人々の口端に上らなくなり，まして誇らしげに「教養人」を自認する人は底を払った．小林信彦の「死語を使うことはべつにイケナイことではないのである．ただ，きいている方が少々気恥ずかしい．それだけのことである」[1]

という言を踏まえるならば，教養という言葉は死んではいないものの，正面切った使用にいささか気恥ずかしさを伴うという意味で「半死半生語」[2] と呼ぶべきかもしれない．青息吐息の「教養」のために，それを蘇生させるべく柄にもない「弁明（apologia）」を買って出たゆえんである[3]．

1.「教養」の来歴

今日では「教養」という語は，英語の culture やドイツ語の Bildung の翻訳語として流通している．だが，現在われわれが使っているような意味で「教養」が用いられ始めたのは，それほど古いことではなく，大正年間に属する．たとえば明治 17 年（1884）に刊行された井上哲次郎・有賀長雄による『改訂増補哲学字彙』を見ると，Culture の項には「修練」，Scientific culture には「科学修練」とあるのみである[4]．次いで明治 45 年（1912）刊行の井上哲次郎・元良勇次郎・中島力造『英独仏和哲学字彙』によれば，Culture には「修練，文化，人文，礼文，礼脩，修養」が，Bildung には「形成，構造，文化，礼文，礼脩，修養，修整，教育，涵養，薫陶，陶冶，養成」が当てられており，だいぶ訳語が豊富になってきてはいるものの，いまだ「教養」は顔を出していない[5]．

それらに先立つ明治 8 年（1875 年）に中村正直は「善良なる母を造る説」と題する演説を行っており（後に『明六雑誌』第 33 号に掲載），そこには「同権か不同権かそれはさておき，男女の教養は同等なるべし．二種あるべからず」[6] との文章が見える．しかし，これは女子教育の必要性を説く文脈に現れる文言であり，明らかに「教養」は「教育」を意味している．少なくとも明治年間には，学問や知識に裏付けられた品位や人格といった意味での「教養」概念は，いまだ一般化してはいなかったようである．

大正年間に入ると，大正教養主義との呼び名もあるように，「教養」の用法もほぼ今日のわれわれのそれと異なるところはなくなる．そうした用法の普及に力があったのが，人格主義を説いた阿部次郎の『三太郎の日記』（大正 3 年～7 年〔1914-18〕）にほかならない．そこでは教養が自己の発見や人格形成と密接に結びつけられている．たとえば「この意味において，民族的自

覚並びに教養は，我らの意識的努力を命ずる一つの規範であることができる．それは我らが自己を発見し自己を教養する努力の一部分として，その存在の理由をもっているものである」[7]といった具合である．ここでは「教養する」という動詞が用いられており，これは「教育する」という意味の残滓とみるべきかもしれない．

しかしながら，そこから阿部次郎は「しかし自己を発見する努力が民族的自覚をもって終結し，自己を教養する努力が民族的教養によって完成すると思惟するは大なる誤謬である」[8]と，日清・日露両戦争の勝利に沸き立つ世論を背景に勃興した「浅薄なる民族主義」[9]に釘を刺すことを忘れていない．それゆえ阿部にとって，「教養」はもとより民族や国家に局限されるものではなく，人間的普遍につながるものであることは自明であった．それは次のような一節を見れば明らかである．

「そうして自己の教養として見るも，民族的教養は我らにとって唯一の教養ではない．およそ我らにとって教養を求むる努力の根本的衝動となるものは普遍的内容を獲得せんとする憧憬である．個体的存在の局限を脱して全体の生命に参加せんとする欲求である．（中略）我らの目標とする教養の理想がひっきょう神的宇宙的生命と同化するところにあることは，自己の中に教養に対する内面的衝動を感じたことのあるほどの者の何人も疑うことを得ざるところである．従って我らが教養を求むるは『日本人』という特殊の資格においてするのではなくて，『人』という普遍的の資格においてするのである．日本人としての教養は『人』としての教養の一片に過ぎない．」[10]

出発点における「教養」概念が，このような普遍主義志向をもっていたことを，われわれは忘れるべきではないであろう．それは「民族的特殊」ではなく「人間的普遍」を目指すものとして当時のヒューマニズム思想と軌を一にしていた．大正教養主義が大正デモクラシーや大正リベラリズムの運動と不即不離の関係にあったゆえんである．われわれとしては，半死半生語となる以前の「教養」概念が，その初発の志において，このような普遍主義およ

び生命主義の理念と緊密に結びついていたことに改めて注目しておくべきで
あろう.

2. 「教養」の行く末

　先に Culture や Bildung に充てられた明治期の訳語が「修練」や「修養」
であることを見てきたが,唐木順三によれば,大正期の「教養」はこの儒教
的「修養」に対置された概念であり,それは広い意味でのヒューマニズム思
想の中に位置づけられるべきものだったのである.

　　「ヒューマニズムの第四のあらわれは,ここで我々が当面している『教
　養』である.それは明らかに儒教的な『修養』に対置される概念である.
　修養という文字の古くささに対して教養が如何に新鮮な匂いをただよわし
　ていることか.そこでは『型にはまった』ことが軽蔑せられる.形式主義
　が斥けられる.そして人類の残した豊富な文化の花の蜜を自由に,好むま
　まに集める蜜蜂のような読書が尊ばれる.そしてその花蜜によって自己の
　個性を拡大しようとする.」[11]

　ここでは,まさに阿部次郎が『三太郎の日記』で開陳したような,普遍主
義的・生命主義的な「教養」のあり方が鮮やかに描き出されている.唐木は
そうした教養概念を体現した知識人の典型を哲学者の三木清のなかに見てお
り,三木自身の言葉を借りてそれを「教養派」と名づけている.唐木によれ
ば「教養派の主傾向は豊富な読書,文学と人生論についての古今東西に渉っ
ての読書と,個性の問題であった」[12]のであり,その背後には選ばれた者と
してのエリート意識が見え隠れしていた.すなわち「教養派は自己を天才と
して自覚しえないとしても,少なくとも天才を追体験しうると自負する.自
己の大衆に対する優越感,俗物に対する嫌悪,型にはまった規範の無視,そ
ういうことが必然の結果となる」[13]というわけである.そこからは旧制高校
を制度的基盤とした,いわゆる鼻持ちならない教養主義の風潮が生じるであ
ろう.

だが，敗戦によって旧制高校が解体され，大学の大衆化によってエリート層が消滅するに伴い，古き良き「教養」概念もまたそれと運命をともにせざるをえなかった．大学における「教養部」の解体がそれに追い打ちをかけたことは言うまでもない．「教養」は唯一の支えであった，その社会制度的基盤を失ったのである．唐木は1952年に書かれた「教養ということ」と題されたエッセイのなかで，「文化」という言葉の形骸化を見据えながら，「教養」概念の行く末について，次のような見通しを述べている．

「修養の生きていた時代には，外来的なものと内在的なものとの対決，総合には葛藤があった．教養の段階，殊に客観的教養にいたると，葛藤のない享受になる．美的享受である．更に下って，享受者の核がなくなり，感覚が鈍り，三太郎のいう内面的生活がくずれる段階にいたると，外来的なものの読書力，紹介力，翻訳力が教養になり，更にまた翻訳された文庫本を多く読むことが教養であるということにもなってゆく．（中略）文化，殊に物質的人工物は模倣が容易であるだけに，早く文化住宅，文化鍋を生み，遂には動物園の象にまで文化を顕彰するにいたって，風刺化され終った．教養がまだある品位を維持しえているのは，外国語を読むこと，文字を読むことには努力がいるからである．やがて教養自身が風刺化され，『話の泉』の物識り博士化されるのも遠くはないだろう．」[14]

このように唐木が懸念した通り，戦後70年を経た「教養」概念は，人々の憧憬の的であったオーラを喪い，一時期の若者を魅了した輝きはもはや見る影もない．かつては教養の基盤であった大学教育の場も，今日では専門知識の授受と職業訓練の準備（インターンシップ）に汲々としている有様である．だが，もともと教養とは専門知識にも職業訓練にも，すなわち実際的効用には還元できない何ものかであり，それだけが「人間的普遍」へと通じる道であった．だとすれば，「教養」という名を冠するかどうかは別として，それは民族対立や宗教間の葛藤が激化している現在でこそ必要な何ものかであるはずである．すでに百年ほども前に，阿部次郎は「普遍的妥当性に対する純真なる憧憬を欠くとき，あらゆる教養は，あらゆる学術はその根底を喪

第1章 「教養」のための弁明　7

失する．此の如き教養は民族と民族との間の憎悪を増進する『戦争』の道具となるに過ぎないであろう」[15]と喝破していた．そのことを念頭に置きつつ，以下では現代における教養のあり方について考えてみたい．

3. 専門知と教養知

　私が「教養」という言葉から連想するのは，いささか唐突ながら，ジョン・フォード監督の西部劇『荒野の決闘』（1946 年）の 1 場面である．弟を殺害した牛泥棒の犯人を追ってツームストーンの町に入ったワイアット・アープ（ヘンリー・フォンダ）は，そこの酒場で賭博の元締めドク・ホリデイ（ヴィクター・マチュア）と知り合う．ある時，流れ者の旅役者がクラントン一家の若者に責められ，やむなく「生きるか，死ぬか，それが問題だ」[16]と『ハムレット』3 幕 1 場の長台詞を朗誦し始める．だが「眠れば，たぶん夢を見る，そう，そこが厄介なのだ」あたりで行き詰まって狼狽すると，止まり木にいたドク・ホリデイがそれを引き取って台詞を諳んじてみせる，という印象深い場面である．

　いまは賭博師に身を落としているドク・ホリデイが，医師免許をもった「教養人」であることの片鱗を垣間見せるシーンだが，もちろん彼が傷病人の手当をしたところで（あるいはいかさま賭博を見破ったところで），それは専門知識の提供ではあっても，おそらく教養とは呼ばれないであろう．いわば専門知識以外の場面で臨機応変に発揮される多彩な能力，その身体と心になじんだ「懐の深さ」こそが教養なのである．かつてのヨーロッパ宮廷社会では「ギリシア語，ラテン語の知識はもちろんのこと，古典著作から適切な引用句を発見して，会話にくわえるのは，必須である．数学も哲学も音楽も歴史学も，そしてなにより演劇と詩の美学に通じていなければならない」[17]というのが教養人の条件であったと言われる．その意味では，シェイクスピアを適切に引用できるドク・ホリデイもまた教養人の端っこに加えられてよいのである．

　むろん，こう言ったからといって，シェイクスピアを暗唱できることやラテン語の詩句を引用できることが「教養」だと言いたいわけではない．たし

か教養部解体がマスコミの話題になっていた頃であろうか，教養部の英語の教員が，1年生を相手に自分の専門のシェイクスピアをテキストに授業をしているということが，揶揄と非難の対象になったことがある．その批判にも，たしかに一理はあるであろう．しかし，大学4年間を通じてシェイクスピアを1行も読んだことのない学生に，学士号を与えて卒業させてよいものかどうか，私は大いに疑問である．少なくとも，そのような学生が現在どの大学でも育成を目指している「グローバル人材」でないことだけは確かであろう．

だが，シェイクスピアを読むことがイノベーションや営業活動に何の役に立つのか，と大真面目に問われれば，問い自体の馬鹿馬鹿しさはさておき，「役に立つ（useful）」とはさほど自明の価値ではない，と答えざるをえない．かつてユークリッドは，幾何学を学びにきた若者が「幾何学は何の役に立つのですか」と問うたところ，すぐさま小銭を与えて追い返したという．「役に立つ」という言葉が軽蔑的な（pejorative）意味をもった時代もあったのである．それが遠い昔の外国の話だというのならば，山田洋次監督の時代劇『たそがれ清兵衛』を引き合いに出してもよい．

主人公の井口清兵衛（真田広之）は妻を労咳で亡くし，男手一つで幼い姉妹と認知症の母親を養っている50石取りの貧乏侍である．ある晩，囲炉裏端で清兵衛が手内職の虫籠作りに励んでいると，その傍らで長女のカヤノが針仕事をしながら寺子屋で習った『論語』の復誦を始める．彼女は「子曰く，人の己を知らざることを患えず，人を知らざることを患う」と唱えながら不意に朗誦を止め，父親の清兵衛に問いかける．「おとはん，針仕事習って上手になれば，いつかは着物や浴衣が縫えるようになるだろ．んだば，学問したら何の役に立つんだろ」．清兵衛は「んー」としばし答えにつまったあげく，「学問は針仕事のようには役に立たねえかものー．いいかカヤノ，学問しえば自分の頭で物を考えることができるようになる．考える力がつく．このさき世の中がどう変わっても，考える力もっていれば，何とかして生きていくことができる．これは男っこも女っこも同じことだ．わかるか？」と語りかける．そして二人は一緒に「われ日にわが身を三省す．人の為に謀りて忠ならざるか，朋友と交わりて信ならざるか……」と『論語』の復誦を楽しげに続けるのである．

第1章 「教養」のための弁明　9

このあたりの会話はすべて庄内弁でなされるのだが，残念ながら活字では再現できない．だが二人のやりとりは，専門知と教養知の違いを巧まずして浮き彫りにしている．すなわち針仕事は一種の専門知であり，直ちに生活の役に立つと同時に，手に職をつけるという意味で職業訓練でもありうる．対して『論語』の素読は，それによって病気を治したり株で儲けたりできないという意味では役に立たない．とはいえ，世の中が変わって，針仕事がミシンの操作や自動織機に取って代わられたとしても，『論語』の内容は普遍妥当性を維持し続けるであろう．つまり『論語』が養っているのは時代によって変化する専門知ではなく，人間的普遍に立脚した「考える力」，すなわち社会生活の基盤となる思考力や判断力なのである．そうだとすれば，この何気ない映画の1シーンは，われわれが目指すべき教養知のあり方を問わず語りに教えてくれていることになる．それを私流に言い直すならば，教養知を支える柱は，方向感覚と平衡感覚の醸成，それと古典の読書である．

4. 方向感覚と平衡感覚

冒頭で教養という言葉が「半死半生語」となっていると述べたが，それは逆からいえば「教養」という概念が再定義，新たな定義を要求しているということでもある．そのための手がかりとして，ここでは林語堂と阿部謹也の定義を掲げておこう．

「教育または教養の目的は，知識のうちに見識を養い，行為のうちに良徳を培うにある．教養のある人とか，または理想的に教育された人とは，かならずしも多読の人，博学の人の謂いではなく，事物を正しく愛好し，正しく嫌悪する人のことである．(林語堂)」[18]
「教養とは自分が社会の中でどのような位置にあり，社会のために何ができるかを知っている状態，あるいはそれを知ろうと努力している状態である．(阿部謹也)」[19]

教養が多読や博学に尽きるものではない点で両者は共通している．とりわ

け阿部は「状態」と言う言葉で，教養を実体としてではなく機能として捉え
ようと試みている．また林のいう「事物を正しく愛好し，正しく嫌悪する
人」とは，是非善悪，理非曲直をわきまえている人，つまり倫理感覚に裏打
ちされた判断力を備えた人ということであろう．これを私は社会的な「平衡
感覚」と呼んでおきたい．さらに阿部のいう「自分が社会の中でどのような
位置」にあるかを知っている状態のことを未来を模索する「方向感覚」と呼
ぶことにする．

　後者の方向感覚とは，歴史と社会の中で自分の現在位置を確認するための
地図を描くことのできる能力，と言い換えてもよい．現代社会における自己
の位置を確認するためには，歴史や地理の知識のみならず，科学技術の社会
的影響や地球環境の危機について知らないではすまされない．そうした科学
技術の知識なしに自分と社会がこれから進むべき道を探し当てる「方向感
覚」を研ぎ澄ますことはできないであろう．つまり現代人の教養には，人文
社会リテラシーとともに科学技術リテラシーが不可欠の部分として含まれて
いなければならないのである（その意味では，現在のリベラルアーツ概念は，
著しく人文社会リテラシーに偏っているように見える）．

　だが，現在位置確認のための地図は，当然ながら自分を中心にして描かれ
ているはずである．そこには他者が欠けている．それを補完するためには，
何よりも自己相対化の視点を導入する必要がある．つまり，自己中心的な物
の見方や考え方（ジコチュウ）を排し，自民族中心主義（エスノセントリズ
ム）のイデオロギーを否定する精神態度，それが「平衡感覚」にほかならな
い．言葉を換えれば，平衡感覚とは他者を理解し，他者に共感する能力であ
り，それは必然的に「人と人との間」に成立する規範，すなわち倫理感覚と
表裏一体のものなのである．

　それでは，方向感覚と平衡感覚を養うための教養教育はいかにあるべきな
のか．科学技術リテラシーと人文社会リテラシーの双方に目配りをしてカリ
キュラムを組むとすれば，その柱をなすのは以下のような科目である．

- 科学技術社会論（STS）
- 現代史（アジアを中心とする 20 世紀の歴史）
- 古典の繙読

第 1 章 「教養」のための弁明　11

科学技術リテラシーといっても専門基礎としての自然科学はそれぞれの専門科目の予備教育に任せればよい．教養教育として必要なのは，科学技術のシヴィリアン・コントロールのための最低限の知識である．したがって，そこには生命倫理や環境倫理の学習も含まれることであろう．

　人文社会リテラシーは，アジアの「他者」を軸に，その歴史や文化を知ることに多くの時間が割かれるべきである．それなくしては，自己の現在位置確認のための正確な地図を描くことはできない．言わずもがなの「古典の繙読」を加えたのはほかでもない．古今東西の古典を読むことによって，われわれは容易に国境，人種，民族，性別，時代などのバリアーを乗り越え，他者の理解，他者との共感への想像力の回路を開くことができるからである．イタリアの作家イタロ・カルヴィーノは，古典を次のように定義している．

　　「古典とは，私たちが読むまえにこれを読んだ人たちの足跡をとどめて私たちのもとにとどく本であり，背後にはこれらの本が通り抜けてきたある文化，あるいは複数の文化の（簡単にいえば，言葉づかいとか慣習のなかに）足跡をとどめている書物だ．」[20]

　古典を読むとは，このような無数の足跡をたどることであり，自らそこに新たな足跡を刻印することでもある．そのような一歩こそが，われわれを人間的普遍に基づいた国境なき「精神の共和国」の領土へと誘ってくれる．教養を身につけるとは，そうした「精神の共和国」へ参入するパスポートを持つメンバーとしての自己を形成することにほかならないのである．

注
1)　小林信彦『現代〈死語〉ノート』岩波新書，1997 年，211 頁.
2)　同前，7 頁.
3)　ここでの「弁明」という語の使用は，もちろんマルク・ブロックの『歴史のための弁明』を先蹤と仰いでいるが，それに対する二宮宏之の以下のようなコメントに負うところが大きい．「現在日常的に用いられる日本語では『弁明』というと『言いわけ』とか『弁解』のニュアンスで受け取られるかもしれません．しかし，もともとギリシア語の apologia に発する原語は，法廷など議論の場において自らの立場をはっきり

12　第 1 部　教養教育を再考する

と述べ，事理を明らかにすることを意味しており，それはプラトンの『ソクラテスの弁明』にも見られるとおりです．」（二宮宏之『マルク・ブロックを読む』岩波書店，2005 年，176 頁）．

4) 井上哲次郎・有賀長雄『改訂増補哲学字彙』東洋館書店，1884 年．
5) 井上哲次郎・元良勇次郎・中島力造『英独仏和哲学字彙』丸善株式会社，1912 年．
6) 山室信一・中野目徹校注『明六雑誌（下）』岩波文庫，2009 年，126 頁．
7) 阿部次郎『合本三太郎の日記』角川書店，1968 年，350 頁．
8) 同前，350-351 頁．
9) 同前，353 頁．
10) 同前，352 頁．傍点原文．
11) 唐木順三「現代史への試み」『現代教養全集』第 13 巻「日本の近代」所収，筑摩書房，1959 年，17 頁．
12) 同前．
13) 同前，18 頁．
14) 唐木順三『詩とデカダンス』講談社，1966 年，204-205 頁．
15) 阿部次郎，前掲書，333 頁．
16) シェイクスピア『ハムレット』野島秀勝訳，岩波文庫，2002 年，142 頁．
17) 樺山紘一「ヨーロッパ教養体系の変容──17 世紀フランスを素材に」，梅棹忠夫・栗田康之編『知と教養の文明学』中央公論社，1991 年，264 頁．
18) 林語堂『生活の発見』『世界教養全集』第 4 巻所収，平凡社，1963 年，358-359 頁．
19) 阿部謹也『学問と「世間」』岩波新書，124 頁．
20) イタロ・カルヴィーノ『なぜ古典を読むのか』須賀敦子訳，河出文庫，2012 年，13 頁．

野家論文への質疑と応答

山脇直司

　野家先生の論文は，阿部次郎の『三太郎の日記』に代表されるような教養概念が普遍主義的・生命主義的・エリート主義的であったことを確認しつつ，それが崩壊した現代社会において必要な教養概念を定式化した好論文だと思います．特に，「是非善悪と理非曲直」をわきまえる「平衡感覚」と，「自分が社会の中でどのような位置」にあるかを知りつつ未来を模索する「方向感覚」の双方が教養の重要な二本柱であるという先生のご指摘に感銘を受けました．また，その二つの感覚を養うための教養教育のために必要なカリキュラムとして，科学技術社会論（STS），現代史（アジアを中心とする 20 世紀の歴史），古典の繙読の三つを挙げておられることにも共鳴いたします．その上で簡単な質問をさせていただきます．

　1）　まず，このようなカリキュラムはどのような時点で学ばれるのが適切でしょうか．言い換えれば，一定の専門を学んだ上でなされる（第 2 部の藤垣論文が

唱えるような）後期教養教育として学ばれるのが適切でしょうか，それとも専門
を学ぶ前の大学の1，2年時に学ばれるのが適切でしょうか．また，すでに大学
を出た社会人のリカレント教育として学ぶためには，どのような教育体制が必要
でしょうか．

　2）　この質問に関連して，第二にうかがいたいのは，こうした教養知と専門知
の統合はどのようにして可能でしょうか．特に，学会の統廃合が不可能な民主主
義社会では，自然科学者や社会科学者にとって教養知は余分なものと片付けられ
がちだと思いますが，そうした風潮に風穴を開けることはどうしたら可能でしょ
うか．これは特に，日本哲学会会長を務められ，日本学術会議の動きにもお詳し
い野家先生にぜひお聞きしたい点です．

野家啓一

　1）　アジアを中心にした現代史については高校の歴史の授業で，古典の緝読に
ついては大学の初年次のゼミで，最後の科学技術社会論については大学院の授業
で学ばれるのがよいと考えています．

　まず現代史については，高校の日本史や世界史では明治維新や第2次世界大戦
あたりで授業が終わってしまうのが通例ですが，近ごろの大学生の無知に基づく
誤解や偏見を見るにつけ，戦後世界の成り立ちと近隣アジア諸国との関係は10
代で学ぶのが適切と考えています．これは自分の立ち位置を見定める方向感覚な
らびに他者との適正な関係を形作る平衡感覚の醸成に不可欠の教養だからです．
きちんとした他者認識ができなければ，まともな自己認識ができるはずはありま
せん．これを高校でと考えたきっかけは，加藤陽子さんの『それでも，日本人は
「戦争」を選んだ』（朝日出版社，2009年，現在は新潮文庫に収録）を読んだことに
あります．その中で，現代史のクルーシャルな問題群に，高校生が食らいついて
いる姿勢に感銘を受けたからです．まさに加藤さんが言われるように「鉄は熱い
うちに打て」です．

　次に古典の緝読ですが，私自身は昨年から1年生相手の「展開ゼミ」という科
目で「近代日本の名著を読む」という少人数クラスを開設しています．これは数
学者の藤原正彦さんがお茶の水女子大学で実践された『名著講義』（文春文庫，
2009年）に刺激を受けたものです．たいていの学生は「天は人の上に人を造らず
人の下に人を造らず」という言葉は知っていますが，『学問のすゝめ』を読んだ
者はほとんどおらず，ましてこの言葉がアメリカ独立宣言の福沢諭吉なりの翻訳
だということを知る者はおりません．そんなわけで，ともかく名前しか知らない
名著を読んでみようと私が取り上げたのは，内村鑑三『後世への最大遺物』，新

渡戸稲造『武士道』，岡倉天心『茶の本』，九鬼周造『「いき」の構造』，福沢諭吉『学問のすゝめ』，夏目漱石『漱石文明論集』の6冊で，すべて岩波文庫で手に入ります．もちろん脱落者も出ましたが，最初に登録した13名中9名が最後まで残りました．授業評価アンケートでは「日頃，手に取ろうと思わない本を読む機会を得たことは大変良かった」や「この講義を通じて，普段読めないような本を読み，見識を広めることができた．読書の習慣を身に着けたいと思った」などの感想が寄せられ，私にとっても心に残る授業でした．高校時代は大学受験という関門があり，受験勉強以外では古典に触れる機会はありませんが，大学に入学して時間的に余裕ができた初年次こそ古典の繙読に適した時期だと思っています．

　最後の科学技術社会論（STS）ですが，これは特に理工系の大学院で研究実践に関わり始めた院生レベルで学ぶのが適切だと考えています．私は現在，リーディング大学院で「グローバル安全学Ⅰ」という科目を担当していますが，2年次生に講義をしている科学論の授業と比べますと，やはり自分の研究に引き付けて考えることができる分だけ，大学院生は質問にせよレポートにせよ，反応が格段に違います．その意味ではやはり，大学院レベルの教養教育があってしかるべきだと私は考えています．

　それから大学を出た社会人のリカレント教育としての教養教育ということですが，教養というのはまさに「生涯教育」のテーマで，私のような定年退職した教員にとっても，教養を学ぶ場が準備されているのは大変重要なことだと思っています．ただ，私の経験から言いますと，現在の社会人大学院は一般の社会人にとっては少しハードルが高すぎます．まして2年間で修士号を獲得するまで行くことは不可能とは言わないまでも，困難です．むしろ，現在は制約の多い「科目等履修生」のような制度をもっとフレキシブルに活用して社会人に開放した方が現実的かつ有効ではないかと考えています．あるいは一定の単位を修得し，アサインメントを満たせば「社会人修士」のような資格を与えることも考えられてよいかもしれません．

　2）第二の専門知と教養知の統合ということについては，私に妙案があるわけではありません．ただ，抽象的な制度として考えるよりは，具体的な課題に即して実践した方がうまくいく，というのが私の貧しい経験から得られた方策です．東日本大震災の折は，ともかく被災地からの要請に応じて，私が理事・図書館長をしていた東北大学では医学，工学，理学，農学，情報科学，環境科学から心理学や社会学や宗教学まで総動員体制で現場への対応に追われました．その中で，まさに「科学なし／だけ問題」（大阪大学の平川秀幸さんの言葉）という「トランス・サイエンス」的な課題を突き付けられたわけです．科学なしには解決できな

いが，科学だけでも解決できないという問題群のことです．科学を「専門知」と置き換えれば問題状況がわかっていただけるかと思います．巨大災害の現場では，専門知だけでは対応ができません．そこでは現場の被災者の方々と対話を重ねながら，最善とは言えないまでもベターな解決策を模索することが求められます．そのようなときに必要とされるのが「教養知」にほかなりません．それを「臨床知」と言い換えることもできるでしょう．したがいまして，専門知と教養知の統合は，喫緊の具体的課題に即して構想され，実践されるべきだ，というのが私のとりあえずのお答えです．

直江清隆

　方向感覚と平衡感覚を養うなど共感する点が多いのですが，若干のご質問をいたします．

　1）　最後に提示された「科学技術社会論（STS），現代史（アジアを中心とする20世紀の歴史）・古典の繙読」は，いずれもどのような目標であるかにあまり踏み込まれていないように思われます．科学技術社会論や現代史については「知識を備えている」ことが望まれるという意味にも受け取れますが，従来の大講義室で講義したとしても効果は薄い気がします．これらの授業を通じていかなる能力を身につけることが教養に求められるのでしょうか．

　また，古典を読むことには教員側からはおそらく反対意見はないでしょう．しかし，古典それ自体が「一時期の若者を魅了した輝きはもはや見る影もない」のが現状であり，また，大学進学率が50％をこえる（とはいえ他国に比べると高くはない）現状で，中程度の学生にしてようやく新書版を読めるという現状を考えたとき，かつての古典主義とは異なったどのような魅力を古典に感じさせることができるとお考えでしょうか．（昨秋『哲学トレーニング』を出してみて，その難しさを身にしみて感じております．）

　2）　専門知と教養知について

　ご論考では針仕事的な直ちに生活の役に立つ専門知と，『論語』の素読に代表されるような人間的普遍に立脚した「考える力」を対置されています．しかし，専門知—教養知と有用性—普遍性とは違った軸を形成しうるとも言えます．

　専門知について言えば，

- 人文系や理学部などで学ぶ専門知は多くの場合非実用的な専門知であり，往々にしてたこつぼだったりします．
- 工学系での専門知も実用志向であるにしてもやはり理論知であって，企業での開発の現場から見れば実用性に乏しいと言われて久しいもので，だからこ

そイノベーション志向の導入が盛んに言われている状況です．

- 文字通りの実用知としては，看護学，社会福祉学，鍼灸，観光学などがあり，こちらに私学や一部国立大学が傾斜してきていることは周知の事実です．

他方，教養知について言えば，

- 非実用的な教養知があり，論語やシェイクスピアがその一例でしょう．
- 加えて，実用的な教養知があり，生命倫理やボランティア論の政治学などはそれに属するでしょう．

教養教育と言ったときには，どのような専門知に対置するのか，どのような教養を求めるのかが問われるように思われます．

たとえば先日，新設の看護大学の学長の方が見えられ，人文系の授業についてご相談をして行かれました．看護学を学ぶ学生に感性を豊かにして欲しいと，医学系出身の彼は言うわけですが，どうするか二通りあり得ます．一つは，感受性を育成するために，本科とは離れてシェイクスピアを読ませたりすることで，これは一理ありますが，受講者にどう自らの生き方と関係付いているかを内的に理解させられるかどうか難問があります．他方，シェイクスピアを生命に関する葛藤や苦悩の一例とし，生命倫理などの中に組み入れることもできるかもしれません．ただしこれはあくまで実用知の延長で，どこまで深くシェイクスピアの世界が提示するものから学べるかは不明です．

前期教養教育，後期教養教育，大学院共通科目などが言われる中で，教養知の在り方をいま少し細かくご提示いただけないでしょうか．

野家啓一

1）カリキュラムの問題については，山脇さんからも同様のご質問をいただきましたので，そこで少々詳しくお答えしておきました．現在の学生の古典を読む能力については，直江さんはいささか悲観的のようですが，私が「近代日本の名著を読む」というゼミを開講してみた経験から言えば，「案ずるより産むがやすし」で，私のゼミに特に優秀な学生だけが集まったわけでもないでしょうから，今の学生もまんざら捨てたものではない，というのが私の率直な感想です．

このゼミは，私自身にとっても新たな発見がありました．たとえば新渡戸稲造は『武士道』の第2章で，イギリスの王室についてフランスの教育家ブートミーが述べた「それは権威の像（イメージ）たるのみでなく，国民的統一の創造者であり象徴（シンボル）である」という言葉を引きながら，「この事は日本の皇室については二倍にも三倍にも強調せられるべき事柄である」と付け加えています．あるいは敗戦直後の GHQ の係官の中に新渡戸の『武士道』（この本は最初英語で

書かれました）の愛読者（？）がいて，「日本国民統合の象徴」という日本国憲法の天皇条項を導き出したのかもしれないなどと考えました．昨今の天皇退位問題や，日本国憲法改正論争などを思い起こしながら，三木清の「古典というのはただ古い書物のことでなく，つねに新たな生命に蘇り得る書物のことである」（『三木清教養論集』講談社文芸文庫）という言葉を思い出した次第です．

2）　次の専門知と教養知の関わりについても，多少山脇さんへのお答えと重なりますので，ポイントだけをお示ししたいと思います．ご質問のなかの「専門知―教養知と有用性―普遍性とは違った軸を形成しうる」というご指摘はまったくその通りだと思います．もちろん，専門知も教養知もともに「有用性」と「普遍性」を二つながらもつことが可能です．それでは両者のどこに違いがあるかといえば，ここでも三木清の言葉を引いておきたいと思います．

彼は「現代教養の困難」と題するエッセイの中で，「教養といわれるのは単に専門的乃至職業的知識のことでなく，人間が真に人間らしくなるために必要な知識のことである．どのような専門家乃至職業人も先ず人間であり，また真の人間とならねばならぬ以上，教養は凡ての人に要求される．かくして教養の観念の根柢にはつねに人間の観念が含まれている．各時代において人間の観念が変化するに応じて教養の観念も変化し，そこから教養の方向も内容も変化するのである」（前掲書）と述べています．

現在なおわれわれがシェイクスピアや論語を読むのは，そこに「人間が真に人間らしくなるために必要な知識」が含まれているからです．ですから直江さんは「感受性を育成するために，本科とは離れてシェイクスピアを読ませたりすることで，これは一理ありますが，受講者にどう自らの生き方と関係付いているかを内的に理解させられるかどうか難問」と言われますが，私にはそれは杞憂と思われます．シェイクスピアをどう自らの生き方と関係づけるかは受講者の勝手で，教員が出しゃばることでもコントロールすべきことでもありません．教員が提供できるのはただ材料だけで，そこに含まれている「人間の観念」をどう料理するかは受講者の感受性と想像力に任せられるべきことです．そして何よりも，シェイクスピアは読んで楽しいし面白い．私は若手の企業幹部の方々とのセミナーで『ジュリアス・シーザー』をテキストに議論したことがありますが，皆さんその面白さに感激しておられました．そうした読書体験が生きる糧とも励みともなる．教養の何のと言わなくても，それで十分ではないでしょうか．

18　第1部　教養教育を再考する

第2章　新しいリベラルアーツを求めて

今田高俊

1. 新たな教養教育の要請

　これまで大学における教養教育のねらいは，人文科学・社会科学・自然科学に属する個別の教育科目から必要な単位数を取得して，専門教育へと進むための基礎学力を養うこと，および一般市民としての自覚と責任を涵養することにあるとされてきた．要は，教養教育は専門教育の準備段階であることおよび教養人の育成がその存在理由とされたことである（もっとも，教養教育が当初から専門教育の準備段階として位置づけられたわけではなく，歴史の経過とともにこのようになっていったのであるが）．

　このため，1990年代に入ってほぼ同時並行的に進められた，大学設置基準の「大綱化」（deregulation＝規制緩和：大学の教育カリキュラム編成，とくに一般教育編成の自由化）および「大学院重点化」（専門教育の高度化へ向けた組織改編）によって，教養教育をなおざりにする傾向に拍車がかかった．多くの大学では，専門教育および研究の高度化に対応するための「大学院重点化」にエネルギーを集中し，教養教育の縮小・解体ないし専門課程による教養課程の浸食がなされた．教育の大綱化による一般教育カリキュラム設定の自由化が専門教育の先取りへと向かい，極端にいえば教養教育の周辺化がもたらされたといっても過言でない．

　しかし，問題は高度に専門分化した諸学の在り方，およびそのための専門教育にあることを反省すべきである．諸学があまりにも細分化されすぎて，専門分野の枠を超えて思考し判断するための俯瞰力，人間存在に関する深い洞察，現実を適切に理解する力の涵養が不足した状態で大学を巣立っていく

第2章　新しいリベラルアーツを求めて　19

学生が増えるようになったことである．これとは対照的に，現実は個別の専門分野だけでは対応できない社会問題が多発するようになっており，個別の学問領域を超えた協同研究が必要になっている．その範囲は文理の境界をも超えた広がりを要求されるようになった．これからは，既存の学問体系，究極的には文系と理系の各境界をも取り払って，新しい学問分野や教育研究体制の樹立が不可欠な状態である．

近代社会が高度な知識を獲得し発展してきたのは，理系と文系それぞれにおいて専門分化が進むとともに，文系と理系が平和な棲み分けをなしえてきたからである．しかし，現実というものは専門分化して現象するのでもなければ，文理棲み分けのかたちで存在するものでもない．専門分化とは関係なく全体的現象としてあらわれる．このため，既存の縦割り型や文理分離型のアプローチでは対処しきれない問題が残り，そこが現在大きな問題とされるようになっている．

以上のような状況を踏まえるならば，リベラルアーツ（教養）教育も，従来型の縦割り科目の学習では済まされない．既存の学問体系の蓄積は尊重すべきであるが，文理をはじめとして諸学の棲み分けでは掬いきれないリアリティに対応できる人間形成と人材育成が求められる．大学改革支援・学位授与機構が提供している高等教育に関する質保証関係用語集の最新版によれば，教養教育は下記のように定義されている．幅広い観点から定義されており，理念としては誰しも納得のいく内容であろう．問題はこの理念をどのように具体化するかである．

　縦割りの学問分野による知識伝達型の教育とは異なり，学問分野の枠を越えて共通に求められる知識や技法について幅広い科目を提供することにより，さまざまな角度から物事を見ることができる能力や，自主的・総合的に思考し，的確に判断する能力を培うことを目的とし，豊かな人間性を養い，自分の知識や人生を社会との関係で位置付けることのできる人材を育てることを理念とする教育[1]．

新たなリベラルアーツがどのように組み立てられるべきか議論の分かれる

ところであるが，少なくとも旧来の教養主義への先祖帰りは避けなければならない．新たなリベラルアーツはいわゆる「教養人」の育成のためにあるのではなく，あくまで21世紀の高度知識社会を担う専門家の育成を前提とし，かつ地球市民としての自覚と責任感を備えるための基礎教育として位置付けられるべきである．

そこで，本論考では，リベラルアーツが問題視されるようになった経緯とそのあるべき姿を考察してみることにしよう．

2. 教養教育の危機

教養教育の在り方が世間で問題視されるようになったのは1990年代末頃からである．そして2000年代に入って以降は教養教育・教養主義の危機がいわれるようになった．こうした傾向は1990年代に，新自由主義（ネオリベラリズム）が市場主義による競争原理の優先を標榜して登場したことと無関係ではない．その背景には1980年代の新保守主義（ネオコンサバティズム）による規制緩和路線の下地が存在しているが，新保守主義にはまだ古き良き伝統や家族の再評価という価値理念があった．しかし新自由主義は市場競争の貫徹を強調し，古き良き伝統へのノスタルジーをも払拭していった．

実際，冷戦終結後には，新自由主義によるアメリカ主導のグローバリゼーションが進められた．そして，自己決定，自己責任という美名のもとに市場競争が称賛され，旧体質は駆逐されていった．こうした傾向に対し，1990年代後半から学者や知識人を中心に危機意識が表明されるようになる．とくに公共性の問題が話題とされるようになり，人文社会諸科学で分野を超えた取り組みがなされ，90年代終盤には，《公共性ルネサンス》とも呼ぶべき気運が高まるようになった[2]．そして，多くの論者が市民社会論の再考を唱えるようになった．公共性論の復活と市民社会論の再燃は，新自由主義が持つ，公共性を閉ざす力学に対する危機意識にもとづくと考えてよい．

以上と並行して，教育の現場でも新自由主義の諸施策に対する危機意識が高まっていった．新自由主義化の潮流を放置すれば教養なき知識社会の到来が不可避である．各人が好き勝手に行動して公共心が削がれ連帯や秩序なき

第2章　新しいリベラルアーツを求めて　21

社会状態が帰結してしまう．こうした危惧の念が高まった．そこで，危機に瀕する教養教育と教養主義という文脈からリベラルアーツの充実という流れが生まれるようになった．

かつてより教養教育とは，広い視野から総合的に判断し，民主的社会を形成する能力を持った人材育成をねらいとして，人文科学・社会科学・自然科学を偏りなく学ぶ教育であると考えられてきた．しかし，新自由主義政策の席巻により1990年代には，大学における教養教育を軽視する雰囲気が出てきた．また旧制高校の時代から戦後しばらくのあいだ重視された教養主義（人格の陶冶と批判的精神にもとづいて社会の改善をめざす精神）も危機に瀕するようになった．その理由を探ると次のようである．

前節で言及したように，1991年の「大学設置基準」の改正に伴って，いわゆる教育の大綱化がおこなわれた．そして，一般教育の科目区分の廃止と学部教育編成の自由化が進んだ．これがうまくいけば，新しい教養教育の再編につながった可能性があるが，同時に大学院重点化を進めることが重なった．大学院重点化は大学にとって生き残りをかけた課題であったので，とくに国立大学では一般教育等担当の教官の処遇問題，言い換えれば彼らをどう大学院担当に振り分けるかが大問題となり，教養教育はお荷物になった．このため，一般教育等を縮小してそのポストを大学院重点化に活用すればよいということになり，多くの大学で教養教育の中心的役割を担う一般教育等は憂き目をみることになった．要は，大学設置基準の大綱化（規制緩和・自由化）を大学院重点化のために利用したことが問題であり，大学院重点化が主要目的となって教養教育の軽視が進んだのである．そうしなければ大学の生き残り競争に勝てないと考えられたからである．

しかし現実的には，教養教育軽視の弊害がいたるところに出てきて，1998年には大学審議会から答申が出されることになった．教育の大綱化が進められたのは91年の「大学設置基準」の改正からであるが，その7年後に『21世紀の大学像と今後の改革方策について』という反省の弁ともいえる答申が出された．その趣旨は，大綱化により教養教育の軽視による不都合が散見されるようになっており，この状況に適切に対応する必要があるというものである．ここで強調されたのが，教養教育と専門教育の有機的連携であった．

専門教育を充実し，大学院重点化をおこなったばかりなのに，今度は教養教育と専門教育の連携という難題を多くの大学は課せられた．大学院に所属替えになった教員の多くは，教養教育に対する情熱が枯渇してしまっている．だからといって旧来の一般（教養）教育に先祖返りするわけにもいかない．ということで，さまざまな大学で教養教育の再編への取り組みがなされ，新しい時代の教養教育の在り方が模索されている．最大のポイントは，大学全入時代に教養教育といっても，従来の学部の教養課程の学生を相手にしたものでは不十分であるから，高度教養教育に組み替えようとする動きである．高度教養教育とは，教養教育を学部の専門課程ないし大学院レベルにまで組み入れることである．

3. 新リベラルアーツを求めて

　教養教育を，先祖返りではなく，時代に合った新しいものへ組み替えるに際し，古代ギリシャに源流を持つリベラルアーツが参考になる．リベラルアーツをあえて日本語に訳せば自由学芸になるが，日本では教養と訳されることがほとんどである．リベラルアーツは古代ギリシャ時代を経て古代ローマの末期から中世ローマ初期である5〜6世紀に自由7科として制度化が進み，自由人のための教養・技術となった．自由人の生活は奴隷の下支えの上に成り立っているので，リベラルアーツという言葉は必ずしも称賛されるべき表現ではないが，奴隷制がなくなった現代では，市民として生きていくうえで求められる素養・資質と考えてよい．自由7科とは，哲学を基礎とする文法学・修辞学・論理学の3学に，数学を基礎とする算術・幾何学・天文学・音楽の4科を加えた科目をいう[3]．この自由7科をきちんと身につけることが自由人たる資格となるとみなされた．

　自由人のための教養・技術は中世から近代に至るまで受け継がれてきた．リベラルアーツは自由人のための教養・技術であったから，手工業者や商人のための実利的技術からは区別され，いわば「実学」に対する「虚学」とでもいうものだった．これがアメリカにおけるリベラルアーツ・カレッジに引き継がれ，さらに戦後日本の大学における一般教育へと引き継がれた．その

過程で，リベラルアーツは専門教育に対する基礎教育科目として位置づけられるようになり，専門科目を学ぶための，また社会人として身につけておくべき教養科目として位置づけられるようになった．

こうなると専門教育の教養教育に対する優越が起き，リベラルアーツがほんらい備えていた理念の形骸化が起きて当然であった．実際，教養教育は一般教育科目として，専門課程へ進学するための選別手段となり，学生の間では単位さえ取ればよい科目（成績点数が加味されるケースもあるが）という位置づけになり，リベラルアーツの精神が薄らいでいった．その結果，先にみた大学設置基準の大綱化により引き起こされた，大学院重点化による教養教育の軽視という流れになったのである．

リベラルアーツの重要性をきちんと位置づける必要を痛感するのであれば，上記の形骸化の流れを止める必要がある．そのためにはリベラルアーツの現代的位置づけを考えなければならない．リベラルアーツは人間本性を彫琢する苗床であり，これがしっかりしていないと，有能な人材が育成されない．なすべきことは，原点に立ち返ってリベラルアーツの理念を再定式化すること，および現代において喫緊とされる教養科目とは何かを考えることである．

さて，私がリベラルアーツに関するさまざまな議論を整理してまとめた結果によれば，現代のリベラルアーツは以下の3要因から構成されると考えるのが適切である．

第一が市民性（シティズンシップ）の啓蒙で，公共心を涵養すること．第二が品格の陶冶で，人格形成をおこなうこと．そして第三が文理融合による俯瞰力の形成である．この三つの要因の育成が新リベラルアーツの理念として有望であると考えられる．

現在，さまざまな大学で高度教養教育としてのリベラルアーツ・プログラムが工夫されるようになっている．たとえば，21世紀に対応するためのコンピュータ・リテラシーを身につけること，人間の尊厳に関わる生命倫理を習得すること，グローバル化の精神を養うこと，英語でコミュニケーションする能力を身につけることなどが，21世紀版リベラルアーツの不可欠な要因とみなされるようになっている．これらは各大学の事情や理念にもとづいて考えられており，それなりに重要なカリキュラムである．ただ，原点とし

24　第1部　教養教育を再考する

ては先に掲げた3要因が不可欠である．以下，それぞれについて考察を加え
てみる．

3.1　市民性の啓蒙（公共心の涵養）

　第一の要因は市民性（シティズンシップ）の啓蒙であり，私事化が進んだ
現代社会において公共心を涵養することを目的とする．これは1990年代，
新自由主義が席巻した時代にイギリスで問題とされ始めたもので，現在，イ
ギリスでは義務教育に導入されかなりの定着をみているものである．シティ
ズンシップの啓蒙は公共心の向上につながる．新自由主義の倫理感では，原
則として，人に迷惑をかけさえしなければ何をしてもよいという程度の公共
心（道徳）しか啓蒙されないが，このような素朴な発想法では社会は成り立
ちゆかなくなる．この考えは古典的自由主義者であるJ. S. ミルのいう「危
害原則」にあたるが，粗野で非現実的な原則であるというほかない[4]．直接
誰か特定の人に迷惑をかけなくても（危害を与えなくても），めぐりめぐって
誰かがひどい目にあう可能性への配慮がない．目の前の人物に迷惑がかから
なければよいということだが，もう少し幅の広い考え方をすべきであろう．
そもそも人間というものは，家族のなかで生まれ，他者と関係を取り結ぶこ
とを学習し，無知な状態からさまざまな知識を習得して一人前の人間になる
のであって，人々のつながりによってしか人間社会は形成されない．ミルに
代表される自由主義の論理は，自律した成人男性に当てはまる論理であり，
そういう発想で社会を構想すると，弱者（子ども，障害者など）を含む社会
の運営に矛盾をきたすという懐疑心を抱かざるをえない．

　シティズンシップとは，政治的，経済的，文化的な諸権利およびこれらに
伴って生じる諸義務を柱とする社会的メンバーシップをあらわし，多様な
人々と積極的に関わり，応答しあうことを通じて公共性を担保する心性のこ
とである．漠然と教養というよりは，市民性といった方がわかりやすい．市
民性は，哲学，社会思想，歴史などを通して学ぶもので，日本でも教育学を
中心に議論がなされている．

　市民性の重要性が認識されるようになった背景には，いくつかの要因が考
えられる．その第一は，新自由主義による市場競争原理の称揚および経済に

特化したグローバリゼーションの進展である．新自由主義は自己決定と自己
責任という美名のもとに，「公共性」を閉ざす力学を持ち，優勝劣敗の個人
主義を徹底させてきた．また，経済グローバリゼーションは諸国家地域に固
有の文化や生活様式を効率原理で串刺しにする猛威を振るってきた．その結
果，権利と義務，モラルと責任，公共性と社会的紐帯など，民主主義を支え
る基盤の崩壊に対する危機意識が働くようになった．

　第二は，1970年代後半から進められた福祉国家の拡充が，中間集団の弱
体化を進め，人々のつながりを媒介し社会連帯を確保する機能を失ったこと
により，「公」と「私」の乖離が進んで，「私」が「公」と離れたところで謳
歌する私生活中心主義が蔓延してきたことへの危機意識の芽生えである．

　以上のような状況下で，市民性の重要性が唱えられるに至ったが，市民性
教育の目的は，地域コミュニティへの参加，政治的リテラシーの獲得，公共
心の修得を通じて積極的で責任感のある市民となることの啓蒙であり，成熟
した民主主義社会における自律した市民の育成を求めるものである．

3.2　品格の陶冶（人格形成）

　第二の要因は品格の陶冶である．品格は学術的概念というよりは日常言語
に近いが，2005年に出版された藤原正彦『国家の品格』（新潮新書）がベス
トセラーとなり，ブームを引き起こして翌年の新語・流行語大賞を受賞した．
以来，この言葉はさまざまな場面で話題にされるようになっている．諸種の
国語辞典を引くと例外なく，品格とは当該の人やモノに感じられる気高さ，
上品さ，あるいは人として備えるべき資質，という表現が登場する．具体的
には，自尊心，尊厳，矜持，正義感，責任感，節制心，見識，使命感などで
ある．

　品格は人格形成に関わる問題である．品格についてはさまざまに解釈され
ており，明確な定義を与えることは困難であるが，ここでは以下のように考
えることにしたい．第一に，品格とは自尊心（self-esteem）を持つことであ
り，自分自身の価値や能力に対する信念と自信を持つことである．自尊心は，
心理学者のアブラハム・マズローのいう欲求の5段階説の最高位にある「自
己実現」の次に位置する「尊敬」欲求に含まれる[5]．第二に，品格がその存

在を完成させるには，自尊心が個人の意識としてとどまるだけでは不十分であり，政治経済的な文脈において捉えられなければならない．すなわち，権力にへつらわないこと，および貨幣のとりこにならないことである．ユルゲン・ハーバーマスはシステムによる生活世界の植民地化テーゼを提唱したが，その際，システムの制御媒体として権力と貨幣を指摘し，これらが言語媒体による生活世界の対話と相互了解を著しく損ねてきたと指摘した[6]．このことは自尊心が権力と貨幣によって歪められる可能性があることを示唆している．したがって第三に，品格における自尊心は対話により裏打ちされなければならないことである．対話には他者への配慮と自己への責任が求められる．

　以上が，人が品格を持っているかどうかを見きわめる指標になると考えられる．もちろん，その他の要因を指摘することができるが，最低限これらが備わっていることが人物の品格を定めるように思われる．

　また，品格に関連して，ノブレス・オブリージュということがいわれてきた．これは高貴な義務のことで，アリストテレスの徳（しばしば卓越性とも訳されるアレテー）をめざした教育が参照される．ノブレス・オブリージュとは，身分の高い者はそれに応じて果たさねばならぬ社会的責任と義務があるという，欧米社会における基本的な道徳観である．元来，フランスの箴言に由来し，『大辞林』によれば「貴族たるもの，身分にふさわしい振る舞いをしなければならぬ」の意味である．われわれは貴族ではないが，市民にふさわしい振る舞いをすることが期待されている．

　さらに，品格は徳（virtue）の一種でもある．virtue には「美徳」という側面よりも人間の「活力」というニュアンスが強く含まれる[7]．エリク・エリクソンは人生の8段階におけるそれぞれの virtue を挙げている．彼は人生を，乳児期，幼児期，遊戯期，学童期，青年期，若い成人期，成人期，老年期の8段階として捉える[8]．教科書的な，とくに社会化論と結びついたライフサイクル論では，これら8つの段階にはそれぞれ人生における発達課題が存在しており，これらをこなしていくことが理想的な人間形成を促すとされる．しかし，エリクソンにとってそれは二次的なことがらである．重要な点は，各段階において直面する葛藤と危機のダイナミズムである[9]．人間は，人生の各段階において，互いにあいいれない感覚の葛藤に陥り危機的状況を

迎えるが，それを乗り越えることで，希望・意志・目的・能力・忠誠・愛・ケア・叡智という生の「活力」（virtue: 倫理的な資質を備えた内的な力）を獲得する，というのが彼の基本的考えである．最近，「人間力」という言葉が多用されるようになったが，エリクソンはすでに 1960 年代に人間の発達段階における virtue を鍵概念にして，"Human Strength and the Cycle of Generations" という論文を書いて人間力（Human Strength）を問題にしている[10]．virtue とは徳であると同時に，人間力でもある．

　徳というのは卓越性・有能性を意味しており，西洋ではプラトンによる四元徳が有名である．叡智・正義・勇気・節制がそれらであり，これらを備えていれば十分に品格があるといえる．東洋では儒教的徳が人間の道徳的卓越性を表し，具体的には仁・義・礼・智・信という五徳が有名である．このような品格としての徳を養うのが，リベラルアーツにとって重要な課題である．

3.3　俯瞰力の育成（文理融合）

　第三は俯瞰力の育成である．新リベラルアーツ，すなわち高度教養教育は，従来型の縦割りの学問では捉えきれない問題へアプローチするための苗床でなければならない．世界の持続的な発展のために，専門特化した探究は不可欠であるが，専門性に「たこつぼ化」するのではなく，広角的な思考訓練によって，アイディアのひらめきを得るための苗床づくりをすることが重要である．リベラルアーツの修得により，物事を相対化する視点を獲得する．産業でいえば異業種交流のようなものであり，違う分野の発想を身につけておくことによって，行き詰まりになった際に，異なる視点からの入力により，アイディアの創出をはかる．このために専門性の苗床としてのリベラルアーツが必要である．

　以上の背景には，社会で要請される知識は，文理の区別の枠に収まらないものが増えていること，また，さまざまな専門分野を融合した能力，とくに文理融合の能力が求められる研究や仕事が増えていること，等の事情がある．こうした事情に対応するためには文理双方の知識を有機的に学ぶ文理融合型のリベラルアーツが求められる．とくに，ギリシャ・ローマ時代のリベラルアーツにみられた哲学系（3 学→文系）と数学系（4 科→理系）の科目の履修

が不可欠であろう．哲学は知の統合力を，数学は知の解析力を養うのに最適である．両者を共に学ぶことで，文理融合の俯瞰力を養うことができる．

　現代社会は高度技術への依存度をますます高めると同時に，社会の基盤を危うくする危険と背中合わせの中にある．21世紀には，科学技術と人間社会の不調和が地球的規模で発生する可能性が今にもまして強まる．こうした中で，科学技術の発展に偏った注力をおこなうのではなく，価値倫理の判断にも注力する必要が高まる．人類が地球環境と調和して生存していけるような経済活動，生活様式およびそれらの基礎をなす倫理・価値観の形成といった課題に取り組むことがますます重要性を帯びることになる．この要請に応えるためにも，文理融合の俯瞰力を備えることが不可欠である．

　これまで進められてきた文系と理系の棲み分けは，21世紀の地球社会を運営するために見直す必要がある．とくに，電子メディア技術やバイオテクノロジーや原子力技術の高度化は，かつての物をつくる機械技術とは異なり，ますます文理融合型の俯瞰力を必要としている．

　たとえば，臓器移植や生殖技術と人間の尊厳の問題，原子力発電の安全性と住民の疑心暗鬼の問題，医療におけるインフォームド・コンセントの問題，生態系の危機と地球環境問題，バイオテクノロジーと生命倫理の問題などはその代表例である．最近，話題になった具体例でいうと，エイズ薬害に見られたように，非加熱製剤利用の社会的影響に無知な専門家の愚かな決断が多数の犠牲者を生み出した事件，オウム事件における科学技術と宗教教義がドッキングした暴挙に対する無防備さの露呈，阪神淡路大震災発生後の危機管理に対する技術系と社会系の連携の悪さ，福島第一原子力発電所の事故後の危機管理の脆弱性など，があげられる．要するに，文系と理系の隙間をついて発生している事件に対して，われわれは十分な対処能力を持っていない．

　これからは課題ごとに文理双方の専門知識を持った人材の需要が高まる．たとえば，法律全体を広く浅くではなく，課題ごとに法律の専門性が高く，かつその課題にかかわる科学技術にも通暁した人材が求められる．いわゆる文系，理系それぞれの，ジェネラリストでもなくスペシャリストでもなく，文理融合型のスペシャリストがこれからの社会に求められるようになるであろう．

第2章　新しいリベラルアーツを求めて　　29

文理融合の教育は，地球環境問題，生命操作の問題，技術移転と文化摩擦の問題，大規模災害など，科学技術と人間社会の不調和に対し，高度な価値判断にもとづいて的確な意思決定を導き出す方法や仕組みについて造詣が深く，しかも不確実な状況のもと，クリティカルな事態に対して速やかな意思決定を下すことのできる俯瞰力を持った人材を育成することに寄与しよう．

4. カリキュラムの構成へ

　新リベラルアーツについて3つの要因を考察した．古代ギリシャ・ローマに起源をもつリベラルアーツの自由7科に対応したカリキュラムを提示することは今後の課題である．しかし，少なくとも現時点でいえることは，第一に広い意味での哲学系と数学系をコアとした文理双方の科目の設置が不可欠なことである．知の統合力と解析力を代表する両学問により，文理の枠を超えた俯瞰力を形成することは，21世紀の高度知識社会を担う専門家にとって不可欠の条件である．

　哲学系および数学系として，それぞれどのような学科目を配置するかは，各大学の個性にゆだねられるべきであろう．ギリシャ・ローマ時代の哲学系は，文法学・修辞学・論理学の3学であったが，現代ではたとえば，倫理学・認識論・存在論などが考えられよう．算術・幾何学・天文学・音楽の数学系は，たとえば，基礎数学を始め理学・工学・情報科学・バイオテクノロジー・宇宙学など，数多くある科目から数学的思考を習得するに適した科目を大学の個性に沿ってカリキュラムづくりをする．

　また，新リベラルアーツは現代に求められる固有のリテラシーについての対応や心構えの養成ができなければならない．第一に，コンピュータ・リテラシーの習得は不可欠である．日常生活や仕事においてコンピュータを操作してさまざまな課題を遂行する能力は，否が応でも求められる．とくに，インターネット上での情報検索や統計的な数値計算の能力は不可欠である．第二に，コミュニケーション能力の向上がある．コミュニケーション能力とは単に会話（メールやチャット，SNSの利用を含む）をする力を表すだけでなく，討議や交渉や説得をも含めた能力である．新リベラルアーツの教育目的は地

球市民としてグローバルに活躍する人材育成をねらいとするので，語学力（英語能力）の習得もコミュニケーション能力にとって不可欠である．これと関連して第三に，グローバルマインドの養成も必要とされる．そのポイントは，異文化理解と多様性の尊重である．グローバルな舞台で活躍するためには，現地の人たちと共に働き，生活することで，価値観や慣習を理解し，これらに配慮することで信頼関係を築くことが重要である．日本人としてのアイデンティティを捨てては元も子もないが，信頼関係の構築はグローバルマインド形成の基礎である．このためには海外留学や海外でのインターンシップが不可欠となる．

　これまで述べた新リベラルアーツの内容は，専門とする学問だけでなく自身の人間的・社会的存在をも俯瞰する力を養ううえで，ひいては持続可能な社会を実現するためにも必要な教養を提供することに寄与するはずである．

注

1) 大学改革支援・学位授与機構『高等教育に関する質保証関係用語集』第4版，2016年，42頁.

2) ここで私が公共性ルネサンスと呼んだのは，バブル経済の崩壊と市場万能型のグローバル化を標榜する新自由主義が1990年代後半に猛威を振るいだしたことへの危機意識を持った研究者が，互いの連携を意識することなく，同時多発的に公共性問題に取り組むようになった現象をあらわすためである．公共性論へのこうした取り組みの成果は，2000年代に入って数多くあらわれるようになった．たとえば，『社会学評論』では，2000年度の最終号（第50巻4号）で，「21世紀への社会学的想像力——新しい共同性と公共性」と題する特集が編まれた．また，2001年から翌年にかけて，佐々木毅・金泰昌編（2001-2002）によるシリーズ『公共哲学』全10巻が東京大学出版会から刊行され（その後2006年までに10巻が追加出版され），2003年には山口定ほか編（2003）による公共性のフロンティアを模索する書物が刊行されている．その他，佐藤慶幸ほか編（2003），塩野谷祐一・鈴村興太郎・後藤玲子編（2004），曽良中清司ほか編（2004），山脇直司（2004）など，数多くの関連書物が出版されている．これら一連の動きは，公共哲学運動とでも呼ぶべきうねりを形成している．

3) 音楽が数学を基礎とした科目群に分類されるのは，ピタゴラスらが宇宙の調和について「天球の音楽」という視点から研究したこと，ケプラーが惑星の楕円運動の法則を考案するに際して，惑星の運動と音楽の音程を関連付けたことなどがあげられる．

4) J.ロールズ（Rawls, 1971）が自由と平等の対立状態を調停する原理として正義論を提出して以来，政治哲学分野における自由主義は，経済学の新自由主義とは一線を画して，平等問題にコミットするようになっている．

5) Maslow, Abraham H., *Motivation and Personality*, 3rd ed., New York: Harper &

Row, 1987.（アブラハム・マズロー『人間性の心理学——モチベーションとパーソナリティ』（改訂新版）小口忠彦訳，産業能率大学出版部，1987 年.）

6) Habermas, Jürgen, *Theorie des kommunikativen Handelns*, 2Bde., Frankfurt am Main: Suhrkamp, 1981.（ユルゲン・ハーバーマス『コミュニケイション的行為の理論』上・中・下，河上倫逸ほか訳，未来社，1985-1987 年.）

7) "virtue" とは，日常用語では「徳」を意味し，道徳規範として理解されるため問題をはらむ概念である．西平直は，この概念についての経緯を取り上げ，エリクソン特有のからくりを持った言葉のひとつであるとして，考察を試みている．要は，単に徳をあらわすのではなく，人間的な強さあるいは生きる活力を含意していることである．西平（1993, pp. 39-45）を参照.

8) Erikson（1950, 1982）を参照.

9) このダイナミズムについては今田（2001, pp. 309-311）を参照.

10) Erikson（1964）.

文献

Erikson, Erik H., *Childhood and Society*, New York: W. W. Norton, 1950, 1963 2nd ed.（エリク・エリクソン『幼児期と社会』第 2 版，Ⅰ・Ⅱ，仁科弥生訳，みすず書房，1977 年.）

Erikson, Erik H., Human Strength and the Cycle of Generations, in: *Insight and Responsibility: Lectures on the Ethical Implications of Psychoanalytic Insight*, New York: W. W. Norton, 1964, pp. 110-157.（エリク・エリクソン『洞察と責任——精神分析の臨床と倫理』鑪幹八郎訳，誠信書房，1971 年，105-159 頁.）

Erikson, Erik H., *The Life Cycle Completed: A review*, New York: W. W. Norton, 1982.（エリク・エリクソン『ライフサイクル，その完結』増補版，村瀬孝雄・近藤邦夫訳，みすず書房，2001 年.）

今田高俊『意味の文明学序説——その先の近代』東京大学出版会，2001 年.

西平直『エリクソンの人間学』東京大学出版会，1993 年.

Rawls, John, *A Theory of Justice*, Cambridge, Mass.: Belknap Press of Harvard University Press, 1971.（ジョン・ロールズ『正義論』改訂版，川本隆史・福間聡・神島裕子訳，紀伊國屋書店，2010 年.）

佐々木毅・金泰昌編『公共哲学』全 10 巻，東京大学出版会，2001-2002 年.

佐藤慶幸ほか編『市民社会と批判的公共性』文眞堂，2003 年.

塩野谷佑一・鈴村興太郎・後藤玲子編『福祉の公共哲学』東京大学出版会；2004 年.

曽良中清司ほか編『社会運動という公共空間——理論と方法のフロンティア』成文堂，2004 年.

山口定ほか編『新しい公共性——そのフロンティア』有斐閣，2003 年.

山脇直司『公共哲学とは何か』筑摩新書，2004 年.

付記：本稿は，拙稿「〈記念講演〉新しいリベラルアーツ像を求めて——社会システム学の構想」『社会・経済システム』第 30 号：1-7，2009 年に大幅な加筆と修正を施したものである.

今田論文への質疑と応答

直江清隆

1) 今田先生は，新自由主義によるグローバリゼーションが進むなかで，「自己決定と自己責任という美名のもとに市場競争が称賛され」，「『公共性』を閉ざす力学」が広まってきたことに対し，地域コミュニティへの参加，政治的リテラシーの獲得，公共心の修得を通じて積極的で責任感のある市民となることを対置されておられます．しかしこの場合，あらゆることを自己決定する自由主義的な主体とは別の主体を立てる必要はないでしょうか．たとえばカントでは，普遍的な規範を立法ししたがう自律的な主体としての「人格 Person」が対置されることになるでしょうが，別の仕方においてであれ何らかのより規範的意味をもちうる主体を想定する道はとらないのでしょうか．かりに徳倫理学で行くとした場合でも，この点はもう少し説明していただきたく思います．

2) 今田先生が言われる「品格の陶冶」については，ときとして保守的な性格を持つし，行為に対して必ずしも明確な基準を与えないことが指摘されます．お考えになっておられるのは，政治的素養とでもよぶべき基礎的背景知識の枠組みでしょうか．その場合には，ご議論によれば「徳」が倫理性をすべて担うことになるように思われます．それとも，知識をもとに判断する能力でしょうか．そうだとすると，工学の専門家と社会科学の専門家は（両方にわたる知識をある程度もちながらも）別の知識枠組みをもちつつ，それぞれに独自の判断する能力が求められることになると思われます．

今田高俊

1) 市民性は一人では育成できません．市民性を考察するうえで避けて通れないことがらは，「他者と共に在る」ことの条件をいかに考えるかだからです．自由主義の社会哲学では，個人の自由や独立を保障するために，これらを阻害する要因を排除する公正としての正義が重視されます．こうした考えは，J. S. ミルの「危害原理」に通じますが，自由主義は個人の自由・独立・選択を強調するあまり，他者と共に在ることにかんして消極的であり，またその論理も素朴で，極論すれば，他者に危害さえ加えなければ何をしてもよく，これが共存（?）の条件だということになってしまいます．

自由で自律的な個人という自我観のもとでは，人間が周りへの関心と生きる意味に左右されつつ他者と交わる存在であることが見失われてしまうでしょう．人間存在が，自由主義の想定するような，自由で自律した個人主義によって基礎づ

けられるというのは，歴史的現実を無視した虚構にすぎません．これまで人間は，一度たりとも，そのような存在であったことはないし，これからもそのような存在とはなりえないと私は思います．

　実際，個人はみずからの意図とは関係なくある家族に生まれ，地域社会のなかで育ち，社会へ参加していきます．各個人は，自由主義が想定するように抽象的自由意志や排他的個人権を持った個人ではなく，つねに具体的で特定の文化的・歴史的脈絡に埋め込まれた存在です．とくにその場として，共同体（家族や学校を含む）が重要であり，成員に共有された善（良いこと）が人々の紐帯をもたらし，徳も共同体の伝統や慣行のなかで育成されます．したがって，人間はあらかじめ決められた姿を持って社会に参入するのではなく，生きていくなかでみずからの在り方を解釈し定義していく存在なのです．

　ただ，マックス・ウェーバーが喝破したように，近代とは社会の合理化過程でもあります．私はウェーバーの定義を参考にしつつ，近代とは効率と合理性を重んじる機能優先の社会づくりであると定義しています（今田高俊『意味の文明学序説──その先の近代』東京大学出版会，2001年，58頁）．こうした近代の過程に適合的な人間存在の在り方は個人を単位とする役割人間の形成，個人を共同体的拘束から解放し，ユビキタス人間（いつでも，どこへでも自由に動ける人間）となることです．そしてこの個人化の力学は共同性の最後の砦である家族にまで及び核分裂家族を引き起こします．ジークムント・バウマンのいうように，「個人に選択の自由は許されても，個人化を逃れ，個人化ゲームに参加しない自由は許されない」（Bauman, Zygmunt, *Liquid Modernity*, Polity Press, 2000; 森田典正訳『リキッド・モダニティ──液状化する社会』大月書店，2001年，45頁）のです．

　そして私が言う市民性の議論は，個人化が進んだとしてもなおかつ共同性を求める存在を前提にしています．そして個人化の下での共同性を担保する主体として，私はマルティン・ハイデガーの「現存在」のような主体を考えているのです．彼によれば，他者や他の事物への関心や気づかいをあらわすゾルゲ＝ケア（Sorge＝care）が人間存在の根源をなしています．ケアは彼の著書『存在と時間』（上・中・下，桑木務訳，岩波文庫，1960-1963年）におけるキーワードであり，「関心」と訳されたり「配慮」と訳されたりしますが，「存在」の原点とは，他者や他の事物に関心を抱き，それに関わって，応答的になることです．つまり，われわれが他者に関心を抱くのは「正義」の観点からではありません．子育てを「正義」の観点からするわけではないし，ボランティア活動も然りです．事物や他者に関心を抱き，関わり，応答的になるという「存在」の在り方がベースにあって，はじめて自律的な主体概念が成り立つと私は考えます．

34　　第1部　教養教育を再考する

人間は本質的に共同的な存在であり，他者のために「存在」しています．共同的な存在としての人間が関与する対象は，道具的存在ではなく人間存在そのものです．そこでのケアの特徴は，気づかいと世話によって他者に関与し，その責任を果たすことにあります．関与する場合には，関与した対象からの問いかけに応答することが要求されます．応答的（responsive）になることは責任（responsibility）を持つことです．このように，ケアには他者への関心—関与—責任という流れでの倫理的基盤を想定できます．そしてこの倫理基盤にもとづいて存在の意味を問い，人間関係を組み立てることが，他者と共にあるための（共生社会の）条件です．そして，こうした視点から人間存在の在り方を問うことが市民性の涵養につながるはずです．

　2）　私は，新しいリベラルアーツが持つべき3つの理念について論じており，政治的リテラシーの問題は市民性の啓蒙（教育）に関わるものであり，品格の陶冶と俯瞰力の育成はそれを補完する要件だと考えています．かつて，アリストテレスは『ニコマコス倫理学』で徳（アレテー）の倫理を展開し，徳を次のように定義しました．すなわち，「人間のアレテーとは人をしてよき人間たらしめるような，すなわち，ひとをしてその独自の『機能』をよく展開せしめるであろうような，そうした『状態』でなくてはならない」（アリストテレス『ニコマコス倫理学』上・下，高田三郎訳，岩波文庫，1971年，上68-69頁）．つまり，徳は人間の存在，本性に関わる問題として位置付けられています．そして，徳の倫理には知性的徳と倫理的徳が区別され，前者は知恵とか道理（ロゴス）に関する知識を後者は習慣付けによって得られる価値規範（エートス）をあらわすとされています．私は，まさにアリストテレスにしたがった意味での徳倫理を想定しています．要は，徳倫理とは，ロゴスとエートスの双方から「人をしてよき人間たらしめる」ような「状態」を意味することです．

　以上の観点からすると，政治的リテラシーとは市民性の涵養において，ロゴスとエートスの双方からよき人間としての独自の「機能」を遂行することであるといえます．倫理的徳（エートス）の具体例として，アリストテレスは勇敢・節制・正義・（友）愛をあげていますが，私の議論ではこれは品格性の陶冶に関係し，知性的徳（ロゴス）は文理融合の俯瞰力の育成に相当します．まさにご質問にあるように「工学の専門家と社会科学の専門家は（両方にわたる知識をある程度持ちながらも）別の知識枠組みを持ちつつ，それぞれに独自の判断する能力が求められる」のです．「別の知識枠組み」が何を指しているのかは，統合学との関連で問題とされるべきテーマでしょうが，当面の文脈でいえば，徳倫理を備えた文理融合のアプローチといえるでしょう．

第2章　新しいリベラルアーツを求めて　　35

水野義之

1) 今田先生が「文系と理系は平和な棲み分けをなしえてきた」と言われるのは, すでにスノーの『二つの文化と科学革命』が戦後すぐのことであったことを思えば, よく理解できません.

2) 私事化が進んだ現代社会というご指摘は, リベラリズムとコミュニタリアニズムの対立構図の中で理解してよいでしょうか.

3) 専門家の新たな役割はどこに向かうのでしょうか, スペシャリストの役割はなくなるのでしょうか.

4) 大学院入試に数学が必要とありますが, どのようなレベルを考えておられるのでしょうか.

今田高俊

1) 確かにスノーは 1959 年に *The Two Cultures*(『二つの文化と科学革命』松井巻之助訳, みすず書房, 1967 年)という本を出版し, 人文科学と自然科学の間の分断と相互無関心に危機感を唱えました. 今日風にいえば理系と文系の学問の間には越えがたい亀裂が生じており, 両者は互いに意思疎通しあうことができず, 文化的な危機に陥っていると警鐘を鳴らしました. つまり「文理分離」による諸学の危機を訴えました. 私が「文系と理系の平和な棲み分け」という表現を用いたのは, スノーの警鐘にもかかわらず, 現実として戦後, 特に「黄金の 60 年代」から 1970 年代には, 豊かな社会の実現へむけて学術の専門分化が進められてきた事実です. 学問の「たこつぼ化」の弊害が指摘され, 学際研究が奨励されたりしましたが, 実際は, 学際研究は専門分野(discipline)を前提とした相互交流でしかなく, 問題がこじれてくると自分の専門ではないからと各専門分野へと逃避することが許されるような状況がずっと続いてきたのです. 「文系と理系の平和な棲み分け」というのはこうした状況を皮肉をまじえて表現したつもりです. ただ, その意図が伝わらなかったとすれば, 私の表現能力のなさを認めざるを得ません.

2) 私は, 私事化の進行は新自由主義と福祉国家の拡充による公共性の衰退だと想定しています. すなわち, 第一に, 新自由主義は自己決定と自己責任という美名のもとに, 「公共性」を閉ざす力学を持ち, 優勝劣敗の個人主義を徹底させてきたこと. 第二に, 1970 年代後半から進められた福祉国家の拡充が, 中間集団の弱体化を進め, 人々のつながりを媒介し社会連帯を確保する機能を失ったことにより, 「公」と「私」の乖離が進んで, 「私」が「公」と離れたところでこれを謳歌する私生活中心の個人主義が蔓延してきたこと. これら二つにより私事化

が進んだとみています．したがって，リベラリズムとコミュニタリアニズムの対立構図の中で私事化が進んだというようには考えておりません．コミュニタリアニズムは私事化とは逆に共同化を進める力学を持っています．

3）　学術の専門分化の流れは止めることができないと私は考えています．そうしないことには，新たな真理の探究は望めないからです．ただし，専門家といえども一市民であることには変わりがありません．理系であろうと文系であろうと，専門家であろうと一般人であろうと，市民性を素養として養い，人間の徳としての品格を陶冶し，さまざまな事案に関する俯瞰力を養うことは必要です．こうしたことが，さらなる専門分化を進めるうえで不可欠であり，そのために新たなリベラルアーツ（教養）が求められるのです．

4）　私が想定しているのは，微分積分および線形代数入門など大学での初歩的な数学と応用統計学です．最近は，わかりやすいテキストも出版されているので，文系・理系を問わず学ぶことが有益と思われます．

野家啓一

　大学設置基準の大綱化や大学院重点化など一連の新自由主義的大学改革を通じて「教養教育の周辺化」がもたらされたという現状認識はその通りだと思います．また，現代のリベラルアーツには，①市民性の啓蒙（公共性の涵養），②品格の陶冶（人格形成），③俯瞰性の育成（文理融合）が必要というご提案も共感を持って拝読しました．最後の「文理融合」ですが，今田さんも私も属していた日本学術会議第一部会の会議でこの概念が議論になったことを覚えておられるでしょうか．一部の会員から「文理融合」という表現は理系主導の「吸収合併」をイメージさせるので，「対等合併」を志向する「文理連携」とすべきだという提案がなされました．文理融合が吸収合併ではなく対等合併を目指すためにどのような方策が必要なのか，今田さんのお考えをお聞かせいただければ幸いです．

今田高俊

　これまで学問は高度に専門分化を遂げてきましたが，かつて，その度が過ぎていることの弊害が指摘され「学際的協力」がさかんに謳われました．しかし，各学問領域の独立性・自律性を尊重する傾向にあったために，協力しあうといっても，責任感の厳しさに欠けがちでした．協力できる範囲で協力すればよく，うまくいかない場合にはそれぞれの専門分野に逃げ帰る道が残されていました．しかしこれからは，そんな状態では済まなくなります．既存の学問体系，とくに文系と理系の各境界を取り払ってフュージョン（融合）し，文と理が融合した新しい

第2章　新しいリベラルアーツを求めて　　37

教育研究体制に組み立て直さなければ，いろいろな問題に対処できなくなります．

　文理融合の有力な方策として，「意思決定」をキーワードにすることが考えられます．これは私の所属していた東京工業大学で新たな大学院，社会理工学研究科づくりをする際，採用したものです．あらゆる人間行動には必ず意思決定が含まれ，これは文理の区別に関わらないからです．習慣に従った行動であれ，合理的な行動であれ，さらには現状を問い直す反省的な行動であれ，それぞれ意思決定に対する自覚の程度は異なっても，必ず何らかのかたちで意思決定が伴います．こうすれば，理系は科学技術的な観点からの判断を，これに対し文系は価値と合意形成の観点からの判断をおこなうことになり，両者を満たす（統合する）意思決定が不可欠になります．この意思決定は「文理連携」といったきれいごとでは済まないもので，文理の間の格闘と対話という真剣勝負になるはずです．

　意思決定をキーワードにした文理融合の試みは，国際社会の舞台においても，今後，重要なテーマになるでしょう．現在，国際交流の高まりとともに，科学技術の優劣だけでなく，いやそれだけでは解決せず，文化の違いや価値観の違いが大きな問題になります．国際交渉ではこれらの点を考慮しつつ，最終的にどのような意思決定をするかがポイントです．最終的な意思決定いかんで，対立に陥ったり，合意に至ったりするのですから，高度な価値判断を通じた的確な意思決定が求められます．

　21世紀に求められる人材は，地球環境問題，生命操作の問題，技術移転と文化摩擦の問題，大規模災害など，科学技術と人間社会の不調和に対し，高度な価値判断にもとづいて的確な意思決定を導き出すことのできるネオリーダーです．そのためにも，これからの教育研究，とくに高度教養教育では文理融合をめざす必要があるといえます．

第3章　教養教育と市民形成

直江清隆

　昨今の議論では教養教育どころか学問（科学）の教育すら否定しかねない荒っぽい議論が横行し，少子化や財源削減への対応として実学への傾斜が急速に進行しつつある．他方で，学問の専門化，細分化が進むなかで，グローバル化や科学・技術の進展などに対応できる知として，既存の縦割りの学問分野ではなく教養教育を見直す必要があるというわけである．C.P.スノーが「二つの文化」の間の無理解と敵意を嘆いてから半世紀たつが[1]，「一つ」の共通の文化ないし教養があるとすればいかなるものかは，あるいはそれが必要であるか否かについて未だに問われざるを得ない状況にあるのである．

　以下においては，市民形成という視点から教養の捉え直しを試みてみたい．歴史的に見るならば，「教養」ないし「リベラルアーツ」は特定の階級やエリート階層のための教育に関わるものであった．しかし，いま問題になる市民形成は大学教育の全般において専門分野の枠を超えて共通に求められる教育である．それはまた，みずから社会の構築に参加していくための能力の育成として高校までの教育とも連続したものであり，豊かさとは何かという問いと繋がっている．

1.　倫理から市民形成へ

　さて，共通の文化として市民形成という視点がなぜ求められるのか．そのヒントとして大学の専門科目の一つである専門職倫理を取り上げてみることにしよう．一般に様々な社会活動の基盤として倫理ないし倫理観が必要だという考えは強い．そこでいわゆる教養教育とは異なるが，専門職の育成に関わる科目「専門教養科目」とでも呼びうるようなものとして企業倫理とか技

術者倫理，研究倫理などが教えられたりする．たとえば技術者倫理は，JABEE（日本技術者教育認定機構）の教育プログラムに取り入れられ，いわば工学部のカリキュラムのなかの文系的要素の強い科目として，今世紀に入ってわが国でも広く授業がなされるようになっている．それ自体は歓迎すべきことではあるし，文理融合科目の一つともなり得るが，問題なのはそれがどのような考えによるものかである．

　第一のモデルは，法律遵守モデルである．たとえば研究不正についてあるテキストには次のような記述がある．「現在急がれるべきは，責任ある研究遂行のために研究不正行為（Misconduct of research）の防止と対応，学生の学習と教育における剽窃・盗用などの不正行為防止と対応などを通じ，大学の生み出す知的価値を守ることである」[2]．規則や事例の紹介を講義でするにせよ，アクティブ・ラーニングを導入するにせよ，目標は不正防止，法令等の遵守であり，一定の規範の体得におかれるのがこのモデルの特徴である．カントの合法性と道徳性に関する議論を引き合いに出すまでもなく，こうした場合，法律や規則は主体の外にあって自明視され，それらと主体との合致は内面的なものとはなりえない．そのかぎりで，このモデルはここで問題とする教養から最も縁の遠いものといえる．

　この点で，個人の判断力の育成に目標をおくのが第二のモデルである．たとえば，北米スタイルの技術者倫理は，おもに専門職としての技術者がもつべき個人的なモラルと責任に関わる．一般的な教科書では，倫理綱領からはじまって，技術者の責務，正直性と誠実性，信頼性，技術者と組織との行動原理のコンフリクト，内部告発といった一連の倫理的，モラル的な問題が扱われ，授業ではしばしば図式化された事例を題材にして学生の道徳的判断力の養成が図られることになる．しかし，個人の行動のモラルに終始するプログラムに対しては北米でも限界が指摘されてきた．たとえば，軍事技術に関わる技術開発に関しては個々の技術者の誠実性はいかにも無力である．技術哲学者のL.ウィナーは，学生が技術者として企業や政府機関に就職し，その組織の行動様式を受け入れると，こうしたモラル教育は無力だとする[3]．技術は経済的利害をはじめ，政治的・社会的諸関係のなかで一定の意味を担っているわけだから，むしろ学生たちの視野を広げて，技術者が担うことに

なるこうした特定の理解関係，権力関係に目を向けさせることが重要だというのである．

そこで第三のモデルは，専門職倫理だけではなく人文学，社会科学などが連携してそうした「政治的理解力や政治的想像力」[4]の涵養にあたるというものである．ヨーロッパモデルの技術者倫理も近い発想をしている．ウィナーはここで「技術的変革の構想が，狭義に定義された経済的利益ではなく，公共の善への関心を含むことは，いかにして可能なのか」と問うている[5]．既存の集団的な論理や利害に埋没することなく，人々が技術にどのように関与し，技術が人々の生活形式になにを課すのかといった，技術に関わる実践的，公共的な問題に目を向けることが肝要だというわけである．しかし，ウィナーの方向を取るならば，ここに強い類似性を見て取ることができる．すなわち，学び手は自らの専門分野やそこでの探究の結果が文化や社会の原理とどう関わるかについてたえず対話しなければならないばかりでなく，それらが技術社会においていかなる決定的な選択をもたらすか，それにどう知的に対処するかを明らかにする作業に参加しなければならないからである．それは「市民としての」技術者の形成に関わっているのである．

これと似たような主張は，インドのボパールで起きた化学工場爆発事故についてのラッドの分析にも見られる．この事故では直接の原因のほか，以前から知られていた複数の原因でシステムの信頼が低下してきたのが無視されてきたことが倫理的問題だとされるが，ラッドはアーレントの「悪の陳腐さ」という言葉を引用しながら，システムに組み込まれた無責任性や無関心さを指摘し，システムが倫理的効力をもつためには，具体的な人間性である「市民としての徳」がなければならないとする[6]．ここで考えられているのは他者の幸福や人間性に対する事前の配慮責任の能力であり，責任を負いうることがすべての人にとってよいことであり，また参加するあるいは参加すべき多くの人々に開かれているという意味で「市民としての徳」と呼ばれている．そこにはやはり，これから生じうることへの配慮というかたちで，ウィナーの言う「政治的理解力や政治的想像力」が介在していると考えることができる．

このように見てみると，第三のモデルの核心が，市民形成にあることが理

第3章　教養教育と市民形成　41

解されよう．技術者として押さえておかなければならない様々な技術的な知識の習得や技術者個人のモラルや遵法精神を超えて，自らの領域の社会的，権力的関係を反省的に捉え返し市民として「政治的理解力や政治的想像力」をもって対処しうる能力が問題になるからである．言い換えれば，ここでは，技術者が自分の専門領域の外では一個の市民であるというだけではなく，技術者であるということの基礎ないし中核に市民として形成されていることが置かれているのである．「市民としての徳」を備えることは，技術者としての「人格形成」と呼ばれうるかもしれない．だが，「市民として」という断り書きが付くように，その際にはもっぱら「個人としての」徳や内面に向かうのではなく，他者との関係とくに政治的な関係への自発的な参加が，枢要な位置を占めていることに留意する必要がある[7]．

2. 人格形成と市民形成

ところで，市民形成と教養はどう関係しているのだろうか．これは教養教育といったときの「教養」とは何であろうかという問いと関連している．一般に，教養とは，幅広い知識を身につけることだという理解がある．何かの折に対応できる知識を頭の片隅に入っていることが教養であり，そのために多様な科目で知識を学ぶ必要があるというのである．そこで教養重視を言う人の間でも，知識伝達を削減して市民としての思考や判断力を重視しようという提案に対しては，知識がまず不足しており知識なければ思考も始まらない，学生がバカになるという反発の声が上がったりすることになる．「教養」の意味の多義性が教養に関して様々な態度をもたらしているように思われる．

今日の日本語で高等教育における「教養」について，筒井清忠は以下の三つの意味を挙げている．①専門に対する基礎としての教養，②幅広い知識としての教養，③文化の習得による人格の完成という意味での教養，がそれである．大学のカリキュラムにそくして言うならば，①は理科系の基礎科目や語学に（情報処理の授業もおそらくはここに分類されよう），②は一般教育科目として取得する様々な科目に，③はドイツ語の Bildung 系統の人文的教養にそれぞれ相当する．筒井によれば，戦後の新制大学では，③の意味から出発

して，①②が付け加わった教養教育が行われていたのだとされる[8]．実際，学生の教養の不足を嘆く人たちの念頭にあるのは多くの場合②ないし①であり，では教養教育の意味はと聞かれると③で答えることが多い．旧制高校の教養主義に連なる「教養」に戦後アメリカの一般教育に由来する「教養科目」の意味が付け加わって「教養」意味が曖昧化しており，われわれは時と場合に応じて「教養」の概念を適当に使い分けているのである．

　そこで，①や②を取りあえずさておいて，③の意味に注目するとしよう．日本の教養概念は，明治末期の「人格の修養」「人格の向上」を説く儒教色・道徳色の強い修養主義に端を発し，大正期にヘルダーやフンボルトに代表されるドイツのBildung概念の影響を受けてエリート文化の中核として成立し[9]，人文学の古典読解をもとにした人間理解や人格形成という意味で理解されるようになったのだという．だが，市民形成と教養の関係を見えるようにするためには，さらに，ドイツ由来のBildung概念と古代ギリシャに源泉をもつ「リベラルアーツ（artes liberales自由学芸）」概念と対比させつつ，この教養概念を相対化しておく必要がある．

　さて，リベラルアーツは，直接にギリシャにまで遡るものではなく，古代ローマ末期の4世紀頃に言語に関する3学と数学に関する4科に整理されたとされる．ここでいうartesは「能力」の意であり，liberalは「自由人にふさわしい」と言うほどの意味である．最初のキケロによる使い方では，リベラルアーツは，小売りや肉体労働の技能と対置される，自由人にふさわしい学芸というほどの意味であったと言われる[10]．この自由について，アーレントは，精神と身体の区別によるものではなく「純粋に政治的なもの」であったとし，自由人にふさわしい職業がもとづいている「賢慮prudentia」すなわち「政治家の枢要徳たる判断力」を基準としたものであったとしている[11]．これらにしたがえば，リベラルアーツは発端のローマ期においては，自由人にふさわしい教育として，知識それ自体の探求というよりは，社会を指導する善き市民の訓練を目標とした政治的，公的な意義をもつものだったということになる．ただし，中世からルネサンスにおけるその教育形態や，哲学，神学との関係は一概には語れない多様なものであったことも押さえておきたい[12]．

第3章　教養教育と市民形成　　43

これに対し，Bildung の概念は「自己形成」を意味する．Bildung は，一方で「像 Bild」の意味を含み，「神の似姿」の思想と結びつくが他方ではラテン語の forma, formatio に由来する「形姿 Gestalt」「造形 Gestaltung」「自然形態 natürliche Bildung」の意味をもち，所産的自然＝能産的自然という意味を含んでいる．ヘルダーでは，中間者としての人間の「人間性 Menschheit, Humanität」の概念にそれらの意味がまとめあげられる[13]．また，フンボルトにおいては，教養は国家との対立関係で言われ，「あらゆる公教育は，国家の精神が常に支配しているために，人間に何らかの公民としての形式を与えてしまう」とされる．「人間の自然な姿が保たれ」「もっとも自由で公民としての諸関係に可能なかぎり向けられていない人間の形成（Bildung）」がなによりも優先されることになる[14]．自由な人間は国家，公教育，公民に対置されるが，ここには，ブルジョアに対するシトワイアンつまり政治的意思の形成に関わる市民は存在しない．君主制下での発言であるという制約を考慮しても，苅部直が言うように，大正期の日本が受容した，「ドイツ的」な「教養」は，古典学習の重視を極端にすすめるなどの点で，リベラルアーツの流れの中では「例外に属するものだった」[15]と言ってもよいかもしれない．

　こうした対比から，Bildung 系統の人文的教養の射程はほぼ明らかであろう．この教養の目標とするところは，古典の読解を中心に文化を習得・内化し，それを通して個人の形成を図ることである．こうした教養は，人々をたんなる機械の歯車として隷属を要求し，通過点としてしまうような社会に対しては，個人の自律・自由を承認して，抵抗しようとする．しかし，リベラルアーツに含まれていた政治的，公的な参加に関わるように市民形成の意義はここでは欠如している．日本の教養主義に則して言うならば[16]，個人の領域と公的な領域との媒介は，文化をおのれ自身の内に組み込み，おのれの内的な人格完成を図るという仕方で考えられており，社会とのつながりはこうした人格形成や道徳な意味での修養を経由した間接的なものとして残っているにすぎないのである．それゆえ，教養教育の再構築を図るならば，リベラルアーツの復権を図りつつ，市民形成を核に据えることが必要なのである[17]．

3. 市民形成に向けた教育

近年，教養教育の再構築を求める見解が出されていることは，冒頭で触れた．やや古くなるが中教審が 2002 年に出した「新しい時代における教養教育の在り方について」では，大学における新たな教養教育は，従来の縦割りの学問分野による知識伝達型の教育や専門教育への単なる入門教育ではないとし，「専門分野の枠を超えて共通に求められる知識や思考法などの知的な技法の獲得」「人間としての在り方や生き方に関する深い洞察」「現実を正しく理解する力の涵養」などが求められるとする[18]．

また，ユネスコは 2007 年に『哲学　自由の学校』という冊子を出している．「自由の学校」はまさにリベラルアーツの学校であって，「哲学の教育と哲学的になるための学習」というサブタイトルからも窺えるように，「哲学」はここでは就学前期から大学までにわたる学生や生徒の学習にまで広がるものである．その序文で当時の事務局長の松浦晃一郎は，「哲学の教育は，もし自由と批判的推論の教育でないとすればいったいなんなのか．哲学とは実際，反省のうちであるいは反省を通じて自由を行使することを意味するのだ」と述べている[19]．ここでは「反省」すなわちあらゆる独善に対するすぐれた防御や批判的精神の発達が重要なのであって，「自由の行使」すなわち合理的な判断を下すことが目標なのである．いずれも「教養」の必要性を説くものと言えようが，前者においては修養や人格形成の色彩が残っているのに対し，後者では主体的に行動していく存在である市民の形成がより明確に位置づけられていることは，読み取りうるであろう．

こうした「自由」の具体化の一例として，英語圏のリベラル・エデュケーションの理念としてロスブラットが紹介するものがある．

(1)　自己や自己の各部分からの知的，情緒的解放．ないしは，社会から，もしくは社会や偏見の制約からの解放．

(2)　視野の幅広さ，関係性を理解する能力．つまるところは，重大な決断や判断をなす能力．

(3)　視野の幅広さ，偏見や先入見からの自由によって生まれる精神の自

立.

(4) 人間の性質，人間の行動，敷衍すれば，制度や基本的な人間の構造
の動機ならびに根源の理解[20].

　言うまでもなく，この理念をいかにして実際のカリキュラムに具現させる
かはきわめて悩ましい問題である.

　市民の形成が必要な例を筆者の関係する領域から挙げるならば，EU では
近年，科学・技術の進歩を社会に適切に組み入れるために「責任あるイノベー
ション」ということが言われている. 医療において，かつては「医は仁
術」と言われて医療者の側での判断と徳とが問われたのに対し，現在ではイ
ンフォームド・コンセントが必須となり，医療を受ける患者の側の決定が重
視されるようになってきている. これと同じように，「責任あるイノベーシ
ョン」では，技術革新の過程やその製品に関して，関係する技術者や市民が，
倫理的な受容可能性や持続可能性，社会的望ましさなどについてお互いに応
答しあう（responsive）ことが言われ，そうした透明で相互的なプロセスが
責任ある（responsible）ことにとって重要だとされているのである[21]. すな
わち，科学・技術の進歩がただちに人びとに豊かさをもたらすというのでは
なく，人びとがみずから豊かな社会とは何かを問い，科学・技術の進歩を組
み入れた社会の構築に参加していくことがここで問題である. 問題は，この
透明で相互的なプロセスを理念とするとすれば，果たしてどのようにすれば
機能しうるかである. 結論的に言えば，第 1 節で挙げた「市民としての徳」
は技術者だけではなく，市民にも一般に求められるのである.

　こうした意味での教養の教育が，現在，大学においても高校までの教育に
おいても，どれほど実際になされているのかは疑問である. 東京のある有名
私立大学の学生に民主主義とは何かを尋ねたところ，多数決に従うことだと
いう答えが多くて驚かされたという話がある. 別にどこの大学ででもありう
る話であろう. 彼らは教科書で民主主義の政治形態について学んできたのか
もしれないが，しかし，民主主義的に行動するとはいかなることかは理解で
きていないのだ. ウィナーの言う「政治的理解力や政治的想像力」について
も同様であろう. 科学・技術の進展やグローバル化などの課題に対応できる
主体的に行動する市民形成という視点で見たとき，対応不全は顕著であるか

に思われる.

　ここでアクティブ・ラーニングによって問題は解決するだろうという人がいるかもしれない.たしかに主体的な学びという点で魅力的な概念ではある.しかし,アクティブ・ラーニングのとらえ方にも様々ある.もし授業に参加させ知識を能動的に取り入れるための手法と捉えられているとすれば,ここでの課題には十分なものではない.何に向かうのかという理念ないし目的が重要なのであって,アクティブ・ラーニングは自由な主体を確立する過程だと捉えられることが必要である.また,ここでの教養教育が必ずしも新人文主義的なものである必要がないことも理解されよう.今日,善き生,豊かな生と言うときには,当然ながら,理科系の諸学も欠くべからざるものなのである.文科系,理科系という「二つ」の文化の一方にのみ安住して他方に無関心でいる人は,いかに古今東西の古典に通じていようとも,それだけではここで言う「教養」を備えたことにはならない.もちろん,あらゆる分野について原理・原則から体系立った知識をもつことが求められるわけではない.異文化理解において他の文化を知ることで自らの伝統を反省するように,文科系の科目であれ理科系の科目であれ,偏見や先入見から自由になることが求められるのである.

　すでに見てきたように,教養教育は高校教育とも共通する.それは,教養教育がすべての市民にとって必要とされるという理念の面ばかりでなく,大学に入ってから教養と言い出しても,統合的な効果を持たせがたいためでもある.どの教育段階で何を重点的に学ばせるかを切り分けることはカリキュラムをどうするかの問題である.具体例の一つとして,筆者が関係した高校の「倫理」という科目に関する学術会議の提言[22]に触れておこう.この科目は古今の哲学者の思想とともに,生命倫理や環境倫理などの現代の課題や,近代科学の思想的基盤なども扱うこととされている.しかし,現在は週2時間の授業で300もの人名が詰め込まれた教科書が使われ,ほぼ窒息状態にある.「提言」で提唱したのは,「哲学対話」と「古典の一節の批判的読解」であり,これらを通じて社会に参画する「市民」としての資質の向上を図るとした.哲学対話は,自分の考えていることを言語化し,根拠付け,他者の様々な意見に照らして自分の意見を吟味するといったことを通じて,たんな

る情報集積ではない自分固有の考えを鍛えるプロセスである．たんに様々な意見があるということから進んで，他者の意見と付き合わせて自己を相対化しつつ，他者と意見を共有したり批判的思考を身につけたりすることが狙いである．「古典の一節の批判的読解」はたんに古典を読むことや，先哲の思想や「を」学ぶことではなく，古典との対話を「通じて」自らの考えを開拓し，「一つの正解」がない問いに対する解を探っていく能力の育成を図ることがその目的である[23]．市民形成という点から望ましいのは教科，科目の枠を超えて，国語や理科，地歴公民の他科目と連携して統合的な教育をすることであるが，これは将来的課題になるであろう．こうした試みはほとんどすべての教科で可能である．

　「教養」という概念は，修養主義やら人格主義，教養主義やら様々な手垢にまみれ，きわめて多義的である．また，今日教養教育の再構築を問題にするならば，従来言われてきた大学の一般教育のみならず，研究者や専門職の教育や，初等中等教育にまでわたる広い範囲でいかにして教養教育を行うかを考えることが必要とされる．市民として形成されていることが，研究者や専門職にとっても基礎であり，善き生，豊かな生を実現する社会にとって根幹をなすからである．われわれはこれまでの幅広い知識としての教養，人格の形成としての教養概念を，リベラルアーツが有していた市民形成という意味のもとに位置づけ直し，諸科目を統合する新しい教養教育の制度設計を急ぐべきではないかと思われる．

注

1)　スノー『二つの文化と科学革命』松井巻之助訳，みすず書房，1967 年.
2)　羽田貴史「研究倫理に関する世界の動向と日本の課題」東北大学高度教養教育・学生支援機構編『研究倫理の確立を目指して』東北大学出版会，2015 年，1 頁.
3)　Winner, Langdon, Engineering Ethics and Political Imagination, in: Durbin, Paul ed., *Philosophy and Technology*, vol. 7, Kluwer Academic Pb., 1990.
4)　ibid., p. 58.
5)　ibid., p. 59.
6)　Ladd, John, Bhopal: An Essay On Moral Responsibility And Civic Virtue, in: Davis, Michael ed., *Engineering Ethics*, Ashgate, 2005（1984）．ここでラッドは過失責任を問うたり，責任を非難と結びつける見方を，賠償や非難の回避に向けられた視

野の狭いものであるとして，より積極的な概念を求めている．

7) ここではこれ以上立ち入らないが，ウィナーはアリストテレス『政治学』第3巻を引き合いに出して「市民としての徳」について論じている．ウィナー「テクノロジー社会における市民の徳」河野哲也訳，『思想』926号，2001年7月，64頁．

8) 筒井清忠『日本型「教養」の運命——歴史社会学的考察』岩波現代文庫，2009年．198頁以降．

9) 筒井前掲書，37頁．

10) 廣川洋一「〈自由三学科〉の成立」『新・岩波講座哲学 14』岩波書店，1985年，329頁．

11) Arendt, Hannah, *Vita activa oder Vom tätigen Leben*, 1960.（ハンナ・アーレント『活動的生』森一郎訳，みすず書房，2015年，108頁．）

12) 廣川前掲論文，328頁以下．『中世思想研究』56号，57号における自由学芸特集に収められた諸論考，およびリシェ『中世における教育・文化』岩村清太訳，東洋館，1988年をも参照．

13) 以下の記述は，濱田真『ヘルダーのビルドゥング思想』鳥影社，2014年，31頁以降に依拠している．ヘルダー「人間性形成（Bildung der Menschheit）のための歴史哲学異論」『ヘルダー ゲーテ』（中公バックス 世界の名著 38）登張正実責任編集，中央公論社，1979年ほかも参照した．「教養」の概念史については，ガダマー『真理と方法』轡田收ほか訳，法政大学出版局，1986年，12頁以下，高田純一『現代に生きるフィヒテ』行路社，2017年をも参照．

14) W. v. Humboldt, Ideen zu einem Versuch, die Grenzen der Wirksamkeit des Staates zu bestimmen（1792; erstmals publiziert 1851）, Wilhelm von Humboldt, Gesammelte Werke, Bd. 7, Walter de Gruyter, 1952/1988, S. 54f.

15) 苅部直『移りゆく「教養」』NTT出版，2007年，92頁．

16) この点に関して，三木清は，インテリゲンチャにおける政治的関心の後退を指摘して「政治的教養」を対置する（「教養論」〔1937〕，『三木清全集』第13巻，岩波書店，1967年，323頁以下）．
　　また，唐木順三はのちに，阿部次郎の『三太郎の日記』を取り上げ，教養主義を「自己の内面的な中心の確立，自己究明を古人の書物を媒介として果さうといふのである」と要約する．その上で，「社会的政治的な外面生活を問題にしない」として外面を問題にしないことを批判し，さらに，「我々は果して古人の書物を繙くといふ方法によって真の内面生活を確立しうるであらうか」という疑念を投げかける．（唐木順三『現代史への試み』〔1949〕，『唐木順三全集』第3巻，筑摩書房，1981年，114頁以下）．もっとも，阿部は（たとえば「教養の問題」〔1927〕）で，「教養とは自分を造りあげることである」としたうえで，「教養の第一歩は，読書にあらず，体験の渉猟にあらず，ただ心魂に徹してある物を愛することである」として，親，兄弟姉妹，友人などとともに，国家，社会，学問，芸術などを愛の対象として挙げている．（『阿部次郎全集』第10巻，角川書店，1961年．ほか「読書の意義とその利弊」〔『人格主義』所収，1922年，同全集第6巻〕等でも同様の主張がなされている）．それゆえ，唐木の読書行為の偏重だとする批判は必ずしも当たらない．だが，ここからかえって，リベラルアーツに含まれていた政治的な意義が日本の教養主義に欠如していたことを読み取ることができる．

17) 最近ではヌスバウムも，ギリシャやローマの世界に立ち返るならば，市民性のリベラル・エデュケーションは「習慣やならわしの束縛から人々の心を解放し，感性と機微をもって世界市民としての役割を果たしうるような人をつくる」ものであったとする．Nussbaum, Martha C., *Cultivating humanity: a classical defense of reform in liberal education*, Harvard University Press, 1997, p. 7.

また，金森修は，〈フンボルト理念〉を18世紀後半からの大学の職業学校化への反発という文脈で評価し，「いわばより成熟した〈普遍知〉の構築に向けた努力が開始されるべきではなかろうか」と主張する（金森修『知識の政治学』せりか書房，2015年，363頁）．彼は〈公共性の危機〉をまえに，専門主義，直接的有用性に対抗すべきものとして教養や〈普遍知〉を評価する．それらを彼は〈普遍の仮想〉〈普遍の蜃気楼〉などと呼ぶが，その基本的な立場は本稿とも近い．とはいえ，謂うところの〈普遍〉は積極的にはどのような意味で捉えうるであろうか．金森は立ち入った規定をしていないが，人文諸学の閉塞状況，細分化状況をより深刻に捉える本稿の立場からは，ヘルダー，フンボルト的な人文主義的な内面化やそれを通じた理念や全体性への道をとることはできず，ましてや精神と自然を包括し，差異性をも呑み込んだドイツ観念論ばりの包括的理念に依拠することなど考えようもない．金森はこのような普遍なるもののもつ暴力性に対する人文学からの批判もよく踏まえたうえで〈仮想〉〈蜃気楼〉などとしている．本稿も彼が公共性の現状を踏まえてあえて〈普遍知〉を持ち出していることは承知している．しかし，本稿では，仮構であるにしても〈普遍〉を学生に見せたりすることではなく，むしろ，公共性を統制概念として諸学の反省的，超域的な統合をそのつど指向するというより慎ましやかな戦術のほうが，有効ではないかという立場をとっている．

18) 中央教育審議会「新しい時代における教養教育の在り方について（答申）」2002年2月21日．http://www.mext.go.jp/b_menu/shingi/chukyo/chukyo0/toushin/020203/020203a.htm#01

19) Matsuura, Koichiro, Preface, Philosophy - A School of Freedom, http://unesdoc.unesco.org/images/0015/001541/154173e.pdf, p. ix

20) S. ロスブラット『教養教育の系譜——アメリカ高等教育にみる専門主義との葛藤』吉田文・杉谷祐美子訳，玉川大学出版部，1999年，155頁．

21) たとえば，Schomberg, René, The Quest for the 'Right' Impacts of Science and Technology: A Framework for Responsible Research and Innovation, in: van den Hoven et al. eds., *Responsible Innovation 1*, Springer, 2014, p. 39.

22) 日本学術会議「未来を見すえた高校公民科倫理教育の創生——〈考える「倫理」〉の実現に向けて——」，2015年5月28日．http://www.scj.go.jp/ja/info/kohyo/pdf/kohyo-23-t213-1.pdf

23) 前掲「提言」6頁以下．古典を「通して」考えることの一例として，直江清隆編『高校倫理の古典でまなぶ 哲学トレーニング』1・2，岩波書店，2016年を参照．

直江論文への質疑と応答

野家啓一

「市民形成という視点から見た教養の捉え直し」という方向に関しては，まったく異論はありません．お聞きしたいのは，「市民としての」と言われるときの「市民」とは誰か，という問題です．特にヨーロッパ近代のような市民革命と市民社会の形成を経ていない日本の場合は，一方の極に「世界市民」や「地球市民」といったコスモポリタン的な市民像があり，他方の極に国民国家の枠組みの中での「国民」や「公民」といった市民像があります．直江さんの「市民形成」がどのような市民像を前提にしているのか，ご教示いただければ幸いです．

今田高俊

1）現代の教養教育に求められる最も重要な課題として，市民形成が取り上げられていますが，市民性（citizenship）とは何かについてもう少し立ち入った検討が必要ではないでしょうか．論文によれば，相互応答的な責任が核となるとされています．相互応答的な責任以外に市民たる条件は考えられないでしょうか．

私は，市民性（シティズンシップ）とは，政治的，経済的，文化的な諸権利およびこれらに伴って生じる諸義務を柱とする社会的メンバーシップをあらわし，多様な人々と積極的に関わり応答しあうことを通じて公共性とロバート・パットナムのいう社会関係資本（信頼・規範・ネットワーク）を担保する性質である，と考えています．

そのためにも教養教育は，単に知識の習得や理解力の強化にあるだけでなく，事物や他者に関心を抱き，関わり，応答的になる力を身につけることにあると思います．前者が「学力」（認識力）を高めることであるのに対し，後者は人間存在の意味を確認し，「生きる力」（存在力）を高めることに関連します．教育は認識力と存在力が揃ってはじめてほんものとなります．これを涵養することが市民形成としての教養教育の課題であると考えますが，いかがでしょうか．

2）論文では，文科系と理科系の二つの文化の対立を解消するための方策として，教養教育により一方が他方の学問に対する偏見や先入見から自由になることを求めておられます．これは教養教育の目的に文理融合の素養を望むことになると思われますが，その在り方についてどのような展望を持たれておられるでしょうか．ギリシャ・ローマ時代の自由7科（哲学系の3学・数学系の4科）をベースとすることでよいでしょうか．

第3章　教養教育と市民形成　　51

直江清隆

　今田先生のご質問と野家先生のご質問は趣旨が重なる点が多いですので，一括してお答えしたく思います．

　1）　まず，市民をどう捉えるかですが，もちろんある国民国家や行政区域の住民のことではなく，さしあたり，個人の私的利害に基づいて行動するブルジョアと私的利害を超えた共同体の政治的意思の形成にかかわるシトワイアン（公人）を分けたときの，後者が基本になることは，本文で触れたとおりです．いかなるものが「公」を成り立たせるかについては，一般意思（ルソー），国家との相互承認（ヘーゲル）以来，延々と議論がなされてきたわけですが（とりわけヘーゲルでは市民社会でも個々人が直接的な欲求を抑え，普遍性へと高めていくことと同時に，国家体制のありかたが人々の側の理解に依ることが強調される〔『法の哲学講義』〕など今日なお注目されるべき論点も多いのですが），この思想史には立ち入らないでおきたいと思います．さしあたりは，「市民性 citoyenneté, citizenship」つまり民主主義国家において必要とされる権利や義務を行使し，多様な社会で共に生きていくために必要不可欠な知識や資質などをもって能動的に公的な意思決定に参加する社会成員といったあたりで押さえておきたく思います．このあたりは今田先生と大きな違いはないかと思いますが，私としては相互承認をもとにした社会統合で押さえたいと思いますので，多分アプローチは違うと思います．

　一般に公教育の目的は，将来の大人に対して公民としての権利を平等に行使するための不可欠な前提となる素質を身につけさせ，公的な意思形成過程に参加する機会を保証することだといわれます．教養教育における市民形成という際も，この延長線上で議論しています．実質的な参加への素養，さらに「能動的」参加と言っても，シティズンシップの実質をめぐってやっかいな議論になります．新自由主義のもとでは，小さな国家における自立した個人が理想像とされ，個人に対しては政府の代わりとなるべき市民道徳の名のもとに福祉活動への能動的な参加が要求されたりします．また，新保守主義のもとでは，多元主義化の進行に対して伝統的価値観のもとでの社会統合や同化が強調され，そうした社会への能動的な参加が市民の義務とされます．能動的な参加と言ってもまだまだ不十分です．近年のシティズンシップ教育論で，「熟議」と「政治的リテラシー」が強調されるのは，このあたりの事情が関係していると思います．たとえば英国の政治学者のバーナード・クリックは，社会において価値観の対立や利害の紛争が不可避であるとするならば，政治という名の相互承認のルールに基づく利害対立・紛争の調停・和解が求められるとします．「政治的リテラシー」は特定の争点をめぐって自分で決めようとするときに，他者の誠意や信条を尊重しながら判断できるた

めの知識や資質を意味するわけです．さらにその際には参加や徳ではなく，熟議の名のもとでの討論の能力が問われることになります．拙論では，徳を持ち出しながらも，熟議に資するようなリテラシーをシティズンシップの要件と考えています．ただし，シティズンシップ教育論で主に言われるのは権力，法，代表など政治学で扱われるような紛争ですが，第1節にあるように拙論で述べたのは，科学や技術に関する社会的問題のような広い意味での抗争であり，熟議に資するようなリテラシーも学問全般にわたるものである点は付け加えておきます．

　本文の43頁では，アーレントのいう「政治家の枢要徳たる判断力」にも触れましたが，本文で「徳」という言い方を取り上げたのにはわけがあります．熟議的な理性能力を「公」を保証するつくり付けの普遍的な原理として立てることへのためらいです．それは一面的であるだけでなく問題含みです．理性能力を立てる強みの一つは，日本のように「重なり合う合意」ということが成り立ちがたく，異論の排除と共同体への同化に流れがちな社会において，超越的視点を立てることで批判の可能性を担保しうるということにあります．もちろん日本に限らず，伝統的な価値観や宗教観への囲い込みに対して超越的な視点は開放的な議論を可能にする一面があります．他方，熟議的理性をつくり付けと見なすことで，たえず能動的に参加するわけではない人々や討議を起こしがたい文化圏の住民たちを切り捨てることにも繋がりえます．（もちろん，超越＝神が議論に枠をはめてしまうという面も重要ですが，この点は深入りしないでおきます．）一般に熟議は異なる価値や理念の対立を理性的討論の場に引き出すわけですが，それでは回収しきれない問題や対立が残ることになります．これは「内在における超越」というヘーゲル左派的な方途をとって超越性を確保したときでも，事情は似たり寄ったりであろうと思われます．「徳」というのは暫定的な言い方で，そこからの展開が十分にできているわけではありませんが，取りあえず熟議的な理性能力を前面に出さない語り方ということまでで回答に代えさせていただきたく思います．

　2）次に，文理融合ですが，日本の教育システムでは高校のごく早期に文系，理系の区別をしてしまうのが一般的であり，それがまた大学における文理の行き来を狭める要因となっていることは多くの人が感じていることかと思われます．そもそも文系，理系という枠組み自体，旧制高校の時代から引きずる遺物でして，学生や生徒を縛りつける固定観念といっても過言ではないものでしょうから，今の時代に合わせて早急に見直す必要があると考えています．

　また，中等教育における教科の枠組みも日本では固定的で，その内容も身近なところから考えを深めるというよりは，原理原則から下ろしてくる書き方をしていることが多いです．たとえば，教科横断的な教育をしているフィンランドの中

第3章　教養教育と市民形成　53

等教育の化学の教科書では，身近な事象と関連づけて探求を進め，生物と化学という単元があったり，簡単な実験の計画をつくらせてみたりすると同時に，環境問題と化学，化学工業と化学を学ばせたりしています．同様に，生物には医療についての内容も含まれたり，公民科など他の教科でも環境や医療といった同じ内容が取り上げられたりします．生活の中での科学の在り方が学ばれるわけです．その長短については立ち入った考察が必要でしょうが，少なくとも文理融合の素地になり得ることは確かでしょう．

　大学初年次においては，科学や技術をめぐる社会問題にどう答えるか，科学の妥当性を実際の場面でどう判断するか，などを考える授業が文理を問わず必須と思われます．科学リテラシーの習得が同時に政治的リテラシーの習得となるのがポイントで，『科学技術をよく考える　クリティカルシンキング練習帳』（名古屋大学出版会）などはすぐれた教科書です．また，現在は少人数で試行している段階ですが，大学院ではふだんほとんど顔を付き合わせない理学工学系と人文社会系の学生がともに参加して，科学や技術に関連する事象について対話するワークショップなどもかなり有効です．いずれにしても，適切な材料をみつけて実際に議論してみる授業が大事だと思われます．

54　　第1部　教養教育を再考する

第2部　統合的教養教育をめざして

　第2部は，本書のタイトルにある「統合知」の必要性と可能性について，3名の論者がそれぞれの大学の現場での実践を基に紹介し，それらについて議論が交わされる．ここで論点となるのは，専門知を学んだ後の教養教育のあり方，知の往復運動による統合知の追究，トランスディシプリナリー（諸分野横断的）な統合学のカリキュラム，統合的視野を養う討論型授業のあり方，批判的議論を可能にする公共空間の必要性，等々である．読者の方々には，この第2部を，現代社会が必要とする統合知をどのような形の教育によって涵養すべきか，という問題意識とともに読んで頂きたく思う．

第4章　後期教養教育と統合学
―― リベラルアーツと知の統合

藤垣裕子

　教養とは単なる知識の量ではない．種々の制約から自らを解き放ち，自由かつ柔軟に思考するとともに，社会のさまざまな場面において，経験に裏打ちされた知識[1]を総動員して的確な判断を下せる能力こそが教養である．本稿の目的は，後期教養教育（専門を学んだあとの教養教育）の内容と意義を明らかにし，そのことをとおしてリベラルアーツと知の統合のありかたについて考えることである．まず，教養に関連する三つの概念を整理し，リベラルアーツが現代的自由の意味で再解釈可能であることを述べ，そのうえで自由な思考のためには異なるコミュニティの境界を越えて「往復」することが必要であることを示す．さらに，学問分野の往復が何を意味するかを考察したのちに，それと統合学との関係を考える．

1. 後期教養教育とは

　教養教育というと，専門教育を学ぶ前に広く学問を俯瞰するものと捉えるひとが多い．しかし，専門教育と教養教育の関係は，それほど簡単なものではない．専門を学んでこそ可能になる教養教育が現実に存在する．それは，自らの学問の社会における意味を問い，自らの学問を他者に説明し，別の専門教育を受けた他者と協力する，といった能力を鍛える教育である[2]．このような専門を学んだあとの教養教育を，本稿では後期（学部後期という意味）教養教育と呼んでいる．それでは，そもそも教養とは何だろうか．

1.1 教養とは何か

　日本語の「教養」の意味は，『広辞苑』（第5版，1998）によると，（1）教え育てること，（2）単なる学殖・多識とは異なり，一定の文化理想を体得し，それによって個人が身につけた創造的な理解力や知識．その内容は時代や民族の文化理念の変遷に応じて異なる，とある．そして，（2）の語源として，英語，フランス語の culture，ドイツ語の Bildung が挙げられている．つまり，culture という語は，日本語では「文化」と「教養」の二つの意味に訳し分けられていることがわかる．ちなみに語源辞典をひくと，culture は「耕す」を意味するラテン語（corele）に由来し，土地を耕す意味で当初用いられていたが，「心を耕す」の意味で用いられるようになり，そこから「教養」「文化」を意味するようになったとある[3]．日本語の文化と教養は，一見まったく異なる意味を独立にもつように思われるが，心を耕すという意味では同根なのである．

　さて，教養を論じるときに避けて通れない概念として，少なくとも以下の三つのものがある．一つは古代ギリシャを源流とするラテン語の artes liberales（アルテス・リベラレス．英訳はリベラルアーツ）を語源とするもので，人間が奴隷ではなく自立した存在であるために必要とされる学問を意味する概念である．この概念は，ローマ時代の末期に自由7科（文法学，修辞学，論理学，代数学，幾何学，天文学，音楽）の形で具現化され，中世ヨーロッパの大学での教育の礎を提供した．二つめは近代国民国家の形成とともに，ドイツを中心に大学の役割を定式化するために据えられた Bildung（人格の陶冶）概念に基礎をおくものである．近代産業社会の発展にともなって知識が断片化する力に対抗して，文化の「全体性」にむけて個人を陶冶する力を涵養することこそ大学の使命とされた[4]．その意味では，Bildung を源とする教養概念はきわめて国民国家主義的なものである．また，上にあげた『広辞苑』による教養の定義の（2）は，この Bildung 概念をもとにしていることが示唆される．

　三つめは20世紀の米国で，専門教育と対置する形で言及されるようになった一般教育（General Education）の概念である[5]．米国における一般教育概念とリベラル・エデュケーション概念の相克については，松浦（2015）が詳

細な紹介をしている．植民地期以来のカレッジでは，古典語による伝統的学芸（Liberal arts and sciences）による学士課程教育がおこなわれており，これは「リベラル・エデュケーション」と呼ばれる教育であった．20世紀に入って一般教育概念が提唱されるようになる．後者を広く定着させることになったハーバード大学の報告書（1945）では，一般教育がカバーする知識の領域を自然科学，社会科学，人文科学の3分野として明示した．これが戦後の日本の一般教育導入に強い影響を与えることになる．さらに同報告書は，「リベラル・エデュケーション」概念が，リベラルアーツ概念を基礎とし，古代の奴隷制社会における貴族主義的理念構造をもつとして批判している．こういった自由な少数者への教育ではなく，すべてのひとが自由であることを掲げる民主主義国家アメリカでは，コミュニティのすべての構成員に対する教育を行う必要がある．したがって同報告書は，現代の民主主義社会にふさわしい教育のありかたとして，「リベラル・エデュケーション」ではなく，一般教育を提唱したのである．このような批判をへて戦後に一般教育概念にとって代わられた「リベラル・エデュケーション」概念であるが，現代のアメリカでは，自由な探究，無知や偏見から自らを解放（自由に）することと再定義して，全米大学協会が積極的に用いている[6]．

　以上，教養をめぐっては，各文化において「何を理想とするか」「どのような領域の知識を教えるよう設計するか」の二つが交錯して論じられてきたことがわかる．したがって，日本における教養を定義する際も，何を理想とし，何を教えるかの議論と切り離せないことが示唆される．

1.2　日本における教養の理念

　それでは，日本における教養の理念は，以上三つの概念のうち，どれに相当するものなのだろうか．国立大学法人のなかで唯一教養学部をもつ東京大学では，初代教養学部長・矢内原忠雄が学部創立時に，「ここ（教養学部のこと．引用註）で部分的専門的な知識の基礎である一般教養を身につけ，人間として偏らない知識をもち，またどこまでも伸びていく真理探求の精神を植え付けなければならない．その精神こそ教養学部の生命である」と述べている[7]．この定義では，教養は，「部分的専門的な知識の基礎」「偏らない知

識」「どこまでも伸びていく真理探求の精神」となっている．専門知を学習するうえでの礎という意味あいが強い．それに対し，同大学の戦後初代総長・南原繁は，「教養の目指すところは，諸々の科学の部門を結びつける目的や価値の共通性についてであり，……われわれの日常生活において，われわれの思惟と行動を導くものは，必ずしも専門的知識や研究の成果ではなく，むしろそのような一般教養によるものである」と述べている[8]．この定義では，教養は，専門分野を「結びつける目的や価値の共通性」「日々の生活の思惟と行動を導くもの」となる．矢内原の定義は真理探究の土壌，南原の定義は行動指針の土壌を耕すものと言えるようである．

戦後日本の大学教育改革において，1.1項の三つめにあたる米国のGeneral Educationにならって導入され，かつ1991年の大学設置基準の大綱化において規制緩和されたのは，「一般教育」であって「一般教養」ではない．つまり文部省（あるいは文部科学省）用語では一般教育なのである[9]．ただ，矢内原や南原がめざしたのは，旧制高校のエリート文化のなかにあった一個の紳士としての教養主義ではなく，市民としての「一般教育」であったことは理解できる．つまり，彼らは貴族主義的な教養ではなく，市民としての教養をめざそうとして，「一般教養」という用語を用いたのであろう．それには教養学部設立時の気概というものも表明されていたに違いない．

翻って東大憲章（2003）を見なおしてみると，「東京大学は，学部教育において，幅広いリベラル・アーツ教育を基礎とし，多様な専門教育と有機的に結合する柔軟なシステムを実現し，かつ，その弛まぬ改善に努める」とある[10]．東京大学における教養は，上記三つのうち，とくに一つめのリベラルアーツを範としていることが示唆される．東大憲章が矢内原や南原の言う一般教養ではなく，リベラルアーツ概念を礎としているのは興味深いことである．その理由として考えられるのは以下の2点である．一つは，リベラルアーツが元来古代ギリシャに源流を有する考え方にもとづき，人間が奴隷ではなく自立した存在であるために必要とされる学問を意味していたことを認めながらも，その自由の意味を奴隷制からの自由といった身分制の文脈でとらえるのではなく，現代的自由の意味でとらえたという解釈である．現代の人間は自由であると思われているが，実はさまざまな制約がある．人間を種々

60　　第2部　統合的教養教育をめざして

の拘束や制約から解き放って自由にするための知識や技芸がリベラルアーツであると考えるのである[11]. もうひとつの理由は，東大憲章の前文にある「市民的エリート[12]」という言葉のなかにある矛盾と関係する.「エリート」という少数者を意味する言葉に「市民的」という形容詞をつけることによって，この言葉はある種の緊張感をもたらしている. このような緊張感ある語で形容される人材を育成するためには，民主主義社会における市民性の涵養という意味では上述の「一般教育」理念と同じでありながら，やはり責任あるエリートを養成するという意味での教養が必要である. だからこそ一般教養でなくリベラルアーツを用いたと考えることもできそうである[13].

　1991年の大学設置基準の大綱化以降の教養教育をめぐっては，毎年開催される全国教養教育実施組織会議で議論が展開されている. ただ，そこで使われている言葉は，必ずしも教養教育とは限らず，「共通教育」「基幹教育」という言葉もある[14]. つまり日本の戦後の高等教育で理想とされた「一般教育」の理念は，現在では，教養教育，共通教育，基幹教育といった言葉に代用されつつあると考えられる.

2. 後期教養教育の実践例

　大学の学士課程のうち，1，2年生（前期教育課程）では，狭い専門教育に入る前の広い礎となる知識，そしてこれから学ぶ学問の吸収のための土台を耕すという意味での教養が必要となるだろう. それに対し，3，4年生（後期教育課程）では逆に，専門教育によって作られつつある学問境界の壁をこわす力をつくることも必要となる. つまり，分野境界の壁を越えることによって耕されるものがあるのである. そのような土壌の耕作のために，リベラルアーツとしての教養，とくに自由の意味を現代的自由の意味でとらえ，人間を種々の拘束や制約から解き放って自由にするための知識や技芸を用いることになる.

2.1　異分野交流授業の実施

　筆者は専門分野の壁を超える授業の実践として，同僚の石井洋二郎氏とと

もに 2015 年度から「異分野交流・多分野協力論」[15]を実施している.「グローバル人材はほんとうに必要か」「代理出産は許されるか」「国民はすべてを知る権利があるか」というような簡単に答えのでないテーマを 12 回分用意し, 毎回, 議論形式で授業をおこなった. 教師の用意した課題文（約 4000 字）および 4 つの論点を授業の前の週に渡し, 学生は 1 週間考えたのちに授業の場で論点にそって議論をおこなった（石井, 藤垣, 2016）. 法学部, 工学部, 文学部, 教養学部など学部の枠を越えて, 他の専門分野の人と議論することを実践した. 教師 2 名の専門もフランス文学と科学技術社会論と別々のものであるので, 文字どおり教師も学生も異分野交流となる授業であった.

　授業のなかで徹底したのは,（1）自分のやっている仕事（あるいは学問）および自分のもっている知識が社会のなかでどういう意味をもつか,（2）自分のやっている仕事（あるいは学問）をまったく専門の異なる人にどう伝えるか,（3）具体的な問題に対処するときに他の分野の人とどのように協力できるか, の 3 点について, 毎回の具体的テーマのなかで掘り下げて考えてみることである. また, 各回で『問いを分析する』『言葉の一つ一つを吟味する』『問いを分類する』『論を組み立てる』といった作業をおこなった. たとえば, グローバル人材の問いでは, そもそもグローバルとは何か, 人材とは何かを考えた. この作業ののち,『立場を支える根拠を明らかにする』『前提を問う』『立場を入れ替えてみる』『複数の立場の往復』いうことをロールプレイ[16]や思考実験のなかで経験してもらった.「代理出産は許されるか」の問いで, 依頼者, 代理母, 担当医, 子の人権擁護者, あっせん業者といった役を演じることや,「国民はすべてを知る権利があるか」の問いをジャーナリスト, 時の首相, 政府の一員, 一国民の立場から考えることなどがそれにあたる. これらの思考演習をとおして専門分野による思考の制約について考えてみること, そして各回で上記 8 項目の思考演習をつむことによって, とらわれている常識から思考を解放して「こころを開く」ことの実践をおこなった.

　授業に参加した学生のレポートをみてみると, 異分野交流をとおして自分の専門とする分野の意義を再認識した, あるいは自らの思考のくせを確認した, などの自己の相対化がすすんだことが指摘されている. また授業への出

席を重ねるごとに自らの思考の変化がみられたこと,「政治的・社会的なことがらに関して考えるときの意識が変わった」ことなどが指摘されている.さらに,「学問ごとに追及する価値が違うこと」に気づいた報告もあった[17].このように,他学部,他分野の学生との議論を通じて,互いの差異を認識したうえで,相互承認,自己の変容といったプロセスを経験したことがみてとれる.

後期教養教育の理念[18]および授業実践から,後期教養教育において耕すべき能力が徐々に明確になってきた.それは,目の前の問いに自分の専門分野の知識を応用する能力,自分の専門分野を他者に説明する能力,自分の思考を言語化し,自分の思考の制約に気づき,その制約から思考を解放させる能力,自らの専門の社会における位置づけを考える能力,自分の研究成果が社会のなかにどう埋め込まれていくのか想像できる能力,他の分野と連携する能力,複数の立場を往復する能力,価値観を自在に組み替える能力といったものである.

2.2 「往復」と教養

専門分野の制約から自らを解き放って,上記のような能力を耕すためには,複数のコミュニティを往復することが重要である.ふだん無意識に浸かっている自らの属するコミュニティにおける常識が,他のコミュニティからみて常識ではないことに気づけるからである.往復の一つの例は,専門家コミュニティと市民のコミュニティの間の往復である.専門性と市民性との間の往復であるといってもいい.学者のコミュニティにとっての常識は,社会にとっての常識ではないのである.もう一つの例は,異なる分野の間の見方(フレーム)の往復[19]である.自分の分野にとってあたりまえのことが,他の分野にとってはあたりまえではないこと,そして自分の分野が無意識に課している思考の制限などに気づくことになる.このような複数のコミュニティ間の往復は,多様な知を統合するうえでも重要である.たとえば東日本大震災直後は,日本は地震の研究も津波の研究も原子力の研究も一流であったにもかかわらず,それらの分野の相互協力においては一流ではなかったことが,学術会議等でも省みられた.多様な知を結集するためには分野間往復の力が

第4章　後期教養教育と統合学　　63

不可欠であるが，これについては次の第3項でさらに分析をすすめる．

　よく，語学や歴史や古典を学ぶことが教養と言われる．しかし，それらを学んで知識を蓄積することがそのまま教養につながるわけではない．語学教育は，「日本語で理解し，説明するときの日本語でのものの見方」と「外国語で理解，説明するときの外国語でのものの見方」の間を往復することを意味する．同じ概念を示すはずの言葉が，実は言語によって意味の分節の仕方が異なり，世界の把握の仕方が異なることを学んでこそ，日本語の制約から自由になれるのである．同様に歴史を学ぶことは，「現代の文脈でのみ理解し，説明するときのものの見方」と「歴史的背景をふくんだ文脈で理解し，説明するときのものの見方」との間の往復の力をつけることになる．そして古典を学ぶことは，テクストの書かれた時代と現代との往復，およびテクストの書かれた国と日本との間の往復である．このように見てくると，後期教養教育とは，枠を越えて複数のコミュニティを往復する力をつけ，そのことによって自らを相対化する力をつけ，制約から解放されること，と考えることができるだろう．こういった思考演習は，ガラパゴス社会といわれる日本社会，すなわち組織や制度をいったん作ると壁ができてしまって相互交流できなくなる特徴をもつ社会に対し，風穴をつくる力を育成することになるだろう．

　実は往復の力は，日々具体と抽象の間を往復する企業経営者に必須の力である，とある経営者が書いている[20]．さらに，往復の力は成熟した市民を育成することにもつながる．これについては第4項で詳述する．

3. 後期教養と知の統合

　2.2項で異なる分野間の往復と多様な知の結集（統合）について言及した．それでは，分野間の往復と知の統合とはどういう関係にあるのだろうか．そして学際研究とよばれるものとの異同はどのように考えたらよいのであろうか．本項ではそれをつめてみたい．

　まず，そもそも専門分野とは何か，分野を構成するコミュニティとは何か，そして discipline とは何か，という古典的問いに答えておかねばならない．

専門分野を表現する言葉は discipline であるが，これは「教育訓練上，方法論上，内容上，教えることができる知識のかたまり」であるとされている[21]．つまり discipline は知識を指すのであって，人間集団（つまりコミュニティ）を指すわけではない．また，科学人類学的調査から，ある discipline を構成する人物として誰を入れるか入れないかについては，科学者間でコンセンサスが取れておらず，あるひとを入れるか入れないかの判断は，研究者によって異なることが示されている[22]．一方で，同じ分野とよばれるもののなかにも，専門誌によって知識の妥当性判断基準が異なる群がある．たとえば，物理学の専門誌のなかで，*The American Journal of Physics* という雑誌は，他の 11 ジャーナルと比べて掲載拒否比率も内容も異なること，同様の傾向が人類学，心理学，言語学でもみられることが指摘されている[23]．これらのことから，専門分野の単位として「専門誌共同体」を用いると，分野ごとに異なる知識の妥当性を判断する単位を説明できることが示唆される．ここで，専門誌共同体とは，ある専門分野の専門誌の投稿，編集，査読活動を行うコミュニティのことである[24]．

　分野を構成するコミュニティとして専門誌共同体を用いた場合，分野の境界を越えた往復とは何を意味することになるのだろうか．専門誌共同体は，掲載論文を判定するために査読をおこなう．査読の結果として，掲載許諾（アクセプト）される論文と掲載拒否（リジェクト）される論文に分けられる．アクセプトとリジェクトの判断の結果として，「妥当性境界」というものがつくられる．アクセプトされた論文は妥当性境界の内側に入り，リジェクトされた論文は境界の外にはじかれるわけである．このプロセスは図1のようにあらわされる．そして，分野の境界を越えた往復とは，ある専門誌共同体の妥当性境界と，他の専門誌共同体による妥当性境界の間の往復となる．それは模式的に図2のようにあらわすことができる．

　複数の専門誌共同体の妥当性境界の往復は，そうたやすいことではない．それぞれの分野で知識が妥当かどうかを判断する基準（妥当性境界）が異なるため，自らの属する専門誌共同体以外の妥当性境界を評価できなくなるからである．ふだん，同じ専門分野のなかだけで議論しているときには意識されない妥当性境界が，他分野の人と出会ったときに意識化されるのである．

第4章　後期教養教育と統合学　　65

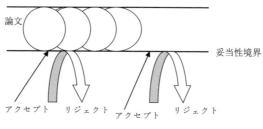

図1 妥当性境界

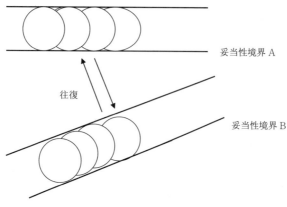

図2 異分野間の往復

これが異分野摩擦である（藤垣, 2003）．文理横断，文理融合とよく言われるが，異分野摩擦を乗り越えてこれらを実現するには，少なくとも妥当性境界の差異を互いに認識しなくてはならない．差異を認識し，相互承認を行い，新しい文理融合分野をつくるのであれば，異なる複数の妥当性境界を一つに統合し，図3のような新しい一つの専門誌共同体をつくることが最終的にめざされることになるだろう[25]．

ただ，新しい一つの専門誌共同体をつくらなくても，複数のコミュニティ間の往復をし，それぞれのコミュニティの常識や制限から自由になったうえで，もとのコミュニティを見直すことは可能であると考えられる[26]．複数の妥当性境界を相補的なものとして関連づけ，メタレベルの視点から統合する視点[27]ととらえることもできる．そのことによって，柔軟なアイデンティテ

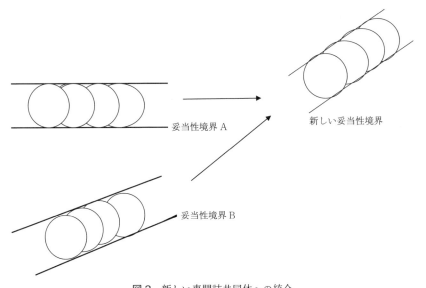

図3 新しい専門誌共同体への統合

ィをもつことができるようになるのである．

ここまできてはじめて，「往復によって得られる自由」（すなわちリベラルアーツを語源とした，制約からの自由の意味での教養）と，「全体性」（Bildungを語源とした知の全体性の意味での教養）の話がつながってくる．異なるコミュニティ間を往復し，各コミュニティの境界を越えたメタレベルの視点から統合することによって，文化の全体性あるいは知識の全体性の視点が得られるからである．全体性というときの「個別」コミュニティの境界のとらえかたはさまざまであるが，学問であれば個別は各分野（あるいは専門誌共同体）の境界を指し，企業であれば個別は部門の境界であり，また大学であれば部局の境界ということになるのだろう．その境界を越えて全体性の視点をもつことはたしかに，教養とよぶことができそうである．

4. 市民性教育——公共空間論と責任論とリベラルアーツ

現代社会には，上述の授業でとりあげたような，そう簡単に答えのでない問題はたくさんある．防衛問題，安保問題，年金問題，介護問題，そして科

学技術の接点では，将来のエネルギー源をどうするか，地球温暖化にどう対処すべきか，最先端の遺伝子操作を社会はどこまで許容すべきか，人工知能研究に歯止めはかけるべきか，などの問いがある．これらの課題について，何でも専門家や政府の決めたことに従うのではなく，一人ひとりの市民が議論をつみかさねていくことは大切なことである．こうした議論の場は，公共空間（public-space）とよばれる．公共空間の定義にはいくつかのものがあるが，エドワードのものを用いると，（1）民主的コントロールを必要とし，（2）公共の目標設定を行い，（3）利害関係者との調整を行い，（4）社会的学習の場となるものが公共空間である[28]．具体的な例として，言説の場としてのメディア，社会運動，テクノロジーアセスメント，市民会議の場[29]などが挙げられている．

そういった公共空間での議論には何が必要だろうか．おそらくは「少しでも不満があれば，批判があれば，自分のまわりのことに関しても声を上げて譲らない公共の議論のありかた，それを支えるメンタリティ[30]」が必要となるだろう[31]．そして，そういったメンタリティを鍛えるのが本稿で述べたリベラルアーツである．環境や健康，安全等にかかわる日本の将来に関する国の意思決定を他人まかせにせず，自ら調べて考える力を養い，他者と議論する力を養うことは公共空間を育むことにつながる．

また，そう簡単に答えのでない問題について，公共空間で解を求めることにとどまらず，一人ひとりの市民が選択しなくてはならない場面は多々ある．たとえば予防接種は数十年前は全員接種が国によって義務化されていたが，現代では親が判断する．そのようなとき，自ら情報を集め，利点と欠点を吟味し，判断を下さねばならない．ここで必要となる情報収集能力，知識を他人事としてとらえず「自分ごと」化し，判断をくだす能力は，教養と無関係ではないだろう．以上のような意味で，市民性の涵養としてリベラルアーツが果たす役割は大きいと考えられる．

同時に，最先端の科学技術の研究に携わる研究者が，「自分の研究成果が社会のなかにどう埋め込まれていくのか想像できる能力」をつけるうえでも後期教養教育は重要である．昨今，大学や研究所における研究不正の多発に伴い，研究倫理教育の重要性が叫ばれている．しかし研究倫理教育は，「ベ

からず集」を学習すればそれでよいわけではない．不正が社会に与える影響や重みは，学者コミュニティのなかだけで考えていては理解できない．それらの重みは，第2項で述べたような往復によってようやく理解できるようになるものである．さらに，科学者・技術者の責任は，後期教養教育で育む「自分の研究成果が社会のなかにどう埋め込まれていくのか想像できる能力」があってこそ身につくものである．この能力の育成は，研究者としての土壌を耕すことを意味する．研究不正をおこさないこと，そして科学者の社会的責任とは，研究者としての土壌である．そして，土壌を耕すという意味で，これらの能力の育成は教養教育なのである．これが「科学者・技術者の責任に関する知識の伝授としての教養教育」（山脇，2015，p.130）である．

　以上のように，公共空間での議論を支える市民の市民性教育，および科学者・技術者が不正や責任について考える専門家のための市民性教育は，リベラルアーツの議論とつながってくる．これまでともすると別々に論じられてきた公共空間論と社会的責任論とリベラルアーツの議論は，このようにつながってくるのである．

注

1) この経験のなかには読書経験も入る．しかし，知識が「他人事」であるうちはそれを本当の意味で活用することはできない．自らの置かれた文脈で知識をとらえなおし，目の前の問いに応用できてこそ，「経験に裏打ちされた知識」となる．
2) 石井洋二郎「東京大学における教養教育の再構築」『IDE 現代の高等教育』第565号，20-24頁，2014年11月．
3) 「語源由来辞典」，http://gogen-allguide.com/
4) 本書の企画のもととなった合宿（統合学術国際研究所，2015年12月）の議論では，教養の概念の源として，Bildung を基礎とする論者は「人格の陶冶」「全体性」を強調し，一方でリベラルアーツを基礎として考えている論者は「自由になること」を強調しており，それ自体興味深い対比であった．
5) 吉見俊哉（2016）は，この三つを端的に以下のように紹介している．「やや乱暴な大づかみの理解としては，リベラルアーツが中世的な貴族社会に対応し，Bildung が近代的なブルジョア社会に対応していたとするならば，一般教育は文字通り現代的な民主主義社会に対応し，そこにおいて大衆を，受動的な消費者ではなく，能動的な市民としてどう育成するかという課題を背負い，アメリカのカレッジ教育の基礎をなしていった」（吉見，2016，87頁）．
6) http://www.aacu.org/leap/what-is-a-liberal-education 参照．

7) 矢内原忠雄「真理探求の精神を —— 教養学部の生命」『教養学部報』創刊号，1951年4月10日．また同論考は，東京大学教養学部編『教養学部の三十年』1979年，3頁所収．

8) 『教養学部報』創刊号，1951年．

9) 塚原修一「世紀転換期の政策動向 —— 科学技術と高等教育を対象に」，吉岡斉ほか編『「新通史」日本の科学技術』別巻，原書房，2012年，131-153頁．

10) 東京大学憲章，Ⅰ．学術（教育システム）の項参照．2003年3月18日．http://www.u-tokyo.ac.jp/gen02/b04_01_j.html

11) この考え方は，Henry Newman によるリベラルアーツの定義「こころを開くこと」（Open the mind）とつながる．John Henry Newman, *The Idea of University*, 1854.

12) 東京大学憲章，前文第4段落「今，東京大学は，創立期，戦後改革の時代につぐ，国立大学法人化を伴う第三の大きな展開期を迎え，より自由にして自律性を発揮することができる新たな地位を求めている．これとともに，東京大学は，これまでの蓄積をふまえつつ，世界的な水準での学問研究の牽引力であること，あわせて公正な社会の実現，科学・技術の進歩と文化の創造に貢献する，世界的視野をもった市民的エリートが育つ場であることをあらためて目指す．ここにおいて，教職員が一体となって大学の運営に力を発揮できるようにすることは，東京大学の新たな飛躍にとって必須の課題である．」（下線による強調は引用者による）．

13) エリートのありかたは一つではない．たとえば英国ではオックスブリッジ卒業生は数学をふくめ多くの学問を幅広く学ぶことによってエリートを育成し，公務員制度のトップを養成した．フランスのグランゼコールでは数学および古典語をはじめ幅広い科目を課し，エリートの成功の核心には，現場にすぐに役立つ技能だけではなく一般化された技能に対する深い信頼があるとする．一般化された技能とは一つの部署から別の部署に移るときに特別な技術的訓練なしに適応できるある種の能力であり，実際卒業後は行政内部のみならず産業界の要職を転々とし，広範なエリート層を構成した．それに対し，20世紀初頭の米国の知識人は，「異邦人からなる社会で知的権威を獲得する」ことの困難に常に立ち向かい，公衆からの監視の目に常に晒されていたため，一般的技能よりも分野独自の「手続き」を精錬して身につけることが求められた（T. Porter, *Trust in Numbers*, 1995，セオドア・M・ポーター『数値と客観性』藤垣裕子訳，みすず書房，2013年）．このような分野独自の専門性を求める圧力があったからこそ，米国の「一般教育」概念は発達したのである．これらをふまえると，各国のリベラルアーツの定義や一般教育の定義は，「各国で養成されるべきエリート，そして市民に必要な能力とは何か」についての議論と密接に結びついていると考えられる．

14) たとえば「第52回国立大学教養教育実施組織会議報告書」岩手大学，2015年5月．

15) 東京大学の総合的教育改革の一環として新設された後期教養科目群（2016年度は10学部で192科目）のなかの1科目である．

16) 役割を演じ，普段の自分と異なる発想を自ら発話することをとおして，それまでの自分の思考スタイルと異なる思考に触れることが可能になる．これが後述する「複数のコミュニティ間の往復」を現実的に可能にする．

17) 石井洋二郎・藤垣裕子『大人になるためのリベラルアーツ』東京大学出版会，2016 年，267 頁.

18) 後期教養教育立ち上げ趣意書（東京大学 学部教育改革臨時委員会 カリキュラム改革部会，後期教養 WG，2014 年 3 月 28 日）および後期教養教育運営委員会申し合わせ事項（2016 年 2 月 16 日）. 趣意書については http://www.u-tokyo.ac.jp/stu04/koukikyouyou.html 参照.

19) Framing そのものにひそむ前提の分析については，STS（科学技術社会論）の知見が役にたつ. STS がリベラルアーツ教育に果たす役割については，スタンフォード大学における学部レベルの STS プログラムのキャッチフレーズに「STS 的なものの見方は，Liberal arts education for the 21st century である」と書かれていることからもみてとれる（佐藤恭子「STS と民主主義社会の未来」『科学技術社会論研究』第 12 号，179-189 頁）.

20) 「優れた経営者は抽象と具体との往復運動を，大きな幅で頻繁かつ高速に繰り返す. そこに経営力の正体がある.」日本経済新聞 2013 年 12 月 1 日 29 面.

21) OECD, Interdisciplinarity, 1972.

22) Gilbert, N. and Mulkey, M., *Opening Pandora's Box: A Sociological Analysis of Scinentists' Discourse*, Cambridge: Cambridge University Press, 1984.

23) Zuckerman, H. and Merton, R.K., Patterns of Evaluation in Science: Institutionalization, Structure and Functions of the Referee System, *Minerva*, 9(1): 66-100, 1971.

24) 藤垣裕子『専門知と公共性』東京大学出版会，2003 年.

25) 『科学・技術・倫理事典』（2012）の「学際」の項によると，学際の訳語に相当する Interdisciplinary とは，「離れ離れのデータ，方法，ツール，概念，理論，展望などを統合し，一つの分野のなかで扱うにはあまりに広く複雑な問いに答えようとすること. ディシプリンを超えたところに共通の公理体系をもつ」とある. 共通の公理体系というものを共通の妥当性境界ととらえれば，図 3 のような表現も理解可能である.

26) 以前筆者は，学際研究のアウトプットを，（1）社会的提言，（2）複数の専門誌共同体の並立，（3）複数の専門誌共同体の統合，の三つに分けた. ここで（3）は本稿の図 3 に相当する. それ以外に，（1）や（2）のようなものを学際的共同のアウトプットとすることは十分可能である（藤垣，1995）.

27) 石井洋二郎・藤垣裕子『大人になるためのリベラルアーツ』260 頁参照. また，『科学・技術・倫理事典』（2012）の「学際」の項によると，「トランスディシプリナリ」の説明として，狭い分野ごとの世界観を越える包括的な統合. 公理体系およびディシプリンが，階層的に整然と配置されている，とある. 複数の妥当性境界を相補的なものとして関連づけ，メタレベルの視点から統合する視点というのは，このトランスディシプリナリとかなり近い. なお，OECD による Interdisciplinarity（1972）においても，トランスディシプリナリは，メタレベルの視点が導入されている.

28) Edwards, A., Scientific Expertise and Policy-making: The Intermediary Role of the Public Sphere, *Science and Public Policy*, 26(3), 163-170, 1999.

29) 市民会議の具体例としては，コンセンサス会議，シナリオ・ワークショップなどがある.（小林信一・小林傳司・藤垣裕子『社会技術概論』日本放送出版協会，2007 年）.

30) 三島憲一「70 年後のドイツ——議論による共同学習か，国家の利害か」『神奈川

大学評論』特集・戦後 70 年と日本社会，第 81 号，2015 年，50-60 頁.
31）「少しでも不満があれば，批判があれば，自分のまわりのことに関しても声を上げて譲らない」というと，日本では「空気がよめない」「クレーマー」という批判がでることもある．しかし，同時に，福島原発事故の民間事故調査報告書のなかで，このような声をあげて譲らない態度が原子力安全関係者に欠如していたことが指摘されている（7 頁）．つまり，言うべきことを言わない日本の文化が事故を引き起こした遠因であるという主張である．それでは，単なるクレーマーと「言うべきことは言う」こととはどこが違うのであろうか．クレーマーとは，自分を安全なところにおいて，責任を取らないひとのことを指すのに対し，「言うべきことは言う」ひとは，自らも責任をとる覚悟をもっているひとのことを指すと考えられる．

文献

阿部謹也『「教養」とは何か』講談社現代新書，1997 年.

石井洋二郎・藤垣裕子『大人になるためのリベラルアーツ —— 思考演習 12 題』東京大学出版会，2016 年.

大口邦雄『リベラル・アーツとは何か —— その歴史的系譜』さんこう社，2014 年.

苅部直『移りゆく「教養」』NTT 出版，2007 年.

斎藤兆史『教養の力 —— 東大駒場で学ぶこと』集英社新書，2013 年.

藤垣裕子『専門知と公共性』東京大学出版会，2003 年.

藤垣裕子「学際研究遂行の障害と知識の統合 —— 異分野コミュニケーション障害を中心として」，*The Journal of Science Policy and Research Management*, Vol. 10, No. 1/2, 73-83, 1995.

松浦良充「「教養教育」とは何か」『哲学』第 66 号，2015 年，83-100 頁.

山脇直司編『科学・技術と社会倫理 —— その統合的思考を探る』東京大学出版会，2015 年.

吉見俊哉『「文系学部廃止」の衝撃』集英社新書，2016 年.

藤垣論文への質疑と応答

今田高俊

　藤垣論文の後期教養教育を通じたリベラルアーツと知の統合についての考察は時宜を得た議論と思われます．学問の専門分化が高度に進んだために，学問境界による壁がいたるところに張り巡らされているのが現状ですが，この状況を突破し，専門分野による諸種の制約から解き放たれて自由に考える機会を確保することは，専門分野を極めるためにも必須のことと考えられます．そのための工夫として，藤垣先生は，知の往復運動（専門家コミュニティと市民のコミュニティの間の往復運動，異なる専門分野の間の往復運動）を提唱し，これをとおして知の統合（統合学の形成）を図る貴重なアイディアを示しておられます．

そこで私が期待したいのは，往復運動による「制約からの自由」によってメタレベルの視点から「知の全体性」がどのように確保（統合）されるのかの解明です．たとえば，教育学の専門分野を習得するに際し，社会学，経済学，物理学，生物学との往復運動から，どのようにしてまたどのようなタイプの統合学へと至る道筋が考えられるのでしょうか．統合学も一つではなく教育学的統合学，社会学的統合学，物理学的統合学となってしまうことはないでしょうか．これは難しい問題であり，答えに窮する可能性があることを私も十分に承知していますが，その見通し，展望についての考えを教示いただければ幸いです．

藤垣裕子

大変示唆に富んだコメントと思います．ともすると一つの壁のなかに固定してしまいがちな視点を解放し，壁を越える力を与えるのが複数のコミュニティ間の往復です．そこから一つのコミュニティ内の無意識の制約に気づき，それらをメタの視点で捉えることが可能になります．しかし，メタレベルに立てば，そのまま統合に至るというわけではありません．統合のためには，往復しているコミュニティの種類，性質，類似性，相違点などを吟味したうえで，場合に応じた創意工夫が必要となるでしょう．ただし，壁を越え，コミュニティ内の制約に気づくことがなければ，これらの創意工夫もできません．したがって，往復によるメタレベルの視点の獲得は，統合をおこなうために必要な一つのステップだと考えられます．

野家啓一

東大駒場で行われている「後期教養教育の実践例」からは多くのことを学ぶことができました．御礼申し上げます．その上で，「専門教育によって作られつつある学問境界の壁をこわす力をつくること」や「自分の研究成果が社会のなかにどう埋め込まれていくのか想像できる能力」を養うことは，研究倫理教育を含め，学部後期の段階よりは，実際に研究活動に携わり始めた大学院教育の段階でこそ必要ではないか，との思いを深くいたしました．すでに大阪大学をはじめ幾つかの大学では大学院生向けの教養教育が始まっていると仄聞いたしますが，教養教育を大学院レベルにまで押し広げる際の具体的なプログラムや留意点について，藤垣さんのお考えを伺えれば幸いです．

藤垣裕子

後期教養教育は専門を学んだあとの（正しくは専門を学びはじめた後の）教養教

育であり，この教養教育を大学院レベルまで広げることは重要です．大学院生はいずれ日本および世界の学術をリードする人材となるはずです．文系理系を問わず，学問に従事する者の社会的リテラシー，すなわち自らの研究成果が社会のなかにどう埋め込まれ，展開されていくのか想像できる能力を涵養することは，研究倫理を支える基盤でもあります．パグウォッシュ会議をはじめとして世界の科学技術を牽引する学者が，その社会的責任を自らに引きつけて熟考していること，欧州連合による科学技術政策 Horizon 2020 が「責任あるイノベーション」を掲げていること，そして日本学術会議が人文・社会科学の社会的責任として議論しつつあることなどを，院生が自らの課題として引き受けることも含まれるでしょう．

　大学院生は，学部学生以上に自分の専門分野や専門家としての自己意識が確立しつつあり，その責任感も醸成されつつある時期です．したがって，大学院レベルの具体的プログラムでは，自分の分野の最先端研究をまったく専門の異なるひとに伝える訓練，自分の研究している学問が社会でどういう意味をもつかを問う訓練，自分の専門分野からなしうる貢献や相互の協働可能性を検討する議論形式のアクティブ・ラーニングが，学部学生以上に効果的になると考えられます．ただし，異分野との交流のために越えるべき分野間の壁は，学部学生より高くなっているので，教師の側がそれを越えるための何等かの動機づけをする必要がでてくるでしょう．一度壁を越える経験がもてれば，ある程度彼ら自身の力で，交流ができるようになると考えられます．交流をすすめるにつれ，自らの専門分野をメタレベルで再考する機会がもてるようになれば，社会に開かれた専門家を涵養するきっかけになると思います．実際に筆者は，大学院生のためのプログラム（東京大学大学院共通授業科目：エグゼクティブ・プログラム 15：平成 29 年秋学期）でこれを実践してみました．法学政治学，経済学，理学，工学，農学，医学，情報工学，総合文化などの研究科の大学院生 90 名ほどの授業「大学院生のためのリベラルアーツ —— 専門家の社会的責任と科学コミュニケーション」で，専門家の社会的責任についての講義を 50 分ほど行ったあと，大学院生を小グループに分け，ある論点について議論して各グループからの小報告を皆で共有する，ということを 3 回繰り返しました．大学院生からは，「自分自身の研究が社会にどのような影響を与えるかを正しく認識しようともしていなかったことに気づいた」「普段接しない人と話すと意外な発見があった」「大学院生としての責任を考える貴重な機会となった」などの感想を得ています．

水野義之

　私は,「知識を自分ごと」化するためには, 何が必要か, どうすればよいか. このような「心の構え」というべき知的な姿勢は, そもそも教えることができる種類のものなのかをお尋ねしたいと思います. たとえば本論では,「ここで必要となる情報収集能力, 知識を他人事としてとらえず『自分ごと』化し, 判断をくだす能力は, 教養と無関係ではないだろう」と考察されていますが, このような「自分ごと」化する能力は, 幅広い教養のようなものがなくても, それを持っている人は持っているように思われます. また逆に, 仮に幅広い教養を持っていても, 他者との明示的な関わりを持とうとしない限り, 問題の「自分ごと」化には至らないのではないかとも思われます. そう考えると,「自分ごと」化する姿勢のようなものは, 教養と無関係とまでは言えないとしても, 必要条件ではないし, 十分条件でもないのではないでしょうか. そうすると, そのような「自分ごと」化のための心構えや姿勢はいかにして, 発見され, あるいは教育しうるのでしょうか.

藤垣裕子

　大変示唆に富む質問と思われます. 実は, 私の章の論考のもとになっている書物『大人になるためのリベラルアーツ —— 思考演習12題』の授業実践の中でも「自分ごと」化を扱っています. たとえば,「コピペは不正か」を考える際には, 学生たちがコピペのもつ意味を自分の分野の文脈で考え, 自分の問題としてとらえることが必要であり, 授業の議論のなかで実践しました (第1章). さらに,「代理出産は許されるか」を考える際は, 依頼者, 代理母, 担当医, 子の人権擁護者, 代理母仲介業者, 政府高官の役を役割演技する授業をおこない, 学生たちは「演じる」ことを通してそれらの立場を「自分ごと」化し, 自分と異なる意見をもつひとの立場を理解することにつとめ, 複数の立ち位置の往復の実践をおこないました (第5章). これらの授業実践を通してわかってきたことは,「自分ごと」化は想像力の訓練や役割演技のような実践を通して教育可能であるということです. そして,「自分ごと」化する能力は, 幅広い知識を身につける教養教育ではなく, 学問境界の壁や閉じられたコミュニティの壁を越えてものごとを考える力をつける教養教育によってはじめて身につくという点が, 重要だと考えております.

直江清隆

　1)　2節までの「異なる分野間の往復」は教育の場面について,「専門誌共同

体の妥当性境界」は研究の場面について論じられていますが，3節で論じられているトランスディシプリナリな教育が専門研究の妥当性と（長期の影響はさしあたり別として）絡んでくるという事態はすぐには理解しがたいものがあります．複数分野にわたる領域についてある一つの専門誌共同体が成り立つというのは想像がとても難しいので，ご説明いただければ幸いです．

2）　知の細分化とそれに応じた研究業績とが求められるシステムが現にあるとして，それに対抗軸を示すのか，それをひとまず認めた上で補完するのか，どちらをめざすべきなのでしょうか．

藤垣裕子

1）に関しては，特に教育に携わる教師の側にも必要な能力を想像しながら書いた点があるために，誤解を招くかもしれません．論考にあるようなトランスディシプリナリな教養教育をするためには，まず教師の側が自らの研究分野の妥当性境界を相対化する力が必要です．それが第2節と第3節のつながりです．第3節ではそれに加えて，教育を離れて「研究」の場面においても，分野境界の壁を越えることは別の研究領域を創造する契機となることを扱っています．

2）に関しては，補完のほうをめざしております．

第5章　新学部創設と社会問題アプローチ
―― 「教養」としての統合知を目指して

水野義之

はじめに

　本稿では京都女子大学に現代社会学部なる「新学部」（2000年4月発足）
を創設した事例を紹介しつつ，そこで構想した二つの考え方，すなわち「社
会問題アプローチ」と，分析と総合の統合的理解という二つの理念を紹介す
る．また吉川弘之による俯瞰的な「人工物工学」も参照し，これらの理念の
意味を一般化して分析する．さらに「統合学」のアプローチも参考にしつつ，
この方向性が大学での教養教育に果たす役割について議論する．

1.　新学部創設の前夜

　京都女子大学の新学部（現代社会学部）創設の構想は1998年に始まった．
その当時，たとえば1997年12月には気候変動に関する京都会議（COP3）
が開催され，地球物理学なる基礎学問が社会に直接役立つ時代が認識されつ
つあった．同時期にたとえば京都大学基礎物理学研究所でQCD（量子色力
学）のコンピュータ・シミュレーション（Lattice QCD）の研究会があったが，
このような非線形性の強いシステム（QCD系）で開発された新計算手法は，
気候変動シミュレーション（やはり非線形なナヴィエ・ストークス方程式を解
く）にも生かせると思われた．時代は学問と社会の関係を問い直し，また分
野横断的な発想に気付き始めていたように思われた．
　さらに当時（1998年前後）は，個人のPC・インターネット利用や社会・

組織の情報ネットワーク化が劇的に普及し進展しつつあった．情報や知識を扱わない学問はない．この意味で情報をキーワードとした学問の再構成によって[1]，この分科し脈絡を失った学問を「再統合」するという課題を問い直す時代が始まったように思われた．実際，私はこの目的で新学部の講義の一つに「学術情報総論」なる科目を創設した．

2. デカルト，ニュートンの「分析」と吉川における総合の課題

このような「再統合」という課題は極めて自然だと思われた．なぜならすでに環境問題のような現代的課題（これを吉川弘之[2]は「現代の邪悪」と呼ぶ）に対応する上で，仮に近代科学技術文明を批判してみても結局，我々はデカルト『方法序説』に戻って再考しなければならないと思われたからだ．この意味を私は次のように解釈した．すなわちデカルト『方法序説』の「四つの規則」（明晰の規則，分析の規則，総合の規則，枚挙の規則）における「分析」が先走り，「総合」が追いつかない．これは吉川弘之の次のような考察に比定できる．

吉川は特に「俯瞰的」なる言葉を工学教育や学術研究体制の改善の上で提起したことで知られる．その彼が学生当時，工学研究科で機械工学を一通り修めて気づいた．一人の専門家になったかもしれないが，それは5000もある専門分野のたった一つであることに気付いて，愕然としたと述べる．専門分野の数は，たとえば日本学術会議の登録学協会の数は2000程度であるが，1学会あたり平均三つの分科会（研究領域）があると仮定すれば，分野総数は2000×3～6000程度．東京大学の教官（約5000人程度）に同じ専門はないと仮定して，やはり分野の総数は5000程度．吉川は後にこの数を2万程度という推定[3]もするが，いずれにせよ数千以上，数万程度であろうか．

そのような学問の分科は一体いつ始まったかと吉川は問い，それはニュートンに始まると述べる．なぜならニュートン『プリンキピア』の原題は『自然哲学の数学的原理』であるが，「自然哲学」は当時の自然学の総称であり，その「数学的な」原理を解明した．ニュートンは全体の，その中の数学的な原理しか述べないと宣言している．これが現代に至る学問分科の出発点だと，

78　第2部　統合的教養教育をめざして

吉川は言うのである．実際に『プリンキピア』の後，ニュートンは『光学』という本も書いたし，錬金術も研究していた．これを現代物理学の言葉で言えば，「錬金術」は素粒子（物質の構成要素）の研究，「光学」は場の理論の研究，そして『プリンキピア』は力学・量子力学・相対論力学などに発展している．この三つで現代物理学から見ても「全て」である．素粒子と場とその間の力学法則．この三つこそ自然の根源的要素であり法則である．ニュートンは自分の研究の全体的視野と，その限界と要素性に，気付いていたはずだ．だからこそニュートンは，あくまで数学的な原理しか述べない，しかし知りたいのは自然哲学の全体というわけだ．

　もう一つ，ニュートンによる物理法則の発見が当時の全学問に与えた影響の大きさを想起したい．たとえばニュートンの力学法則の正しさが決定的な形で証明された頃（天王星の発見，1781 年当時）の社会の驚愕，カント哲学への影響，芸術思潮への影響，19 世紀の社会学，マルクス主義への影響，そして 20 世紀の論理実証主義，現象学，分析哲学等々への大きな影響を挙げれば十分であろう（産業革命への影響は言うまでもなく）．このようにして学問は分科した．そこには必然性があり，メリットもある．そのメリットとは，ニュートンが数学的原理に限定することで，物理法則の発見に成功した理由そのもの，すなわち限定による発展である．しかし限定は必然的な分科を意味する．その意味で，この問題が胚胎する困難性を認めた上で，この問題に何らかの回答を与えることが必要である．このような認識で私は新学部の構想を考えたのであった．

3. 新学部創設の理念

　京都女子大学での現代社会学部の構想として，新たな同僚 3 教授（柏岡富英，依田博，東元春男）らと共に，次の二つの方向性を創設した．

　第一に，従来型の専門性の積み上げ的な学部では「ない」ものとした．なぜならこの学問の状況を打破したかったからである．我々は種々の学問分野を通して，分野横断的などと腰の引けた形ではなく（これを我々は inter-disciplinary ではなく trans-disciplinary と呼んだ），超領域的にものごとを考えられ

る人材を養成しようとした．しかし当然ながら積み上げ的な専門性をなくす
わけにはいかない．そこで我々は教育方法として，今風にいえば PBL（Process Based Learning, Problem Based Learning, Project Based Learning）の手法
を採用した．これを当時，我々は「社会問題アプローチ」と呼んだ．これを
実現する場として4年間（8セメスター）の全演習科目（ゼミ）を必修とした．

　当時の新学部設立趣意書[4]には次のように書いた．曰く「従来型の『女性
的教養』の涵養ではなく，『現代社会リテラシー』を通じて新しい女性の育
成を目指すものであり，さらに伝統的なタテ割式の社会科学ではなく，学生
個々の社会問題意識や関心を中心に据えた超領域的な『社会問題アプロー
チ』を教育方針の軸としていることからも，入学当初から社会科学全般にわ
たる基礎的知識や研究技術の教育が殊に重要な課題となる．そこで，現代社
会に取り組むための下地を養成する（後略）」．

　ここで「社会問題アプローチ」とは，「現代の主要な社会問題の中に課題
を見出し，それを諸科学が蓄積してきた知見を総合的に動員して研究する方
法」とした．これはちょうど PBL の手法の，社会科学系での実践に近い．
これを象徴するように入門系の科目名を「○○学概論」とせず（それは別に
準備し）「○○学アプローチ」と命名した．この学部の学生にとって学問と
は，問題解決のためのアプローチである．学問は問題解決のツールである．

　もちろん5000種類のどの専門分野の学問でも，その習得は容易ではない．
しかし専門性自体を積み上げるのではないところの「社会問題アプローチ」
をとることで学生は，その目指す専門科目も教養系科目も同時に必要である
ことを理解する．必然性を感じる環境に，学生は身を置く．学生の目線で見
ると，周囲には様々なゼミ（専門性）の学生がいて，これを通して異なる専
門性や異なる教養を持つ学生との切磋琢磨が自然に発生する．学生自身の言
葉を借りれば，いろいろな科目が繋がってくる，という感覚を持つようであ
る．

　新学部構想で第二に考えたことは，学部全体のカリキュラムの教養系科目
と専門系科目を分散的・クサビ型に配置し（すなわち特定のセメスターに科目
をひも付けせず，上級回生でも履習可能とし），また創設5年目からは全専門科
目群をクラスターに分けて（科目群に対応させ，たとえば国際社会，心理・文

化，経済・ビジネス，情報クラスターなどである）学生はその二つに所属する
ダブルクラスター制で分野の越境を意識させ，その中で専門性の涵養はゼミ
（4 年間必修）で行うという方針をとった．特に 3 回生と 4 回生の 2 年間を通
して一人の教員のゼミに所属させる．その中で自分が専攻し，専門といえる
何らかの専門分野とは一体いかなるものかを理解する．

　この方法の短所は，積み上げが十分ではないことである．長所は教養と専
門の相互関係について考える機会と，意味を自覚する機会が多くあることで
ある．

　それらは一長一短ではあろうが，上手くいったと思われる例も出ている．
それはたとえば卒業論文に次のような謝辞の形で，率直に表現される．

4. 「社会問題アプローチ」の教育効果——卒業生の言葉から

　このような教育方法の効果について，2016 年 3 月卒業生の卒業論文・謝
辞に表現された事例を二つ挙げる．

　最初の事例の論文タイトルは「原発事故後・現存被曝状況の屋内環境にお
ける外部被曝低減方法の"PHITS"による調査研究」[5]というものである．
ここで"PHITS"という専門用語は，放射線の物質中での挙動を追跡でき
るコンピュータ・シミュレーションのコード名である．この論文の謝辞の抜
粋を次に示す．

　　「私は論文を執筆するにあたって，分かった喜びや分からないところをど
　うやって改善して仕上げていくかなど本当の意味での勉強の楽しさを学べ
　たと思っています．大学での学問の追求がこんなにも楽しいものなのかと
　今更ながら実感しております．もっともっと多くのことを学びたいと勉強
　が楽しくなってきたところで卒業ですが，京都女子大学で学んだことはこ
　れからの人生で自分自身の成長につながるものだと思っています．」

　この記述から，この学部で行う「社会問題アプローチ」もある程度，機能
していると思われる．また実際の社会問題に取り組み，この問題解決に一定

の成果を挙げている．ここでの社会問題は，今の事例では福島原発事故後の
「現存被曝状況」で空間線量率を測定し，それをコンピュータ・シミュレー
ションで再現し，そうなる理由が理解できるなら，被曝を減らす方策もわか
るはずというものである．このような問題を体感するため，毎年3回生の夏
休みに福島で（ここ6年間は）合宿研修旅行を行っている．

二番目の事例は「文系」の学生で，膨大な関連文献の世界に分け入る体験
をした学生である．卒業論文のタイトルは「福島第一原子力発電所事故後の
組織体制と安全規制の変化から見る安全性への提言について」[6]である．そ
の論文の謝辞の抜粋を次に示す．

「本論文を通して，一つの事象に様々な学問がかかわっていること，学問
の無限の広がりのようなものが垣間見えました．

学問を学ぶときに分野ごとに分けて学習を進めていくわけですが，本当
はそれらがすべて繋がっているということを感じました．特に，私が所属
する京都女子大学現代社会学部は様々な分野の学問を学ぶことが出来，各
専門の教授もいらっしゃるので，多様な視点から物事を考えるというその
意味を少しは理解することが出来たかと思います．

学問の無限の広がりに関しては，論文を執筆するにあたり調べても調べ
ても答えが見えないという絶望の淵にいたときに気づかされました．学問
の『が』の字をかじっただけのいち学生ですが，一つのことを本気で調べ
るという作業はこれ程大変で骨の折れることだと勉強になりました．改め
て研究職に就かれている方に対して尊敬の念を抱きます．

以上の2点を学ぶことが出来ただけでも卒業論文を執筆した甲斐があっ
たかな，と思います．他大学では卒業論文の作成が必ずしも必修でないと
ころもあり，着手する前は論文を作成することに何の意味があるのか？
と思っていましたが，その分得られることも大きいかと思います．とても
良い経験となりました．直接活かせるようなことではないかもしれません
が，今後に何らかの形で役立てることが出来ればと思います．」

この謝辞の一部には，旧制高校の少人数教育での人間教育や薫陶などとい

82　　第2部　統合的教養教育をめざして

う古い言葉を彷彿とさせる記述も含まれている．これには京都女子大学現代社会学部で必修の少人数ゼミ（10人程度）という環境が必須であろう．京都大学で同時期に構想された「少人数セミナー」[7]も，その一つである．これを提唱した井村裕夫元京大総長が旧制三高の最後の卒業生の一人だったことは象徴的である（これは1991年大学設置基準大綱化後の教養教育混乱期，1990年代末の提案である）．京都大学理学部物理学科で1971年頃（学園紛争の混乱後）から今も続く，課題演習・課題研究というすぐれた教育研究システムも，類似の仕掛けである．また我々の場合も，東京大学で大綱化後に開始された（『知の技法』で知られる）「基礎演習」の影響は大きかった．

　もちろん私は学部創設の経緯から，学生の専門と教養をつなげられるような体験を，できるだけ学生に与えたくて，意図的にそういう環境を作っている．そしてそれは教員の教育経験や社会体験等に依存するかもしれない．しかしそれは逆に，教育方法を意識することで，学生に一定程度の「教養」の意味を理解させ，また専門性への気付きと積み上げ的な学問・技芸を体得させ，意味を理解させることも不可能ではないことを示すと言えるかもしれない．

5. 吉川の俯瞰的な工学教育思想との関係

　上記のような専門性と教養を同時並行的に体験させる教育方法の意味を一般化するために，より一般的と思われる，吉川弘之による俯瞰的な工学思想[2)3)9)10)]との関係について考察する．

　吉川は社会環境に存在する工業製品や工学的構造物を一般化して「人工物」と呼ぶ．またそれらが何らかの原因で引き起こす環境問題や事故災害，あるいは巨大震災等の大規模社会災害に対応する現象を「現代の邪悪」と呼ぶ．その原因は自然科学や工学（要素工学・実体工学），そして社会問題自体に内在する本質にあると分析する．その上でこの問題に適切に対応しつつ「現代の邪悪」の影響を制御するために，「人工物工学」なる学問パラダイムを提唱している．

第5章　新学部創設と社会問題アプローチ　　83

「現代の邪悪」の原因は何か. 前述のニュートン『プリンキピア』の分析のような学問論を工学的な共通部分に適用し，自然科学の分科と同様な領域細分化が起こり，その必然性と問題性に我々は気付きにくいためとしている．

吉川の提案の一つは，構成型工学カリキュラム[9]と呼ばれる．従来の工学教育は，まず各論たとえば，機械工学，材料力学などをまず教え，その積み上げの上に設計論（それは総合過程である）を教えつつ，現実のニーズに対応する方法論を学ばせる．しかしそれを逆転させる方法を吉川は提案していて，要素知識ではなく現実的な操作知識を，軸とするような工学教育カリキュラムである．これを構成型工学カリキュラムと呼んでいる．

たとえばその構成対象が「工業製品」においては，要素的な工学知識（だけ）ではなくて，使用・保守，計測，製造，社会技術，設計，機能・サービス，等，これらが操作知識となる．これらは，工学的な成果物を社会で使う（人間に技術を適用する）上で必要な，「縦軸」と「横軸」への射影である．

この考え方は極めて一般的である．基礎と応用と言ってしまうと身も蓋もないが，たとえば物理学の基礎的な要素知識は，伝統的にすでに判明していて4本柱である．その四つとは力学，電磁気学，熱力学・統計力学，そして量子力学（これに加えて，時空自身の物理学として特殊相対性理論と一般相対性理論）．これらが物理学の理論体系の基礎枠組みである．他方で実際に，現実世界に存在する対象物は，太陽系，銀河系，銀河群，宇宙時空構造，あるいは地球，（人間サイズ，細胞，DNA），分子・原子，原子核，素粒子といった，各種の内部構成要素を持つ一連のシステム群である．基礎理論とシステムのどちらかだけでは学問を理解したことにならない．理論枠組みと，現実の物理システムの存在，その両方を学んで初めて，それぞれの学びに意味があるといえる．

システムとは，要素の集成であり総合である．要素は全体の理解のためにあり，また全体は要素の存在に必須の場になっている．両者には往還的・循環的な構造が内包されている．要素があれば，必ず関係性が発生し，両者は一体である．物理学の言葉では粒子と場の相互規定性（粒子間の相互作用を記述する場の量子論）に類比される．相互作用の結果，部分が全体を作り，

全体は部分を作る．このような循環性を取り込んだ考え方は，「包み包まれる」関係性という意味で，いわゆる「統合学」[11]が提唱する思想と軌を一にしている．この意味で「統合学」は，一般システム論的循環学として普遍性を内包していると考えられる．

6. おわりに——分析と総合，「教養」としての統合知を目指して

最後に，デカルトが述べた「分析」と「総合」とは何かを改めて考察した上で，「統合学」と「教養教育」の関係について触れておきたい．

デカルトが『方法序説』を書いた当時（1637年），分析と総合のイメージは当時の最先端の機械や数学であった．機械は，その本体を部品に分解でき，再構成できる．数学は，定義・公理と定理・レンマなど，言葉・数式・証明という要素的な論理の連鎖に分解できる．すなわちデカルトの対象では，全体は要素の合計と一致していた．

しかし現実の社会の存在は，自然であれ人間であれ社会であれ，あるいは人工物であっても，単純なシステムとは限らない．単純なシステムは物理学の言葉では「重ね合わせの原理」が成り立つ「線形」なシステムと呼ばれる．他方で現実にはそれと異なる非線型なシステムが大部分を占める．物理学においては方程式が単純でも（適度の次元数の条件下で）非線形性があればカオスが発生する（場合がある）ことが知られている．さらに散逸性があれば自己組織化も起こる．逆にカオスや自己組織化の背後には，実は単純な方程式や法則が存在することの発見の方が重要である．視点の移動の重要性である．例外としての単純なシステムを除いて実は，要素で構成されるシステムの全体的な非線形性こそが，世界を決める．システムの性質を決めるのは，要素の単純和ではなくその関係性である．

このような関係性の重要性の身近な例は我々の「体重」である．すなわちこの意味は，人間の体重の99.98%は原子内部の原子核の重さであり，原子核の重さの実に90%が「要素のない」ところ（核子内部のQCD法則で支配される「場」，gluon場と呼ばれ，非線形な「光」の場のようなもの）が持つ重さであるという事実を知れば，直ちに了解される．我々の体重が「原子の」単

純和で近似できるのは偶然である（なぜなら核子内部の quark・gluon の世界まででいくと単純和にはなっていないからである）．太陽系も非線形性が弱いが，それも数少ない例外である．原子核まで視野に入れれば，非線形な場（空間）こそが物質である．要素より関係性の場の方が重要である．その例が物質自体なのである．

　これはどんなシステムにも一般的に言えることである．要素より関係性の方が重要であること，少なくとも要素理解では不十分で関係性の理解が重要であることの自覚は，対象とするシステムが自然であれ人間であれ社会であれ，人工物であれ必須と言える．

　いま改めて教養について考えよう．教養とは関係性の自覚である．専門とは要素である．なぜなら専門の領域細分化はニュートンに始まり，それは全体性の要素化に過ぎないからである．教養はその専門性（要素）を繋ぐ関係性である．

　自然や人間を理解しつつ，よりよい生を望むのであれば，あるいは社会をよりよくしたいのであれば，専門性だけではできない．自明である．なぜなら要素だけでは全体をわかったことにならず，わからないものは，理解も了解も改善もできないからである．吉川弘之が機械工学という専門性を修めた後に愕然としたのも，そのギャップの発見にあるだろう．この結果，彼は一般設計学に向かい，人工物工学の提唱[2]を経て，日本学術会議の会長にもなり，全学問の俯瞰的展開に尽力した．それは「日本の展望」（Japan Perspective）の学術会議提案等を通して，我々に俯瞰的な視点の重要性を語りかける．

　「統合学」[11]が持つ志向性はさらに野心的である．それはここで議論した可視的な教育・研究領域を超え，人間の脳の構造や機能まで視野に入れ，生命の「生」だけではなく「死」をも視野に入れ，これを「共存在」と呼びつつ，さらに大きなスケールで全体性を志向しているからである．その展開は，いま社会で起こっている情報の断片化と知識の市場化という危機[8]を超えるべく，今後の教養教育の大きな方向性を示すと考えられる．

　なぜなら情報社会は 2000 年前後に始まった知識社会化と脳型コンピュータ開発等の経験を経て，社会と人間と情報・コンピュータの理解が進み，

86　　第 2 部　統合的教養教育をめざして

様々な未来予測もできるようになったからである．さらに 2015 年頃以降は人工知能・ロボティクス・遺伝子工学の時代（カーツワイル[12]のいう GNR の時代）となり，たとえば脳地図（コネクトーム）解読や様々な物質レベルでの人間理解の進展が明らかに見られるからである．

　すなわち今後の教育も研究も，教養教育も専門教育も，そのような総合的な発展を踏まえなければならない時代となっている．その危機感の中で生まれつつある「統合学」の志向性は，これらの課題を統合しようとしている．実際に教養と専門は統合的に（一人ひとりの）人間の頭によって理解されなければ役に立たない．要素と関係性，専門と教養，それらは相互循環的・往還的になって初めて意味を持つ．「統合学」のアプローチは，その統合のための親学問となる可能性があると思われる．

参考文献

1) 水野義之「情報社会における「情報」の発展モデル」日本社会情報学会全国大会研究発表論文集 24，2009 年，184-187 頁.
2) 吉川弘之「人工物工学の提唱」『イリューム』1992 年 4 月号掲載.
3) 吉川弘之『テクノロジーの行方（21 世紀問題群ブックス 8）』岩波書店，1996 年.
4) 京都女子大学現代社会学部創設趣意書（文部科学省提出書類，1999 年）.
5) 水野義之「学部教育での環境放射線測定の実験的研究における PHITS 利活用事例」『PHITS 研究会概要集』2016 年 9 月.
6) 水野義之「原発安全基準の考え方——物理学の立場から」，斎藤浩編著『原発の安全と行政・司法・学界の責任』法律文化社，2013 年.
7) 筒井清忠「新教養としての少人数セミナー——京都大学の試み」『学士会会報』821号，1998 年 10 月号.
8) 山崎正和「「教養の危機」を超えて——知の市場化にどう対処するか」『歴史の真実と政治の正義』中央公論新社，2000 年，75-107 頁（1999 年）；山崎正和「現代の教養をめぐって」『学士会会報』824 号，1999 年 7 月号.
9) 吉川弘之「構成型工学カリキュラム」，第 4 回科学技術人材育成シンポジウム「工学教育の新しい展開に向けて」日本工学会，2013 年.
10) 藤田豊久・太田順編『人工物工学入門——共創によるものづくり』東京大学出版会，2015 年.
11) 統合学術国際研究所編『「統合学」へのすすめ』晃洋書房，2007 年.
12) レイ・カーツワイル『ポストヒューマン誕生——コンピュータが人類の知性を超えるとき』日本放送出版協会，2007 年.

水野論文への質疑と応答

今田高俊

　京都女子大学での現代社会学部創設および学生の指導に関連して，教養教育と統合学の関係の在り方を体験談を交えて議論された貴重な論考と判断します．新学部構想にあたって，①従来型の専門性の積み上げ的な学部では「ない」ことにし，演習科目「社会問題アプローチ」を４年間必修科目としたこと，②教養系科目と専門系科目を分散的・クサビ型に配置して，学生が教養と専門の相互関係について考える機会を多くしたこと，これらは教養教育と専門教育の連携による現実社会問題へのアプローチという，興味深い試みといえます．特に「教養はその専門性（要素）を繋ぐ関係性である」という指摘は，統合学を構想するに際してきわめて重要な指摘と思われます．

　そこで質問ですが，教養が専門性を繋ぐ関係性であるということの，具体的なイメージないし事例を聞かせていただければと思います．たとえば，先生は放射線物理学を専門のひとつとされているようですが，原発安全基準について教養が専門性をどのように繋ぐのかについてご教示いただけると幸いです．さらに，そこから「統合学」への道がどのように開けるかの可能性についても，知りたいところです．

水野義之

　原発安全基準を例にとりますと，安全基準の問題は原発のシビアアクシデント（過酷事故）の確率を，1) どのように考えるか，2) どういう方法で確率を評価するか，3) その評価結果である確率の値をどう判断するか，という問題に焼き直すことができます．たとえば，このような言い換えをするためには，リスクという概念（工学的には［リスク］＝［確率］×［損害］）が，工学領域では分野を問わず共通して見られる問題であることを意識することが必要です．たとえばここで，リスクの問題をそのように広く捉えることが「教養」であると考えます．実際，こういう捉え方をすることで，学問的に蓄積されたリスク学の普遍的な問題設定や議論に学び，そこでの広く深い知見を参考にして，議論を先に進めることに繋がると考えます．（もちろん，繋ぎ方はこの言い換えに限定されるものではありませんが．）この場合，教養はたとえばどのようにして専門性を繋ぐことになるかと言いますと，たとえば，物理学のある学生が，物理学者ファインマンの自伝を読んだことがあって，その中でスペースシャトル・チャレンジャー号事故の事故調査委員会で，彼が活躍したことを知っていたとします．そのような，一見す

ると滅多にないと思われる事故も，現実には起こりうる事例の理解から，原発事故の確率計算も，そう簡単ではない（チャレンジャーの事故前には，事故確率はもっと低いと思われていました）という意味での，類似の問題があることを理解すると思います．

　このように，ものごとの理解を，自分が偶然知っている，特殊かもしれない事例（あるいは専門性）を基礎に，一般化する力や，異なる専門性の間に関連を見出す力，そのような繋ぐ力を教養だと私は考えております．さらに言うと，非常に頻度が小さいけれど大事故の場合には，確率計算だけでは解決できない問題があることにも，このような共通性を意識することで，気付くことができると思います．なぜならその段階で，類似性や普遍性・一般性と，個別性や特殊性を，意識することになるからです．この意味での共通性は，一般に「低頻度・大規模災害」と呼ばれて，分野横断的な問題の一つとして知られています．

　あるいは原発安全基準と放射線物理学を例にとると，教養は次のように専門性を繋ぎます．放射線物理学では，放射線と物質の相互作用の一つとして，生体影響や被曝影響を学びます．しかしその学生が，仮に原発安全基準を学ぶとすると，その物理学での知見は，実はレベル3のシビアアクシデントと呼ばれる過酷事故（環境を汚染するに至る過酷事故）として，確率計算もされることを知ることになります．その段階で，自分の物理学での学びが，実に社会的にも大きな影響を持つことを理解する．そこから，学びのモティベーションも，問題把握も，さらに深くなるだろうと考えます．そのような繋ぐ力を教養と呼びたいと思います．

　「統合学」に至る道では，そのような知的な複眼思考は必要だと思いますが，それだけでも十分ではないと，私は考えます．そもそも，誰しも自分の専門性の視点を完全に離れることはできないわけです．そういう意味で原理的な困難があると思います．しかし，そのような専門性の相対化，すなわち，個別具体的な専門性の持つ固有の意味付けや位置付け，限界，逆にその特徴と有用性を，皆が意識することは有用です．それがあって初めて，それらを相互に繋いで，よりよい解決，より深い視点，より有用な提言，に至ることができると思われます．そういう柔軟性のための，学問的に開かれた場としての「統合学」の基盤形成に，教養という名の分野を繋げる力は，万人にとって，相互に，有用であるように思います．

直江清隆

　吉川弘之の「構成型工学カリキュラム」の評価に関して質問します．

　要素的な工学知識に対して使用・保守，計測，製造，社会技術，設計，機能・

サービスなどの操作知識を平行させる点は興味深く思います．欧米でも，様々な形でユーザーのニーズを設計の初期から組み込んでいく議論が立てられてきており，それとの類似性も感じますが，ただ，学部での「社会問題アプローチ」と平行させるとすれば，何が共通性なのかが気になります．設計の現場では，多様で，ときとして互いに相容れない要求のなかで，満足解を出すことが求められます（工学倫理では設計問題と倫理問題の類似性としてよく取り上げられる問題です）が，そうした実例をセミナーで取り上げることで，要素的な工学知識の習得に尽きない問題意識と活用力を習得させるという意味でしょうか？　また，その場合，統合学としてどのような範囲を教育に組み入れ，また一般教育とどのような連携と差異があるとお考えでしょうか．

水野義之

　吉川の「構成型工学カリキュラム」を，学部での「社会問題アプローチ」と平行させる場合，吉川の「要素的な工学知識」に対応するのは，学部の場合，個別具体的な，いわゆる個々の学問分野の内容です．これは「教養科目」の一部として，初年時教育での入門科目，概論科目（一般教育）等に対応するかのように見えます．しかしこれを我々は「アプローチ科目」と命名していて，社会問題にアプローチするための「様々なアプローチとして」，教育します．つまり我々にとって個々の学問は，社会問題を解決するための（つまり問題を定義し，それをまず分析するための）ツールとして，使えるものでなければなりません．

　一般教育は，一般的には，個々人の特段の問題意識を前提にしないと考えられますが，「社会問題アプローチ」における個々の教養的なアプローチ科目は，社会問題を解決できる人になるためのツールとしての学問です．そこには，社会問題への問題意識がないかあるかという意味で，大きな差異があります．他方，吉川の「構成型工学カリキュラム」における「使用・保守，計測，製造，社会技術，設計，機能・サービスなどの操作知識」に対応するのは，この「社会問題アプローチ」においては，いわゆる「知的生産の技術」あるいは「知の技法」（アカデミックスキル，リサーチスキル）と呼ばれる一連の情報処理技術・知識処理技法です．つまり広い意味での「研究方法」に対応します．たとえば，東京大学の有名な（初期の）基礎演習テキスト『知の技法』（小林康夫・船曳建夫編，東京大学出版会，1994 年）でいえば，フィールドワーク，史料，アンケート（社会調査），翻訳，解釈，検索，構造，レトリック，統計，モデル，コンピューティング，比較，アクチュアリティ，関係，表現，といった研究方法，つまりどの研究分野にも共通する操作知識，に対応する，と考えることができます．またこの視点では，「社

90　　第 2 部　統合的教養教育をめざして

会問題アプローチ」の教育は何を意味するかというと，ご指摘の通りであり，「実例をセミナーで取り上げることで，要素的な工学知識の習得に尽きない問題意識と活用力を習得させる」ということです．

　すなわち学部の「社会問題アプローチ」では，「現代社会は学びのフィールド」と捉えます．実際，現実の社会問題は「一つの○○学」だけで分析できることはありません．どんな社会問題も「複数の学問」を使って分析しないと，その問題自体を捉えることはできません．たとえば福島原発事故の問題は，原子力工学や放射線計測学だけでなく，法規制，行政，国内・国際政治，経済，産業，経営学，社会学・地域社会学，社会心理学・災害心理学，報道・メディア論，市民社会論などの視点から，多様な理解を試みない限り，おそらく何もわかりません．しかし実際は，それでも足りない．

　たとえば福島原発事故を研究する学生は，事前に放射線について詳しく学び，福島に関する報道と現状の落差に衝撃を受け，福島の状況をやっと理解し，その上で自信を持って福島に研修旅行に行きます．しかしその福島の現場で，人と話をする中で，その理解だけではまったく不十分な事実に気付いて，再び愕然とするわけです．そこから初めて，福島の問題の難しさに目覚め，学生は，自分の頭と心で考え始めます．そういう気付きのためにこそ，分析的な学問があると考えます．学問は気付きのためのツールです．そして社会問題を，その問題の現場で深く感じ，それを考えることで，それらの多くの学問が実は，すべて繋がっていると感じること，これが「社会問題アプローチ」による教育目標となります．これを，社会的・分野的広がりを持つフィールドワークといってもよいかもしれません．

　つまり学生にとって，学びの出発点は，横糸として幅広いアプローチ群の学習と，縦糸としてゼミの専門性（4年間一貫してこの環境を与えます），この二つです．最初は，専門性つまり自分の縦方向の軸足も不安定で，未熟であり，横糸の幅も広くない．しかし，縦糸と横糸（縦軸と横軸）の両方を同時に学ぶ必要を感じることが，学生が主体的に問題を考え始める上で重要です．つまり専門だけでも解決できないし，教養だけでもだめであることを，学生自ら自覚すること．これが，現代社会の社会問題そのものを研究対象とする「社会問題アプローチ」という教育方法です．この意味で，社会問題における研究の作法を学ぶことが目標になります．

　次に，統合学として，どのような範囲を教育に組み入れるか，についてです．私はその範囲を，固定的ではなく，動的に捉えています．動的であるためには，最低限二つの要素が必要です．その二つを，ここでは，要素的な専門性（縦軸）

第5章　新学部創設と社会問題アプローチ　　91

と，教養的な関係性把握の志向性（横軸）と考えます．あるいは，問題意識の存在を前提として，内容と方法，それら二つです．このような専門性への志向は，一つでもよいし，複数持っていてもよい．また，関係性把握の志向性は一つ（両端に二つ）でもよいと考えています．多い方がよいでしょうが，多いことは，必要ではありません．また問題自体が，本人の中で意識化されていなければ，カバーできる専門性が多いことは，十分でさえ，ありません．

　統合学としての範囲は，これら二つの動的な関係が，具体的な問題に応じて決めていきます．その範囲は，広くも狭くも，どの方向性でも，いかようにも，あり得ます．その範囲は，本質的には問題系自身と，取り組む人間その人（学生）自身が，自律的かつ自己組織的に，決めていくべきこと，と考えています．そういう意味で，統合学の理想主義を，その範型としての親学問としながら，自分として使える統合志向の学びの体験を，学部時代に体験すること，これが教養教育としての統合学の具現化であると考えます．

第6章 討論型授業による教養教育

宇佐美 誠

1. 教育の内容と方法

　教育においては，〈何を教えるか〉とならんで〈いかに教えるか〉もきわめて重要だと思える．たとえば，小学校の体育の時間に水泳を行うとき，教師が，クロールのやり方を通り一遍に説明した後，号令にあわせて児童たちがいっせいに泳ぐ練習だけを繰り返させているとしよう．すでにクロールができる児童は，難なく泳ぎ切るだろうが，できない児童は，自分の泳ぎ方をどう改善してよいかが分からないままである．他方，教師が，児童全員にクロールのやり方を説明した後，少人数に分けて短い距離を泳がせ，各人の泳ぎを観察して個別に指導するならば，全員が自分自身のレベルから向上してゆくことができる．このように，教育の受け手は，教授される内容だけでなく，教授される方法からも多くを学ぶのである．

　教育方法がもつ大切さは，大学における勝義の教養教育においていっそうよく当てはまると思われる．勝義の教養教育は，多くの大学の教育現場で，各学部の専門科目の前に配置された一般教養科目を総称して語られる教養教育ではない．むしろ，西欧のリベラルアーツの伝統を踏まえて，諸分野科目の幅広い履修を通じた自主的・複眼的・総合的な視座の構築を，さらにはこうした視座を備えた豊かな人間性の涵養をめざす教育をさしている．本来の意味での教養教育においては，各科目で提供される知識の内容だけでなく，相異なった科目の知識をどのように照合し，連関させ，活用するかも重要となる．こうした観点からは，教育方法は決定的な重要性をもつのである．

　上記のような基本認識の下，この小稿では，私がかねてから各地の大学で

行ってきた討論型授業という方法を，ややくわしく紹介してみたい．説明が
いささか詳細にわたるのは，本稿を読まれてこの授業法に関心をもって下さ
った教師の方に，大学や学校で —— 必要な修正を適宜加えた上で —— 試して
いただければと願うからでもある．初めに，この方法の背後にある基本的な
考え方を述べる．次に，討論型授業のあらましを説明し，課題とその解決法
を紹介し，この授業法がどのような意義をもちうるかを要約する．これらを
踏まえて，最後に，教養教育を発展させる上でこの授業法がはたしうる役割
を指摘する．

2. 一方向型授業から多方向型授業へ

　私は，担当する講義科目の第1回授業で，図1にある二つの図を書くこと
にしている．左側の図は，太い一本の河が湖に流れ込むさまに見えるのだが，
従来型の授業のあり方を示している．河が教師であり，湖にいるのが受講生
である．河水が上流から下流へと流れるように，教師は自らの知識を学生に
一方的に伝達する．学生は，教室に流し込まれる知識を受け止め，ノートや
パソコンに書き留めて，試験時には知識の十分な習得を示す答案を書くこと
を期待されている．こうしたいわば一方向型授業は，周知のとおり，わが国
で明治期に大学制度が確立してから今日まで，人文系・社会科学系の講義や，
自然科学系の講義のうち実験・演習等を除いたいわゆる座学において採用さ
れてきた標準的な授業法である．
　一方向型授業には，限られた時間で大量の知識を伝達できるという明らか
な利点がある．2単位科目で通常は15回，毎回1時間半という時間的制約
の下で，その科目の修得に必要な知識を伝達するには，一方的に話し続ける
のが効率的だと言えそうである．他方，一方向型授業には少なからぬ限界も
あると，私には思われる．3点を挙げたい．
　第一に，人間の集中力が持続する時間は —— 個人差がきわめて大きいもの
の —— 30〜40分間だとも言われるから，1時間半も講義に集中しつづけるこ
とは，少なからぬ学生にとってさほど容易ではない．学力低下が指摘される
わが国の多くの大学において，とりわけ大教室での講義が常態化している社

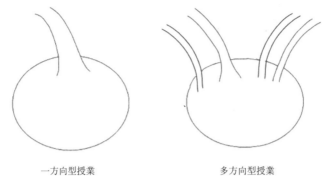

　　　　一方向型授業　　　　　　　多方向型授業
　　　　　　図1　授業の二つの型

会科学系学部では，一方向型授業で受講生の集中力をいかにして持続させるかは，しばしば大きな課題となる．

　第二に，より根深い問題として，習得される知識の種類に制約が生じやすいことに留意したい．ある学説やモデルが解説されるとき，学生は，その学説・モデルの内容や言及された場面・事例への当てはめを学ぶ．しかし，他にどのような場面・事例に当てはまるかを考察したり，その学説・モデルの限界・問題点を批判的に検討したり，他科目で学習した内容と照合していっそう統合的な視野を獲得したりすることは，きわめて稀だと推測される．

　第三に，少なからぬ学生にとって，質問・意見の表明や他の履修者との対話を行う機会もなく，教師の話を聞かされ続けることは，さほど楽しいものではないだろう．経済学的術語で言えば，受講には機会費用が伴う．すなわち，学生は，ある科目の授業を受けている間，他の何かをすることから得られる利益を逃してしまう．他科目の授業を受けられないだけでなく，アルバイトもインターンシップもデートもできない．学生が機会費用を負担して私の授業を受けに来る以上，受講する甲斐のある知的な楽しさを味わわせたいというのが，教師としての私の思いである．

　そこで，私は，一方向授業に代わるものとして多方向型授業をめざしてきた．図1の右側では，左側よりもやや細い河のほかに，いっそう細い川が何本も湖に注ぎ込んでいる．この河が教師であり，他の細い川は学生たちである．つまり，教師が知識を伝達するだけでなく，各受講生は教室での発言を

第6章　討論型授業による教養教育　　95

通じて，いったん湖から出て川となり，湖にいる他の受講生にさまざまな方向から知識や意見を提示する．こうした多方向型授業の具体化として，私自身が十数年にわたり実践してきたのが，討論型授業なのである．

各回の授業は，前半50〜60分間の講義セッションと，後半30〜40分間の質疑・討論セッションに分かれる．学生にとっては，講義を聴く時間がかなり短縮される上，講義内容を前提とした発言を求められるから，講義への集中力が向上しやすく持続しやすい．また，講義では触れなかった新たな場面・問題への適用や，他科目での学習内容との突き合わせを，質疑・討論の過程で促される．さらに，人前で発言する機会や，他の学生の知識・意見に触れる機会をもつことにより，充実感が高まる．実際，学期の中間時点で私が独自に実施してきた無記名の授業評価アンケートでは，回答者の約7〜9割が授業を肯定的に評価し，また履修後に「毎回の授業が，90分とは思えないほど短く感じられた」などの感想をもらす学生も少なくない．

討論型授業の基本精神は何か．ジョン・F. ケネディは合衆国大統領就任演説で，「国はあなたのために何ができるかと問うのでなく，あなたは国のために何ができるかと問うて下さい」と述べた．これにちなむならば，やや誇張した言い方になるが，討論型授業は学生に次のように求める．「教師はあなたたち受講生のために何ができるかと問うのでなく，あなたは他の受講生のために何ができるかと問うて下さい」と．各学生は，自らのもつ知識や意見を提示することによって，他の学生による授業理解や思考の深化・複眼化に貢献し，そしてこの貢献が互酬的かつ多方向的に行われるのが，討論型授業なのである．

3. 討論型授業の仕組み

私は，1993年に私立大学で教鞭をとり始めた当初から，学生との双方向的対話を取り入れた講義方法を試みていた．だが，討論型授業にはいたらなかった．転機は1990年代末に訪れる．1997年から99年まで在外研究を行ったハーバード大学で，いくつかの大学院講義に陪席したが，そのいずれでも討論型授業が行われていたのである．教師は，前半の約40分間で，予習

を前提とした講義を行い，残りの時間はすべて質疑・討論に充てられる．これは私にとって衝撃的な体験だった．初めは感嘆するばかりだったが，やがて，こうした授業法を日本でもとれるのではないかと考えるようになった．

　帰国後，同志社大学を皮切りに，名古屋大学・慶應義塾大学・東京大学・早稲田大学・北海道大学・立命館大学など，非常勤講師を務めた各地の大学の大学院・学部の科目において，討論型授業を行ってきた．また，2000年代半ばに移籍した東京工業大学や，その約10年後に移った京都大学でもこの授業法を用い，現在にいたっている．開講科目には，私の専門である「法哲学」や，その一部分や隣接領域である「正義の諸理論」「法と公共哲学」「政治哲学」などの社会哲学の諸分野だけでなく，「法と経済学」「法政策論」といった社会科学の諸分野も含まれる．過去の受講生数は，数名から80名強まで，大学・年度・科目によって大きく異なる．

　討論型授業はどのように進められるか．各回の授業の講義セッションでは，初めにまとめて板書を行い，予習を前提とした講義にただちに移る．あわせて約1時間となるが，受講生数が多い科目や，学生の平均的学力がかなり高く，発言が充実し多数に上るだろうと予想される大学では，50分，ときには45分ほどで切り上げる．ここからが質疑・討論セッションである．学生たちはいっせいに挙手するので，こちらで順番を指定し，彼ら・彼女らは次々に質問・コメントを述べてゆく．各発言に対して，私は，そこに含まれる論点を抽出し，各論点を考察する視点や手がかりを示唆し，講義内容を補足し，応用的論点を提示するなど，さまざまな応答を行う．また，ある学生の発言に対して，他の学生が異を唱え，論争となることも稀ではない．さらに，意見が分かれそうな仮想例をあらかじめ示しておき，受講生全体を巻き込んだ論争を促すこともある．こうした学生間の自由討論は，私が最も重視するものである．この授業法を討論型授業と呼ぶゆえんである．

　討論型授業がうまく機能するためには，いくつかの問題に対処しなければならない．第一は誘因問題である．受講生に対して，毎回の授業で積極的に発言する誘因や，欠かさず予習する誘因をいかにして与えるかが，きわめて重要となる．先ほど，質疑・討論セッションの初めに「学生たちはいっせいに挙手する」と述べたが，これは決して誇張ではない．では，学生たちはな

ぜそれほど積極的になるのか．仕掛けは単純である．私の担当科目では，毎回の授業で座席表を作成した上で，学生のあらゆる発言を，予習量・理解度・積極性という三つの観点から評価し，座席表に段階評価の記号を書き留め，これが後に数値に変換されて平常点となる．予習量と理解度は発言内容にもとづいて判定されるのに対して，積極性は発言回数によって測定される．さらに，各科目の第1回授業では，このような成績評価法を詳細に説明することにしている．そのため，受講を決めた学生の大半は，質の高い発言をめざし，またそのために入念に予習する強い誘因をもつのである．

2004年に法科大学院制度が設立されて以来，私はいくつかの大学の法科大学院で非常勤講師を務めてきた．法科大学院生の間では好成績をめざす傾向が強いから，私の成績評価法は特に効果的だった．また，英語開講科目では留学生が受講者の多数をしばしば占めるが，留学生の多くは成績に敏感だから，この成績評価法はうまく働く．他方，1回かぎりの期末試験で成績が決まる従来型のやり方と比べて，私の方法は受講生に多くを要求する．そのため，楽をして単位を取りたいという学生には敬遠されてしまう傾向がある．

対処するべき第二の課題は，知識量問題である．討論型授業での講義時間は一方向型授業の3分の2以下にすぎないから，伝達できる知識量が不足しがちとなる．この不足を補うために，6段階学習制と呼ぶものを心がけている．私は，すべての担当科目において予習を要求するが，討論型授業では，限られた量の予習用資料の通読を求め，また質疑・討論セッションでの発言を準備するよう促す（第1段階）．加えて，東京工業大学での開講科目では，インターネット上のオープン・コースウェアにおいて，予習用資料を読解する導きとなる設問や，討論の題材となる仮想例を公開していた．授業当日には，初めに板書をノートなどに書き写すことによる講義内容の予備的理解（第2段階），予習用資料の内容のうち重要事項を中心とした講義（第3段階），そして質疑・討論を通じた理解の深化・拡張（第4段階）が行われる．さらに，講義期間中に実施する複数回の小テストまたは試験のために，受験者は念入りに復習を行うよう迫られる（第5段階）．なお，小テストや試験は，授業中の発言とは別の観点から理解度を測定するから，より多角的な成績評価が可能となる．最後に，小テスト・試験の採点時には，点数を記入するだ

けでなく，解答の不備不足を指摘するメモを余白に残すようにしている．そのため，解答用紙の返却により，受験者は自分の授業理解度を確認できるのに加えて，理解内容にどのような不備不足があったかも把握でき，それにもとづいた再復習をできる（第6段階）．

4. 討論型授業の二つの意義

　討論型授業にはどのような意義があるか．道具的意義と本来的意義に分けて見てゆきたい．

　道具的観点からは，討論型授業が学生のどのような潜在的能力を引き出し，高められるかと問うことができる．促進される能力は，4種類あると思われる．第一は適用力である．前記のとおり，私が担当してきた科目の一部は，理論的・抽象的な哲学的内容を扱うから，質疑・討論セッションのなかで，特定の理論を現実の事例または仮想例に適用したり，別の問題領域で応用したりするよう学生に求める．逆に，仮想例の思考実験を通じて，各自の直感を理論的に正当化し，あるいは学習した理論の説得力を検討するよう促す場面も多い．社会科学的科目でも，一般的モデルを個別的問題に当てはめることを奨励している．こうした過程を通じて，学生は，理論・モデルを具体的場面に適用する能力を体得してゆく．

　第二は批判力である．授業で特定の学説を説明する際に，その意義・利点と並んで限界・難点も指摘するよう心がけている．さらに，そのような私自身の説明に対しても，批判的留保をもって聴くようにと伝えている．たとえば，東京工業大学のオープン・コースウェア上の設問では，予習用資料の論文——そのなかには拙稿も含まれる——で提示されている議論のうち，「最も説得力がないとあなたが思う点は何か．またその理由は何か」とたびたび問うた．こうした批判的姿勢の鼓舞は，他者の揚げ足取りをしたりニヒリズムに向かったりするよう示唆するものでは決してない．むしろ，批判的な読解や受講を通じて，自分自身は当該の見解に賛成するか反対するか，あるいは他のいかなる立場をとるか，そしてその根拠は何かと自問するように促しているのである．

第6章　討論型授業による教養教育　99

第三は立論力である．授業で触れた学説を盲信するのでなく，また日常生活上も社会的因習，マスメディアの報道，インターネット上で散見される意見などを無批判に受容するのではなく，学習した理論装置を活用しつつ自らの見解を構築し，その理由を他者に対して説明し，それと競合する見解の持ち主に対して正当化することを，学生に求めている．

　第四は討論力である．質問やコメントの要点を明確化することはもちろん，抽象的内容を語る際には具体例を挙げ，意見を述べるときには理由を示し，自説の不備不足に気づいたら改めるなど，学生は討論の仕方を学ぶ必要がある．質疑・討論セッションは，討論のルールや戦略を実践的に学ぶ機会を提供する．

　討論型授業には，道具的意義にとどまらず本来的意義もあると考えている．アリストテレスがつとに洞察したように，手段としての行為と目的としての行為を区別できる．ヴァチカン美術館の入口の前で長蛇の列をなしている人たちは，入場を目的としてチケットを購入したいと思っており，その購入のために順番待ちという手段行為をしている．他方，ミケランジェロの『最後の審判』に見入る人は，絵画鑑賞という目的行為をしている．これは，手段行為と目的行為が別個である一例だが，同一の行為のなかに手段の側面と目的の側面が併存していることも，決して珍しくない．戦後の貧しい時期に幼少期を過ごした世代には，毎日食べ物にありつけるだろうと考えて料理人をめざした人たちがいると聞くが，そのなかには，やがて料理に生きがいを感じて，仕事が人生の一部となった人もいるに違いない．

　では，受講という行為はどうだろうか．学生は，科目を履修して単位を取得してゆかなければ卒業できず，また良好な成績を残すためには予習・出席・ノート取りなどをしなければならない．これは手段としての受講である．だが，卒業単位や好成績をめざして受講するだけでなく，受講自体を楽しんでもらいたいというのが，教師としての私の念願である．討論型授業は，発言の質・量を平常点の基礎データとすることによって，受講生に予習や授業中の集中力持続への誘因を与えるという地点から出発する．だが，各学生がより良質な発言を試みつづける過程の先にある最終目的地は，自らの意見を述べ，他者の意見を聴き，率直に論じあう楽しさを知るという地点である．

この授業法の精神は，〈手段としての受講から目的としての受講へ〉と表現できる．

　目的としての受講は，西洋哲学の古来の伝統にかなうものだと理解している．「哲学」と訳される "philosophy" が，ギリシャ語の "philia"（愛）と "sophia"（知）の合成語 "philosophia" を語源とすることに示されているように，哲学の営みとは，知を親しく感じて求めることに他ならない．そして，哲学はかつて対話を通じて行われた．ソクラテスは，アテナイの市中で，智者と呼ばれる人たちと哲学的問答を重ねた．プラトンは自らの学園で対話的教育を行うとともに，多数の対話篇を後世に残した．アリストテレスは，新たに開いた学園の歩廊を逍遥しながら，弟子たちと論じあった．目的としての受講をめざす討論型授業において，教師と学生が対話を重ね，ときには学生同士が建設的論争を行うことは，西洋哲学の原初形態の流れを汲むものだと考えている．

5. 教養教育における討論型授業

　本稿の冒頭でも触れたように，勝義の教養教育とは，大学での専門科目に前置された一般教養科目の総体ではない．では，それは何か．教養教育の理解は，社会や時代，さらには個人によって異なるが，私自身は，古代ギリシャのパイデイアや，古代ローマから近現代にいたるリベラルアーツの伝統を参照しつつ，しかしそれらに伏在する男性中心主義・エリート主義を払拭して，次のように理解している．すなわち，教養教育とは，職業的・専門技術的な知に対置された，人文学・社会科学・自然科学にわたる広範な知の提供を通じて，市民生活の多様な側面で活動的役割をはたしうる個人へと陶冶することを目標とした教育である．この意味での教養教育は，わが国においては，学問のいっそうの専門分化に加えて，情報化にともなう知の断片化，大衆社会状況下での価値観の皮相化，生産効率性への偏重などにより弱体化してきた．

　教養教育を，大学の学部および大学院のなかで新たな形で再興し発展させてゆこうとするとき，何が求められるか．提供される知は細分化され断片化

第6章　討論型授業による教養教育　　101

され分離されてはならず，むしろ各科目で提供された知識が学生各人のなかで相互的に照合され，批判的に吟味され，多方向的に浸潤してゆかねばならない．そうすることで，学生は，自らが身をおく社会・世界・宇宙について，自主的・複眼的・統合的な視座，社会および自然への知的・実践的関心，そして内省された価値観やそれを実現しようとする意志力を備えるようになると期待される．

　教養教育の観点から見ると，討論型授業で鼓舞される他科目の学習内容との照合，自らの見解およびその理由の表明，他の学生との建設的論争は，いずれも少なからぬ意義をもつと思われる．また，この授業法が強化しようとする適用力・批判力・立論力・討論力は，教養教育のめざす人間像がそなえるべき能力だと言えよう．さらに，討論型授業が成功し，受講が多くの履修者にとって，手段行為にとどまらず目的行為ともなるならば，知の習得を通じた人間性の涵養というリベラルアーツの精神にもかなうだろう．無論，すでに確認したように，一方向型授業にも大きな利点があるから，教養教育で討論型授業が全面的に採用されるべきだなどと言うつもりはない．だが，この授業法の部分的採用は，真の教養教育を再興し発展させる上で大きな助けになると思うのである．

宇佐美論文への質疑と応答

小林正弥

　私も公共哲学に基づく学問や教育の改革を主張しており，教育では，マイケル・サンデルのハーバード白熱教室を一つのモデルにして，大学はじめさまざまな場で対話型講義を展開しています．これはインタラクティブ・エデュケーション（interactive education）の一種で，近年は中学校や高校などでもアクティブ・ラーニングが導入されつつありますが，討論型や対話型の授業はこれらの代表的な形態でしょう．したがって，法哲学者である宇佐美誠氏の「討論型授業による教養教育」における議論に私も賛成で，その多方向型授業の提案が多くの教師たちに示唆や影響を与えることを願っています．法哲学と政治哲学は隣接領域ですし，NHK の『白熱教室JAPAN』でも宇佐美氏と筆者の講義が放送され，大学のプロジェクトでその方法についての紹介や議論も二人が中心になって行ったこ

とがあります（『公共研究』第9巻第1号，2013年3月，特集3「対話型講義を巡って」宮崎文彦，小林正弥，宇佐美誠）．このような問題関心や志向の類似性を前提にしながら，同じような授業を三つの科目（政治哲学・公共哲学・比較政治）で行っている経験に基づいて質問したいと思います．

1）方法に関して：討論型授業と対話型講義

まず，宇佐美氏の討論型授業では，初めに説明をしてから質疑や討論を行っていますが，私の場合は「導入→対話→まとめの説明」という順序が標準的です．宇佐美氏の場合も，教師の説明に対して学生が批判的留保を持って聴くように伝えていて，その後に討論を行うということなので，あまり実質的な差はないかもしれません．それでも私の講義スタイルでは対話において「学生⇔学生」という方向性に力点があるのに対して，宇佐美氏の討論型授業においては教師の立場が初めに説明されている点で「教師⇔学生」という議論の方向性の比重が大きいように思われます．

私が，このような方法であえて講義を行っている理由は，宇佐美氏のいう「本来的意義」にとって有意義だと思っているからです．対話を通じて知を求めるという *philosophia* の原義を教室で実現し，ギリシャ時代に範を見出せる対話の醍醐味を味わってもらうためには，学部教育ではなるべく学生同士の議論を中軸にする方が望ましいと考えています．教師と学部学生とでは知識量に違いが多すぎるので，なかなか対等な水平的な議論は実現が難しいからです．宇佐美先生の方式ではそれは可能でしょうか．

2）専門教育と教養教育における多方向型授業

そうはいっても，私も学生に知識を教えることをしないわけではありません．政治哲学や公共哲学の対話型講義では，議論のプロセスにおいて学生の発言に即して関連する知識を説明したり，最後のまとめで教えたりしています．

これに対して比較政治の講義では，知識を伝える比重がもっと大きくなります．というのも，学生の知識量が少ないので一部の政治的現象にしか話題が及ばないからです．日本やアメリカなど大国や近隣諸国の政治ならともかく，ヨーロッパ中小国や大半の非西欧諸国についてこれは当然でしょう．いろいろ試してみて，今では教師の側からの説明の量を増やし，対話や議論とおよそ半々くらいのバランスにしており，説明の順序も，「対話→説明」のほかに「説明→対話」という方式も用いています．その意味では宇佐美氏の討論型授業に近く，「全面的対話型講義」と対比して，この方式を「部分的対話型講義」と呼んでいます．

このような経験から考えて，専門教育においては一定の専門的知識を教える必要があるために，全面的対話型講義よりも部分的対話型講義の方が適している場

合があります．これに対して，教養教育は人間ないし公共的市民としての基礎的良識を習得して深めさせるものなので，全面的対話型講義にも大きな可能性があるように思われます．筆者の政治哲学・公共哲学の講義は専門的な学部教育（法政経学部）の中で行われていますが，それは次（第7章）の山脇直司論文「教養教育における公共哲学の統合的役割」へのコメントでも触れるように，内容は後期教養教育に近いでしょう．

このような見方からすると，宇佐美氏の討論型授業は専門教育にはまさに適した形態であると言えるかもしれません．私のいう部分的対話型講義やこのような講義が注目されることによって，専門教育でも多方向型授業が広がっていくことを期待します．他方，教養教育においては全面的対話型講義の形式も有意義だと思う次第ですが，宇佐美先生はこういった教育の種類と多方向型授業の類型や方式の関係についてどう思われるでしょうか．

水野義之

1) 講義と演習について

「とりわけ大教室での講義が常態化している社会科学系学部では，一方向型授業で受講生の集中力をいかにして持続させるかは，しばしば大きな難問となる」と書かれています．私は，一般に大学の授業は，講義と演習に分かれると思いますが，社会科学系学部ではこの演習で，講義の難点を，補うことになりうると思うのですが，いかがでしょうか．

2) ティーチング・アシスタント（TA）と評価の書き留め等の作業について

「学生のあらゆる発言を，予習量・理解度・積極性という三つの観点から評価し，座席表に段階評価の記号を書き留め」と書かれています．これは現実的に，教員だけで可能なのでしょうか．仮にTAにその一部を代行させるとしても，教員が考える評価基準は言語化，標準化，形式化できるのでしょうか．この論考で紹介されている内容は，驚くべき効果を伴う講義実践であろうことは，注目に値すると考えられるし，多くの教員にとっても実際のところ，大いに参考になることは疑いないとも思われます．ただ唯一の懸念として，このような教育実践に伴う評価作業の事務量の多さが挙げられるかもしれません．それを処理するための実際的な手法や工夫についても，ご教示願いたく思います．

3) 社会課題・社会教育への応用可能性について

「こうした批判的姿勢の鼓舞は，他者の揚げ足取りをしたりニヒリズムに向かったりするよう示唆するものでは決してない」と書かれています．また討論力の重要性についても言及されています．しかし残念ながら，日本社会では少なくと

も，ここに「否定的」に描写されているような傾向があることも否定できません．このような現実的な日本社会の状況に対しても，機能しうるような，何らかの改善において有効な方法を提案することができるでしょうか．社会教育的な方法を含めて，何かあるとお考えならばお聞きしたいと思います．

4) 教育内容と社会実態との乖離について

「論理力」の獲得も含めて，このような討論型授業は，他の方法では得難い能力の伸長に有効であると私にも思われます．しかし，大学卒業後に日本社会・日本企業で彼らを待ち受けているのは，同質性が高く，同調圧力も強く，空気を読む力を無為に要求される社会ではないでしょうか．このような日本社会の全体状況を，教師は学生にどのように伝えるべきでしょうか．逆にこのような思考力や知性の重要性を，教師は社会に向けて，どのようなメッセージとして伝えるべきでしょうか．

5) 「他科目の学習内容との照合」の例示について

「教養教育の観点から見ると，討論型授業で鼓舞される他科目の学習内容との照合，自らの見解およびその理由の表明，他の学生との建設的論争は，いずれも少なからぬ意義をもつと思われる」と書かれています．この中の「他科目の学習内容との照合」を学生はいかにして行うのでしょうか．そのために，どのような状況を演出されるのでしょうか．例示をいただけると幸いです．

直江清隆

一方向型から多方向型という提起や「自主的・複眼的・総合的な視座の構築」という基本的姿勢には大いに共感するものです．自分自身も双方向型は取り入れていますが，宇佐美先生の方式も試してみたくなります．その上でのご質問です．（私自身は哲学，科学論ですので事情が違うと思いますが，そこはご容赦ください．）

1) 教養科目と専門科目で授業の方式は異なるのかどうか．ご提示いただいた多方向型授業は，専門教育でも教養教育でも等しく使えそうに思えます．また，狭義の教養教育ではなく，幅広い履修を通じた人間性の涵養というならば，専門教育もまた人間性涵養に通じているかと思われます．そうだとすると，教養教育の特質はどこに求められるべきなのでしょうか．

2) 一定量の知識の取得は目標になるのかどうか．適用力・批判力・立論力・討論力の進捗はたいへんすばらしい成果だと思います．他方，法科大学院などでは資格試験を念頭に置く一定の知識量の伝達が求められるのでしょうが，教養教育という視点から見たときには，ある一定の体系だった知識の取得は目標となるのでしょうか．それとも，知識の取得そのものではなく，知識の取得を通じたさ

まざまなコンピテンシーの獲得が目標になるのでしょうか.（ちなみに，知識量の不足に対して予習用の資料を配付したりすることは私も同じようにいたしております.）

　3）「諸分野科目の幅広い履修」と述べられておりますが，さまざまな科目の履修の中で，先生のご授業は学習者の教養形成の中でどのような位置を占めるとお考えでしょうか．言いかえれば，どのような科目の履修が教養教育にとって望ましいとお考えでしょうか.

宇佐美誠

　小林先生・水野先生・直江先生から，それぞれ大変貴重なご質問をいただきました．大きく三つに分けてお答えしてゆきたいと思います.

　第一は，小林先生と直江先生が提起された，教養教育と専門教育はどのように異なっていて，どんな関係にあるのかという点です．これはもちろん非常に大きな論点ですが，つづめて言いますと，2種類の教育の最も大きな違いは目的にあると思います．専門教育は，個人がもつさまざまな側面のなかでも，特定分野での体系的知識をそなえた専門人という側面に着目しており，その目標はスペシャリストの養成だと言えるでしょう．それに対して，教養教育は，いくつかの分野での一定の知識を前提とした上で，これらの知識を照合したり統合したりできる良識あるジェネラリストへの陶冶をめがけているかと思います．良識あるジェネラリストは，職業生活で特徴的に表れるスペシャリストとは別個の側面であって，たとえば家庭，地域社会，ボランティア団体，国，さらには国際社会のなかでの個人として発揮されるものでしょう.

　このように専門教育と教養教育の違いを理解しますと，直江先生が最後に触れられた，教養教育ではどのような科目の履修が望ましいかという論点についても，答えが見えてくるのではないでしょうか．これは一つの意見にすぎませんが，互いに大きく隔たった，あるいは隔たっているように見える諸科目をともに履修するのが望ましいと思っています．一例を挙げます．私はいま，環境をテーマとする研究科に属しており，ミクロ経済学・法学・政治哲学などの基礎的知識を用いながら，環境政策を学際的に概説する英語開講の大学院必修科目を担当しています．受講者の専攻分野は，工学・農学から社会科学・人文学まで非常に多岐にわたっています．残念なことに，日本人学生のなかには，自分は理系だからこの文系科目には関心がないという態度の学生も見かけます．他方，留学生は，出身学部を問わず総じて私の科目を楽しんでいるようです．その違いは，教室での発言の活発さや筆記試験の成績にも表れます．このように，わが国では教育の制度上も学生の意識上も，文系／理系の壁が高すぎると思います．多くの学生がもって

いる学問のタコツボ意識を揺るがして，諸分野の知の照合・統合へと彼ら・彼女らを向かわせるためには，教養教育で文系／理系をまたぐ広い科目履修が不可欠だと考えます．たとえば，物理学と哲学のように．そして，この2分野を学ぶ過程で，科学哲学の面白さに目を開かされる学生も出てくるかもしれません．

　教養教育と専門教育の間には，目的に大きな違いがある反面，目的の追求法には共通点があると思います．それは知識の提供です．ここで言う知識には，講義で話される内容を構成する言うなれば実体知と，その知を具体的場面に応用したり他の知と突き合わせたりするいわば手続知が含まれます．専門教育では，それぞれの学部科目を通じた実体知の提供に主眼があります．ただ，学生は，各科目での実体知の習得に加えて，ある科目で学んだ内容を新たな事例や論点に適用し，あるいは同じ学問分野内で他科目の内容と関連づける仕方に関する手続知を獲得してゆくことも期待されているでしょう．他方，教養教育では，各科目を通じて特定の学問分野の実体知が提供されますが，その提供が最終目標としているのは，分野の境界を超えた他分野の科目との比較や関連づけ，さらには統合を進めてゆく手続知を体得させることではないでしょうか．そうすると，専門教育と教養教育は，知識の提供という共通の特徴をもちつつも，実体知と手続知の優先関係や，手続知が対象とする分野上の範囲では異なることになります．

　このように，私が，専門教育か教養教育かを問わず知識の習得を重視していることが，小林先生が指摘されるとおり，〈講義→質疑・討論〉という授業の流れにも表れていると思います．その回の授業でぜひ習得してほしい内容をまず講義セッションで伝達し，それを踏まえて学生が発言するという手順です．その結果，学生と私の対話は，学生同士の対話とはかなり違ったものになります．もっとも，私は，学生に批判力をつけさせるため，講義を批判的に聴くように鼓舞しますので，講義内容に異を唱えようと一所懸命に自習してくる学生も，ときには現れます．また，ある学生の発言に対して他の学生が留保をつけたり反対を唱えたりして，論争となる場面もときどき見られます．知識重視という方針の下では，講義科目で可能な討論はこのあたりが最大限かと思っていまして，いっそう討論に重心をおいた授業は演習科目で行うことになります．その意味で，演習科目は講義科目をおぎなうものとして位置づけています．

　第二の論点として，討論型授業は具体的にどのように運営されるのかという水野先生からのご質問に，短くお答えしたいと思います．ティーチング・アシスタント（TA）について言えば，私の場合，成績集計や資料準備はTAに頼みますが，授業中の履修生の発言にもとづく平常点の評定や，筆記試験の採点などの成績評価は，自分で行っています．TAが成績評価を部分的に代行したり，あるい

はマイケル・サンデル教授の授業のように予習セッションを担当したりするためには，講義内容だけでなくそれに関連するさまざまな理論・論点についても正確な知識をそなえている必要があります．これは，多くの院生・学部生にとって高すぎる要求水準だろうと思います．もちろん，大学によっても講義によっても事情は異なるでしょうけれども．それに対して，数段階に分かれた平常点の記号を数値化して集計したり，予習用資料をコピーして配布したりすることは，多くの学生に任せられます．討論型授業は教員の作業負担を大幅に増やすのではと心配されるかもしれませんが，私の経験から言えば，決してそうではありません．ある程度の TA 雇用予算さえ確保できれば，教員の負担はさほど大きくないのです．

　第三として――これも水野先生が提起されたわけですが――，教育をめぐる大学と社会の関係というたいへん大きな論点があります．この論点は，少なくとも二通りの仕方で現れると思います．一つには，いまは大学で学び，やがて社会へと出てゆく学生たちに対して，どのような姿勢で授業を行うか．同調圧力が強い日本社会の現状を学生にどう伝えるかというお尋ねですが，私はむしろ，社会ではなかなか味わえないような体験を学生にさせたいと願っています．たとえば，私の専門の法哲学では正義が一大テーマでして，とくに近年には分配的正義について膨大な研究が蓄積されています．実際，税制や社会保障だけでなく採用人事や昇給・昇任など，何らかの便益や負担を分配したり割り当てたりする場面では必ず，望ましい分配のあり方，つまり分配的正義が問われるわけです．ところが，現実社会では，日頃から「正義」，「正義」と言っていたら，堅物か変わり者と思われてしまうでしょう．だからこそ，社会の制度や日々の生活のなかで，たいていの人は意識していなくても現に生じている正義の問題を見て取り，厳密に突き詰めて考えるという体験を，大学にいる間にしてほしいと思っているわけです．

　もう一つ，大学の内部で開発された教授方法を大学の外部にどのように発信し，その利益を社会にどうやって還元してゆくかも重要になります．小林先生が触れられた NHK の『白熱教室 JAPAN』で，私の授業が放映された後，いろいろな方面からお誘いを受けまして，討論型講演という新たな形態の一般市民向け講演を行ってきました．難しい行為選択が迫られるような仮想の事例を用意しまして，その事例の登場人物に自分がなったらどう行動するか，その理由は何かを，参加者に考えてもらい，自由に話してもらうというものです．社会人はたくさんの社会経験・人生経験をしていますから，それを背景に，じつにさまざまな意見が出てきます．私は，その意見に含まれるいくつかの論点を整理したり，関連する学説を紹介したり，その先に出てくる論点を示唆したりするわけです．おかげさま

で，参加者の多くからご好評をいただいています．このように，大学での教授方法を市民にも応用して，その利益を社会に還元してゆくことも，大学教師にとって一つの役割になりうると考えます．こうした社会への発信という観点からも，討論型授業には大きな潜在力があるように思われるのです．

コラム 1　教養教育と統合教育

伊東俊太郎

　今日，教養教育が，再び注目を浴びている．大学院重点化政策の実施以来，教養教育の軽視がはじまったのは間違いであった．唯一教養教育の拠点として生き残った東京大学教養学部では，教養教育の前進と革新に向けて，いろいろと有益な試みがなされている．これについては，最近出版された石井洋二郎・藤垣裕子『大人になるためのリベラルアーツ』（東京大学出版会，2016 年）を参照されたい．

　従来ともすれば考えられていたように，教養教育とは専門教育の，ひとつ下の教育などではない．それは専門教育と並んで，人間をつくり上げる基礎教育なのである．これは専門分化のみが重視されがちな近時教育体系の歪みをのり超えてゆくための，21 世紀に重要で必須な教育課程である．その意義や具体策の種々相については，「後期教養教育」（Late General Education）の問題を含めて，上記出版物にゆずりたい．

　本稿では，「教養教育と統合学」という課題に応えて，私が「教養教育」のなかで重要な位置を占むべきものと考える「統合教育」（Integrated Education）とその在り方について述べておく．それは文科系・理科系の枠をこえて，現代学問の知の全体像を連関的に把える教育であり，それぞれにこうした知の横断的（分断的でない），全体的（部分的でない）な像を与え，その中で各自が自分のやっていることの位置を確認し，人間としてこれから採るべき途を自分でつくり上げてゆくための重要な契機となるものである．

　実はこうした教育を，筆者は現在行いつつあり，その経験をここに記して参考に供しておきたい．

　それは麗澤大学の「比較文明文化研究センター」において，隔週に行っている講義・討論「宇宙と文明の起源——我々の由来」と題するものである．それはこれまで別々に論じられてきた宇宙史と文明史の歩みを，統一したものとして展望し，そのことによって我々の由来と未来を明らかに自覚しようとするものである．これまで宇宙の話は理系の，文明の話は文系のものとして別々に扱われてきた．しかし実のところこれら両者は，今の我々存在そのものを生み出した一貫した過程なので，それを統合してとり扱ってみたいという思いに発す

る．これはこれまでなされなかった「文理融合」の試みで，これによってはじめて，我々の過去の全体像が把えられ，未来の在り方を自覚的に方向づけることもできよう．

　最近では「137億年の歴史」とか，これに類する翻訳書も出版されはじめているが，それらはただ事実の羅列であって，こうした宇宙や文明の発展・変化の過程の意味やつながり，さらにはその発展の創発的転換点の明確な認識がない「べったり記述」である．筆者のものは，この生成・発展に主要変換点という節目を入れて，その変換点をつくった起原の問題に考察を集中している．これは我々の存在の由来の意味を明らかに自覚するという，きわめて主体的で思想的な問題であって，単なる与えられた事実の羅列ではない．しかも逆にいえば，同時に歴史的・客観的な研究に基づいたもので，恣意的妄想的なものではない．それは理科的文科的という垣根をとり掃った，全体的統合的考察で，宇宙と文明の進展のなかにある我々自体の根底的把握の試みなのである．

　こういう「統合教育」を「教養教育」の一環として是非とり入れねばならない．これは自分が将来いかなる専門に携わろうと，その専門の知全体における位置と意義を認識することに貢献することになるだろう．このような真の意味での教養知（統合知）のない専門化は，人間として甚だ危険な視野の狭い偏見人をつくりかねない．それは人類と地球の将来にとってきわめて不幸な結果をもたらすかも知れない「危機の時代」に我々は生きているのである．

　その意味でもこうした文理融合の，ということは宇宙と人間の営み全体を統合してその意味を考える「統合教育」が「教養教育」の枢要な一端を占むべきことを，ここに強調しておきたい．

　この際，注意すべき点を2，3つけ加える．

　まず第一に，こうした全体教育は早急に結論を得ようとするよりも，自ら考えてみることを触発するということを重要視すべきである．したがって「統合教育」には，必ず討論が伴わなければならない．このことによって講義を行うものの見解がつねに吟味され，参加者がそれに賛同的であれ批判的であれ，一緒に関心を共有する雰囲気が必要である．（事実，私のこの講義は「討議会」であり，「談話会」という形式をとっている．）

　第二に，これを講義するものは，知られた事実や既存の説の紹介だけに終止してはならない．講義者自身の，問題点についての明確な見解が，たとえ仮説的なものでもはっきりと提示され，後の議論の対象となるようなものでなくてはならない．従来の教養教育の「総合コース」と称されるものは，各分野の専

門家を集めてきて，そこでの個別的話題を提供するだけで，なんら統合的・連関的な視野は打ち出されることもなく，ただ聴くものは分断された知の「ごった煮」に出会うだけである．これでは「統合教育」でも何でもない．そういう事態は，早く改善されなくてはならない．

　第三に，こうした「統合教育」はよいとしても，それを行う研究者・教育者はどのようにして得られるかという問題である．別の云い方をすれば，「教養教育」の場で，そのような教育を行う人をどのように位置づけ，評価するかという問題でもある．たしかに教養学部の人事でも，専門学部とほとんど同様に，その人の専門分野での業績で評価されるのを常としている．その人の広い視野や問題意識などが評価されるのは，未だしの感がある．しかし私個人としては，「専門知」と真の意味での「教養知」とは矛盾するものではなく，それどころか本来は共存すべきものと考えている．これが「あり得ない」ということ——つまり教養知は専門知と異なり，教養知は専門知を排斥するなどという考え方，あるいはまたその逆——こそが，現代および未来の知の在り方の根本的な危機を示すものなのである．優れた専門家は優れた教養人であり，その逆もまた真であるという方向へ進んでゆくべきであろう．専門においても優れた業績を有し，他方そのような全体的問題に関心をもつ大学人が，今や出現し始めている．（もっと多く出現しなければならない！）「教養教育」においても，このような人材を抱えこんで重視し，包容し，育成することが重要であろう．

　最後に，筆者が行っている議論の全体像をここに図示しておく．

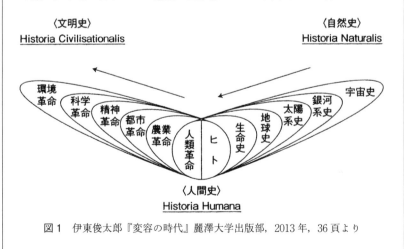

図1　伊東俊太郎『変容の時代』麗澤大学出版部，2013年，36頁より

コラム2　教養ということ

八木誠一

　「教養」とは広義での知であり，ピアノの演奏や句作のような技能をも含みうるものだが，かなり漠然とした概念である．「教育」のように万人に等しく求められる知よりは広く，「趣味」よりは深いもの，「専門的知識」よりは浅いが，単なる「博識」よりは学問的に基礎付けられたもの，とされていよう．では「広い」とか「深い」とかはいかなる意味であるか．

　知には大きく分けて三つの種類がある．第一は「認識」で，客観的事実にかかわる知である．第二は「理解」で，他者の表現を了解する知である．第三は「自覚」で，自分自身の了解にかかわる．自分を対象化して観察するのではない．自分が何かをしているとき，また何かであるとき，自分はそれをしている，またそれであることに気付き，知ることである．その意味で「自己意識」は自覚の一種だが，「自己意識」が一般に「自我」の自己意識であるのに対して，「自覚」は後述のように自我より深い「自己」の知を含んでいる．そして教養という知は上記三つの知すべてにかかわっている．換言すれば教養とは，知の諸可能性に目覚めることであり，それはまた，自分自身のうちに人間の諸可能性ないし諸側面を発見・確認し，自覚することである．

認識

　認識の代表は自然科学である．戦後，物理学，天文学，生物学は飛躍的な発展をとげて，多くの人の関心を惹いた．自然科学的認識の特質は，専門家として自分で研究に従事したことがなくても，研究の結果だけを知識として——教養として——獲得できることである．太陽のエネルギー源が核融合であること，宇宙は130数億年前のビッグバンから始まったこと，DNAは塩基対が梯子状に配列された構造になっていること等は既に常識となった．むろん歴史また社会にも客観的事実の側面があり，その認識は人間の行動にかかわる「広い」知識を与える．したがって「認識」は学校教育ではもっとも重視され，教育内容の大部分を占めている．この種の知識には客観性があるから試験にも使いやすいのである．

　さて自然科学と歴史科学の検証方法は同じではなく，正確さ厳密さも異なる

ものだが，たとえば歴史認識の違いは，人間というものが如何に自分に都合の
よい主張を事実と認めたがるかというような，人間性に関する重要な洞察をも
与える．

　さて自然科学的認識は技術に応用され，その産物は経済システムに組み込ま
れる．戦争にも応用される．人間はこのようにして世界と社会とを変えてきた．
自然科学を代表とする「認識」の特質は，このように人間的主体を変革するよ
りは対象を変えてきたことにある．それは近代，産業革命以後に顕著になり，
いまや地球的規模の環境破壊までを招いている．

　さて認識は，前述のように，知識として蓄積・伝達可能である．それを担う
のはむろん言語（記号）である．検証可能な客観的知識を伝達する言語は「記
述言語」というように呼ばれるが，検証・反証可能でなければならないことが
認められている．さらに客観的事実を記述する言語は一意的でなければならな
い．一意性とは，ＰはＰであって非Ｐではない，ということである．そして
一意性は記述言語が使う「個と普遍」「原因と結果」「目的と手段」「等価交換」
「支配と秩序」という知性に固有の関係概念でも維持される．その結果，一意
性は現実の構造自体の性質であるかのような誤解を生んでいる．我々の連関で
大切なことは，認識の構成と伝達を担う主体が「自我」であることだ．自我と
は言語を用い，自意識を持ち，プログラムを作り，情報を処理して行為を選択
する主体のことだが，一般に知性といわれる能力は，意志とともに，自我の能
力である．近代は一意的言語を武器とする自我の知性が作った文明だといって
よい．

　この領域の知（情報）処理については，コンピュータが絶大な威力を発揮す
る．その結果，他の領域の知は軽視されるに至っている．

理解

　認識が「主観と客観」関係の事柄であるのに対して，理解はまずは「私とあ
なた」関係の事柄である．「私」が「あなた」の「こころ」を直接に経験する
ことはない．理解は常に表現を媒介とし生起する．たとえば「あなた」が「頭
が痛い」といったとき，「私」はこの表現を手掛かりとして，自分自身の経験
のなかに，同様に表現されうる事態に思い当たって他者の表現を理解するわけ
である．一般に感覚，感情，感動，感激……のような「感」（こころのうごき）
は表現され，そのように表現されうる自分の経験に思い当たった人によって，
「理解」される．このような「感」を表現する言語は表現言語だが，これは客

観的に検証されるのではなく，理解によって確認され，この意味で「伝達」される．別の面からみれば，ある人の表現は他者のこころのなかにその表現に見合う「感」を呼び起こす．呼び覚ますといってもよい．したがって人間は他者の表現を理解することによって，それまで知らなかった自分の「こころのうごき」に目覚めるのである．これは自分のなかに他者を見ることだから，内的経験を語る表現言語は，あなたなしに私はいない，というような構造を語ることになる．客観的事実を述べる記述言語を一方的に重視する現代人は，表現言語を主観的であるとして軽視しがちだが，人は表現と理解を通じて「こころ」の諸面に目覚めてゆくのである．

　ところで理解は狭義の「わたしとあなた」関係だけの事柄ではない．いわゆる芸術は表現と理解に基礎を置いている．芸術がすべての面において表現だというのではない．芸術には写実の要素もあり，歴史や伝統や技術の発達にも制約される．また芸術に感動するといっても，感動の内容はかならずしも明晰に言語化されるわけではない．しかし芸術には人「生」の表現があるものだ．そのなかには，日常生活では覆われている，闘争やエロスの情熱や，悲しみや苦悩や歓喜など，人「生」経験の表現がある．それは文学，演劇，音楽，絵画などに形象化されて日常生活では得られない感動をもたらす．芸術が「わかる」ということは，かならずしもその内容を明晰に言語化できることではなく，単に惹かれる，同感する，感動する，ということであっても，人間性の洞察へと導く経験となる．これは人間理解の「深さ」の面だが，特に文学は，日常的には経験できない事実や，事実ではないが起こりうる出来事を，間接的に経験させてくれるので，それに接する人は人間知を「広げる」ことも出来るわけである．教養というときしばしば文学・芸術に関する教養——実技をも含めて——が挙げられるのは以上のようなわけだと思われる．なお歴史と社会にも，それが人間の行動から成っているかぎりでは，理解の対象となる側面がある．特に文化史は「こころ」の諸面，諸可能性を開示するものである．

　この領域の知はコンピュータに馴染みにくい．コンピュータ自身に「憐み」の情はないとはよく言われることだが，学習させればロボットがあたかも「憐み」を持つかのように振舞うことは可能である．

自覚

　「感」というものは感「覚」という言葉があるように，感じる主体が当の感に目覚めていることだから，「感」は自覚を含んでいる．自覚は知の「深さ」

の面に当たる．自覚といえば，まず哲学は，理性主義の哲学において顕著だが，考えることによって考えることの内容を開示してきた．これは理性の自覚である．そして理性の自覚は，知り，考え，語る知性の自己批判を含むから，哲学は教養にとっては必須の科目である．他方，歴史と社会には，認識と理解とをあわせて，人間の歴史性，社会性の自覚を求める側面もある．

ところで自覚には前述した生の自覚があり，これは特にニーチェにおいて顕著である．彼は鋭く深い生の直覚にもとづいて，生は理性よりも深いと語り，哲学者はソクラテス以来生を知に還元したと批判した．彼は，同様な視点からキリスト教を批判して，キリスト教は生に反逆して仮想の現実を真理としたという．また無意識のはたらきの自覚化を求めたフロイトやユングの深層心理学も，自我の意識より深い心的表現を見ている．

ところでニーチェ的な生の自覚は強者のエゴイズムを肯定してしまった．しかし実は新約聖書のキリスト教は「生」よりさらに深いはたらきを語っているのである．それは自我の自己絶対化が破れたところに露わとなる現実（自己）で，「わがうちに生きるキリスト」と表現されている．「こころ」の底に，損得や勝敗を離れ，エゴイズムを滅ぼす清浄な現実を見出したのである．仏教も同様だが，さらに自我の「分別知」が破れたところで現れる「無分別の分別」「二の一」を説いた．このように矛盾した言表がなされるのは，事物，自他の相互作用による相互内在というような自覚に現れる現実の構造を語るからである．

こうして宗教は，近・現代的な「認識」の立場では見えてこないし，一意的言語では語りきれない現実の組み立てを述べる．他方，宗教にも問題がある．宗教は，目に見えないもの，うちに自覚されても客観化不可能な現実を，主として客観的なイメージで表現してきたが，そのイメージ表現が客観的事実として語られてしまう．これはある程度は宗教者自身が犯した誤りである．「神」のイメージがその適例である．それゆえ客観的に検証可能な知を重視する近・現代人は，とかく宗教を迷信とか幻想と見做しているが，実はこれは人間性そのものの喪失に導きかねない無理解である．難しいことだが，教養には宗教の批判的理解が必要だ．

さて客観的な知識は知の外延を無限に拡張する．他方，芸術的表現は客観的な知識では覆い尽くせない「こころ」を表現して理解を求める．そして宗教はさらに「深い」現実を自覚において露わならしめる．これは自我の文明である現代が顧みなくなったものだ．この意味で，人間性にかかわる広く深い知を求

める教養には，人間性の「自覚」が必要である．それは客観的現実の認識だけでなく，人間の「こころ」の理解，さらに日常的な「こころ」の底にある「きよらかなこころ」の自覚にまで達することが求められる．それはこの自覚によって「きよらかなこころ」が「私」つまり自己中心的になりがちな「自我」を動かし，こうして，認識の場合とは違って，主体自身が変わってゆくからだ．そもそも奥深く隠れた人間性は自覚によって活性化されるものである．

　この領域の知は全くコンピュータに馴染まない．もしコンピュータに「自覚」があったら，その内容は設計図とプログラムで，人間の自覚とはおよそ違ったものだ．自覚は自分自身の事柄でコンピュータにも他人にも代行してもらえない．コンピュータ化が進行する現代では，軍事，政治，経済の面が突出して，教養教育においてすら自覚は忘却され，人間らしさの自覚は危機に瀕している．

コラム2　教養ということ　　117

第3部　人間存在の統合知

　第2部の末尾では，学界の長老ともいうべき二人の泰斗のコラムが記されている．その1は第2部の議論を総括する内容のコラムであり，その2は，「人間の自己理解と他者理解」や「自覚」に関連する哲学的・宗教的教養論であった．また本書「はじめに」で援用した南原繁の教養論を繰り返せば，諸学問を結びつける価値や目的の理解力，日常生活における思惟や行動の指針力の他に，「道徳や宗教にまで連なる人生観と世界観」が，教養の重要な構成要素とみなされていた．この第3部では，まさにこの最後のテーマが「人間存在の統合知」という観点で論ぜられる．

　ここで論点となるのは，多様な「自己―他者」理解を自覚させる教養教育，古典教育を通しての統合的な人格形成，宗教間対話を可能にする「自己―他者」理解，死生観を育む教養教育としての宗教学，人間の死とペルソナ論，等々である．読者の方々には，従来の教養教育では軽視されがちであったこのような根源的テーマを，ともに考えて頂きたく思う．

第7章 教養教育における公共哲学の統合的役割
——シュライエルマッハー的アプローチ

山脇直司

はじめに

　第2部の宇佐美論文では討論型授業の在り方が議論された．また藤垣論文，水野論文では，それぞれの仕方で，専門分野を乗り越える統合的教養教育論が論じられた．さらに第1部では，市民性の在り方が議論された．本稿はそうした議論を踏まえつつ，人間の自己理解と他者理解まで含めた公共哲学の役割を考えてみたい．

　英語で public　philosophy と表される公共哲学は，『広辞苑』第6版からは，「市民的な連帯や共感，批判的な相互の討論にもとづいて公共性の蘇生をめざし，学際的な観点に立って，人々に社会的な活動への参加や貢献を呼びかけようとする実践的哲学」と定義されている．そして筆者は，「より良き公正な社会を追究しつつ，現下で起こっている切実な公共的諸問題を市民とともに論考する実践的学問」と定義している．このような意味での公共哲学は，教養教育とどのように関わるであろうか．この問いに応えるべく，以下では「高校生から始まる市民のための教養教育」としての公共哲学の統合的役割と（第1節），「何らかの専門教育を終えてからの後期教養教育」としての公共哲学の統合的役割（第2節）を論じてみたい．

1. 市民のための教養教育における公共哲学の統合的役割

　さて，2022 年をめどに，高校の公民科では「公共」という科目が設けら

れることがほぼ決まった．この科目の意義は，高校生に「主権者になるための市民意識」を養うとともに，公共的問題への関心を喚起させ，アクティブ・ラーニング（主体的・対話的で深い学び）を通して「公共的コミュニケーション力」や多文化の理解力を養うことにあるだろう．そのためには，筆者がかつて高校生向きのジュニア新書で書いたように，個人を犠牲にして国家に尽くすという意味での公共心を作る「滅私奉公」型の教育ではなく，一人ひとりの個性を活かしながら公共心を養うような「活私開公（かっしかいこう）」型の公共教育がなされなければならない[1]．それこそが，現憲法第13条が謳う「諸個人の尊重」と「公共の福祉」の両立を可能にするからだ．そうした教育においては，生徒達の「仲間以外の他者とのコミュニケーション能力」や，自己にとって未知・異質なものへの「共感力」の潤養が目標になる．

1.1　シュライエルマッハーの教育論
――その独自性と現代的意義

このような市民と成るための教養教育を，本書第1部の直江論文と第2部の藤垣論文が回顧的に言及しているかつてドイツの哲学者たちが強調したBildung（自己形成的教養）論の遺産とあえてリンクさせてみよう．そうした過去の伝統の中で，「異質な他者とのコミュニケーション力や共感力」という観点から注目されるべき知的遺産は，あまりにも自己の理性や国民国家教育に重きを置いたフィヒテやヘーゲルではなく，日本では比較的注目度の低いシュライエルマッハーの思想である．なぜなら彼は「異質な他者との相互理解のための対話的弁証法」を重視したほか，国民国家以外の「市民同士の社交（自由なコミュニケーション）的世界」を重要な公共財として想定し，公共的理性のみならず，「一人ひとりの公共的感情の育成」も重大な教育的課題と考えていたからである．

では，現代でも多くの示唆を与えてくれるシュライエルマッハーの教育論のエキスをまとめてみよう[2]．

本稿に続く田中裕論文でも言及されているように，宗教哲学者や倫理学者としても名高かった彼が人間教育として最も重視したのは，同じ第3部の島

菌進論文が援用している宮沢賢治を彷彿させるような「宇宙的ないしエコロジカルな公共感情」であった．彼はまた，そうした感情とともに，「相互誤解やイメージの差異や思考の混乱から出発しつつ，対話によってそれを除去し，最終的には各主体の自律性を消失させることなく相互理解へ導く形の弁証法」を彼の統合的学問論の中枢に添えていた[3]．その展望の中で，彼は，義務中心的なカントやフィヒテの倫理学に対抗し，「義務倫理」とともに，実生活の中での「個人の生命力」に基づく「徳倫理」と，国家，自由な社交的世界，学問共同体，教会などの公共財の在り方を考察する「財態論（Güterlehre, doctrin of goods）」を倫理学の三本柱とし，その各論として教育学を捉えていた[4]．すなわち，国家はこうした四つの公共財（制度化された価値）の一つでしかなく，教育論がそれを踏まえて展開されている点に，フィヒテやヘーゲルと異なる彼の教育論の現代的意義が存在すると言ってよい．

　したがって教育は，国家の一員（国民）のみならず，国家の権限から独立した「自由な市民間の社交的世界」の一員と成るために，古い世代が新しい世代に対して行う働きかけを意味し，そこでは「国民性だけではなく地球市民性的な資質の養成」の役割も担う[5]．確かに，教育の前提として独自の言語体系が存在する以上，一つの国民文化が教育の単位を形成するとはいえ，一つの国民文化が絶対化されて他の文化を裁断するようなことがあってはならず，国民文化は常に人類という展望の中で相対化される[6]．換言すれば，自国の文化を愛する人間の育成が，偏狭なナショナリストを生み出すのではなく，異文化にも関心を寄せそれを理解するような道徳をもつ人間の出現に繋がっていくビジョンこそ，シュライエルマッハーの抱く理想的な文化教育の在り方であった．こうした彼の国民国家を超える公共教育論は，国家とは別個に「社交的世界」を重視し，その世界がコスモポリタン的な次元をもつと考えられていたからこそ可能であった，と言える[7]．

　さて，他者と異なる一人ひとりの個性に応じた働きかけと，自己と異なる他者を理解し，様々な他者とのコミュニケーション能力と共感力を涵養することが，彼の考える「統合的な自己形成（ビルドゥング）」であったが，それは没政治的な文化（教養）教育を意味するのではなかった．もし，個々人の内的発展を阻害する外的環境が存在する場合に教師は，そうした社会の歪み

を是正する感情を生徒に植え付けるよう努めなければならない[8]．ただしその際に，人間の未来に向けての活動が現在を犠牲にして行われるような革命教育ではなく，「未来に向けての活動」がどこまでも「現在の充実感」をもたらすような政治教育の在り方が追究されるべきである[9]．現状の墨守を金科玉条とする保守主義でも，現状と断絶した革命を企てんとするユートピア主義でもなく，現状の歴史的由来を十分に踏まえた上で着実に一歩一歩社会を改善していくような能力と公共的感情の育成だけが，各個人の自然本性に即した自己実現と両立できる．

　さらに，大学での教育を考える上でも，シュライエルマッハーは多くの示唆を与えてくれる．当時フランスで支配的になりつつあったナポレオン的な実用教育に抗して，彼は，国家にとって重要なのは，実用的な情報や技術の量ではなく知や文化の質の向上と考え，学者が国家に取り込まれれば取り込まれるほど，学問共同体は国家の御用機関に堕し，学問共同体が純粋に学問的な思索を追究すればするほど，結果的に国家の質も高まるとみなした[10]．従来のヨーロッパの大学は，法学，医学，神学を中心に編成されてきたが，それらの学問は，そもそも国家の庇護の下に営まれてきた学問であり，知の諸連関と包括的な体系を認識する学問とはなりえない．それに対し，「国家から独立して発達した歴史的諸学問や自然的諸学問を統合し包括するような哲学」こそ，大学での中心的役割を演じるにふさわしい学問であり，手工業的な伝承主義や視野の狭い専門主義に堕さないために，専門学部の教員も哲学の何らかの分野に責任をもち授業を担当しなければならない．

　他方，哲学は「諸学問を媒介する学問」として，専門的諸学問とともに学ばれて初めて意義をもつ．大学の教師は，哲学を純粋思弁としてではなく，「個々の専門科目と連関させて教える」よう要求され，その際つねに「新鮮な対話能力」をもって学生に働きかけなければならない．講義は，学生への一方通行だったり，毎年同じ内容の繰り返しであってはならず，学生からの質問にも触発されて年々豊かになっていくような内容を基に展開されなければならない[11]．こうした彼の教養教育論は，まさに大学での「主体的，対話的で深い学び」であり，本書の宇佐美や小林が唱える討議型授業に相当しよう．

　以上のように今から約200年も前に唱えられたシュライエルマッハーの統

124　第3部　人間存在の統合知

合的な教養教育論は，能動的で責任ある市民の「理性と感情」を養成するための「統合的教養教育」のモデルとして参照されるべき知的遺産と言える．そして，それを現代においてより発展させるために，筆者は10数年来，globalとlocalを合わせた造語である「glocal グローカル」という視点を唱えてきた．今度はそれを紹介してみよう．

1.2 「グローカル」な教養教育と人間像
——ナショナリズム，グローバリズム，ローカリズムを越える教育

筆者は，高等学校であれ，大学であれ，国籍を異にする生徒や学生が共存する現下の状況において重要な市民教育は，国民教育を越えた「グローカルな視点」に基づく「活私開公（かっしかいこう）」教育だと考えている[12]．グローカルな教育とは，「各自が生きる地域や現場を大切にしつつ，国籍を越えたグローバルな問題をともに認識し考えさせるような教育」であり，グローカルな活私開公の教育とは，教育現場において「国籍の如何にかかわらず，一人ひとりを活かしながら（エンパワーしながら），生徒や学生の公共精神を開花させていく」教育の実践である．このような教育理念や実践において，国籍保有者という意味での国民は相対化され，国民的公共性も相対化される．しかし，それは「文化や歴史の多様性」に無関心な悪い意味での「グローバル市民」を奨励する類のグローバル教育とは異なり，文化や歴史の多様性を理解し，未来に向けて，平和や人権など地球的な公共善・価値の創出と，戦争，テロ，貧困など地球的な公共悪・災禍の排除・予防を心がけるような「グローカル市民」創出のための教育であり，実践である[13]．

筆者が思うに，グローバル教育という概念は，グローバルな問題を考える論者の「立ち位置や居場所」を明示しないために，発言者の所在がはっきりしない無責任な議論に陥りがちである．それに対して，グローカルという視点は，それぞれの論者の「立ち位置や居場所」を明確にする．たとえば，国連によって最近提示されたSDGs（sustainable development goals）というアジェンダ（持続可能な発展目標）は，それを各自の居場所や立ち位置を明確にすることなしに論じるのは抽象論であり，論者の立ち位置や居場所が明確になってこそ，実りある議論が期待できよう．

筆者はさらに，そうした形で展開されるグローカルな公共哲学には，それを支える人間像として，多次元的・応答的・生成的な「自己―他者―公共世界」理解が要求されると考えている[14]．多次元的な「自己―他者―公共世界」理解の教育では，個人一人ひとりが，「身体性」というレベルで多様であるということから始めて，人間が生きる「文化環境」や「歴史環境」の多様性が学ばれなければならない．しかし他方，各個人はそれと同時に地球市民的な意識や公共感情ももたなければならない．国民教育においては，中央集権体制とナショナリズムの前に，この多様性と普遍性の両立という観点が蔑ろにされる傾向にあった．それに対し，グローカル市民性教育においては，文化環境の多様性が，職業の多様性，地域の多様性，言語や宗教の多様性など様々なレベルで存在しており，それらの「多様性」と地球市民としての普遍的な公共価値（平和，人権，環境，福祉など）が同時に尊重されるべきだということが伝授されなければならない．

　思うに「国民的自己」をアイデンティティの最上位とするような閉じたナショナリズムがしばしば国際摩擦を生むような現状において，シュライエルマッハーがコスモポリタン的次元をもつと考えた「社交的世界」の意義はますます重要度を増している．それは，大学での留学生同士のコミュニケーション，市民レベルでの文化交流をベースとした民間外交，国籍を超えた市民同士がNGO/NPOレベルで交流する公共空間などの世界であり，そこでは相互誤解や偏見を正しつつ，平和，貧困撲滅，環境保全などのトランスナショナルな公共的価値の推進が語られなければならない．先に触れたように，現在，SDGsが国連の新たなアジェンダとして取り上げられているが，その実現へ向けて努力するためにも，「各自の居場所」を活かす形で，文化と歴史の多様性を学び合いつつ，多様性の中でも通底し合う公共的価値を発見し，その実現へ向けて語り合い，また排除・回避されるべき公共悪などを学び合い，その解決策を考えるような「市民のためのグローカルな教養教育」は，ますます必要となる．それは何よりも，多次元的で応答的で生成的な「自己―他者―公共世界」理解をダイナミックで統合的な形で発展させる役割を担うのである．

2. 後期教養教育における公共哲学の統合的役割

さて，本書の藤垣論文が示しているように，高等教育機関では，これから
は一定の専門分野を学んだ後の教養教育が極めて重要になってくる．そうし
た後期教養教育で公共哲学はどのような役割を演じ得るだろうか．

筆者が長らく主張してきたように，「より良き公正な社会を追究しつつ，
現下で起こっている切実な公共的諸問題を市民とともに論考する実践的学
問」としての公共哲学は，必然的に既存の学問体制を打破し，政治，経済，
法律，教育，メディア，科学技術，環境，宗教等々，社会の様々な領域に見
出される公共的諸問題をめぐり，多様な「現場」と「理念（ビジョン）」と
「政策」を統合するような学問として定位する．それはまた，以前の拙論で
も述べたように[15]，次の3分野を区別しつつ，統合するような形で営まれう
るであろう．

1) 過去と現在の社会的現実や現場に関する経験的調査（ある論，あった
   論）．それは，「我々は何を知らなければならないか」という問いと結び
   つく．歴史社会学，政治社会学，経済社会学，教育社会学，メディア社
   会学，科学技術史や科学技術社会学，医療社会学，宗教社会学など，広
   義の社会学系の学問がここで重要な役割を演じることになる．

2) 現在と未来における社会に関する理念や規範理論．それは，「我々は
   何をなすべきか，何を望むのか」という実践倫理的な問いと結びつく
   （べき論，ありたい論）．ここでは，公正（正義），共通善，人権などを論
   じる社会倫理学，政治哲学，規範的社会理論などが重要な役割を演じる
   ことになる．また「狭義の公共哲学」も，この分野に数えられよう．

3) 未来における規範の実現可能性に関する政策論的な研究．それは
   「我々は何を遂行できるか」という問いと結びつく（できる論）．政治，
   経済，教育，科学技術，環境，メディア，医療などを横断する公共政策
   や社会政策が，ここでは重要な役割を演じるのは言うまでもない．

これを学生をも含めた一般市民との連関で定式化するならば，1) の経験
的調査は，様々な公共の問題に直面している現場の市民・住民（当事者たち）

が，各分野の専門家たちと協働でなされる営みとして，2) は，どのような「より良きそして公正な社会」を望むのかをめぐって，市民たちの間にホットな論争も起こりうる規範や倫理的テーマにかかわる営みとして，そして3) は，まさに市民ないし市民社会と政府・行政との「ガバナンス」にかかわる営みとして，それぞれ理解されうるだろう．

このような営みはまさに藤垣が述べるように，専門家コミュニティと市民のコミュニティの間の往復活動と，異なる分野の間の見方（フレーム）の往復を伴わざるを得ない．公共哲学者には，その結果を突き合わせながら「善き公正な社会」の在り方についての市民間の議論をコーディネートすることによって，市民の教養力を高めるという役割が期待される．

とはいえ，そのプロセスには様々な困難も伴うだろう．そうしたプロセスの中で新たな知を生み出すためには，かつてシュライエルマッハーが述べたように，各自の「表象（イメージ）の差異」や「思考の混乱」から出発し，「絶えず他者および自己自身と対話する姿勢」が要求される．それを彼にならって「対話的な弁証法（dialogical dialectic）」と呼んでよいだろう．もちろんそれは，絶対的な解を求める営みではなく，公共的な諸争点がどこにあるかを適切に見極め，それを整理し，より良き公正な社会へ向けてコーディネートしていくような統合的な営みとして定位されよう．そしてその営みを担う人間存在が「対話的で生成的な自己」であることは言うまでもない．

注

1) 山脇直司『社会とどうかかわるか──公共哲学からのヒント』岩波ジュニア新書，2008 年（現在 6 刷）．

2) 筆者はこれまで，日本であまり知られていないシュライエルマッハーの「哲学的意義」を論じてきた．「シュライエルマッハーの哲学思想と学問体系」，広松渉・坂部恵・加藤尚武編『自然と自由の間』弘文堂，1990 年，217-258 頁．「シュライエルマハー」，加藤尚武編『哲学の歴史 7』中央公論新社，2007 年，585-611 頁．本稿は，特に前者からの部分的な引用を含んでいることをお断りしておきたい．

3) Schleiermacher, F. D. E. *Über die Religion, Reden an die gebildeten unter ihren Verächtern*, (1799→1970), *Dialektik* (1811→1986), *Dialektik* (1814/15→1988), Hamburg: Felix Meiner.

4) 彼の倫理学に関しては，上掲の拙稿を参照されたい．また英語の訳本としては，Schleiermacher, *Lectures on Philosophical Ethics*, Robert B. Louden ed., Cambridge:

Cambridge UP, 2002 が出ており，編者の Louden によって，シュライエルマッハー
の業績の中で倫理学が最も重要であることが強調されている．

5) *Schleiermachers Pädagogische Schriften*, herausgegebenen von. C. Platz,
1826→1902, S. 6 ff, シュライエルマッハー『国家権力と教育』梅根悟・梅根栄一訳，
明治図書，1963 年，121 頁以下，および『教育学講義』長井和雄ほか訳，玉川大学出
版部，1999 年，36 頁以下を参照のこと．

6) 同上 S. 22 ff. 明治図書 141 頁以下，玉川大学出版部 53 頁以下を参照．

7) 同上 S. 141 ff. 玉川大学出版部 166 頁以下を参照（明治図書版ではこの箇所は割愛
されている）．

8) 同上 S. 46 ff. 明治図書 171 頁以下，玉川大学出版部 74 頁以下を参照．

9) 同上 S.50 ff 明治図書 177 頁以下，玉川大学出版部 78 頁以下を参照．

10) Schleiermacher, F. D. E. Gelegentliche Gedanken über Universitäten in deuschem
Sinn, 1808, in: Edward Spranger hrsg., *Fichte, Schleiermacher, Steffens über das We-
sen der universität*, Leipzig, 1910, S. 109-120, シュライエルマッハー『国家権力と権
力』明治図書，1963 年，11-22 頁，および最近出た『ドイツ的大学論』深井智朗訳，
未来社，2016 年，9-26 頁．

11) 同上 S.153 ff. 明治図書 60 頁以下，未来社 78 頁以下を参照のこと．

12) 10 年前に書き下ろした拙著『グローカル公共哲学——活私開公の哲学のために』
東京大学出版会，2008 年，194-198 頁，および最近の拙稿 Yamawaki, Naoshi, The
Significance and Roles of *Glocal* Public Philosophy for World Peace, *Sofia Jornal of
Asian, African, and Middle Eastern Studies*, No. 34, 61-70, 2016 を参照されたい．

13) なおグローカル公共哲学全般に関しては，上記の拙著のほかに，最近書き下ろし
た英語の拙著 Yamawaki, Naoshi, *Glocal Public Philosophy: Toward Peaceful and
Just Societies in the Age of Globalization*, Berlin-London-Münster-Wien-Zürich: Lit
Verlag, 2016 を参照していただければ幸いである．

14) これについては，上記拙著の日本語版（2008 年）の第 1 章と英語版（2016 年）の
第 2 章などで論じた．

15) 拙稿「近代哲学から STS と公共哲学へ」，山脇直司編『科学・技術と社会倫
理——その統合的思考を探る』東京大学出版会，2015 年，113-136 頁，特に 125-126
頁．および「諸学問と倫理・哲学——ポスト専門化時代の知の統合」，国立研究開発
法人科学技術振興機構研究開発戦略センター編『科学をめざす君たちへ——変革と越
境のための新たな教養』慶應義塾大学出版会，2017 年，116-139 頁，特に 127-129 頁．

山脇論文へのコメントと応答

小林正弥

—— 公共哲学に基づく統合的な教養教育の思想と教育システム

　公共哲学において教育，特に教養教育や市民教育はその中心的課題の一つであ
る．山脇直司氏が日本におけるこの学問的潮流を牽引している代表者であること
は改めて言うまでもないだろう．本書の論考は，その観点から統合的な教養教育

の新ビジョンを打ち出したものとして重要な意義をもつ．筆者は山脇氏と多くの点で考え方を共有しているので，読んで共感するところが極めて大きかった．勤務校における教育経験を踏まえて，思想と教育システムという二つの観点から論点を提起したい．

1.「市民のための教養教育」における思想的問題

　山脇氏は「高校生から始まる市民のための教養教育」について，高校の公民科で「公共」という科目が新設されるという見通しを念頭に置いて，シュライエルマッハーの教養教育論の現代的意義を強調し，「自分とは異質な他者とのコミュニケーションや相互理解」や「国家から独立して発達した歴史的諸学問や自然的諸学問を統合し包括するような哲学」に基づく統合的教養教育という考え方を示されている．その上で国民主義的観点を超えるグローカルな視点に基づく「活私開公」教育を行い，アクティブ・ラーニングによって応答的で生成的な「自己―他者―公共世界」の理解を発展させるべき，と主張されている．

　以上の主張は山脇氏の公共哲学の基本的発想に立脚しており，筆者も賛成である．その上で，この論考を踏まえてさらに議論を深めたい論点を幾つか挙げておきたい．

1.1　思想的俯瞰図：山脇氏の公共哲学に関する著作においてはしばしば西洋古典からはじまる思想的展開が俯瞰的になされていて，東洋ないし日本の思想にも説き及ぶことが少なくない．氏の専門的研究対象は近現代のドイツ哲学であり，シュライエルマッハーについての論文を基礎にしてこの論考が書かれている．日本ではこの思想家についてあまり詳しく知られていないので，問題提起が新鮮であり学ぶところが多い．

　新しい教養教育論には，世界の思想史全体の中で教育論の展開を整理して教育内容を提起することが望まれるだろう．そこで包括的な見取り図を簡単に示してもらえればさらに有益だろうが，それはどのようなものであろうか．筆者の関心からすれば，ルネサンス以降のシヴィック・ヒューマニズム（公民的人文主義）にも注目したいところである．このような中で改めて現代的意義を汲むことのできるものはどのようなものなのだろうか．

1.2　公共的理性・感情と精神性の教育：山脇氏は，理性に重きを置いたフィヒテやヘーゲルに対してシュライエルマッハーが「宇宙的ないしエコロジカルな公共感情」と，各主体の自律性を消失させることなく対話によって相互理解を導く

130　　第3部　人間存在の統合知

弁証法を重視して，「倫理的な公共生活へと至らしめる」ことに教育の役割を求めたと評価されている．

　感情と対話による弁証法という点で，これは感情と理性を統合しようとするアプローチと考えていいのだろうか．シュライエルマッハー的アプローチから，教育における公共的な理性と感情，そして精神性（霊性）のバランスについて汲むべきことはどのようなものだろうか．理性中心主義の問題を是正するために公共的感情を重視することは大事だが，日本をはじめ世界におけるポピュリズムの現在の伸長を見ると，過度に感情に訴える反知性主義や，非理性的な議論が横行しつつあるように思われるからである．

　特に日本においては，現在の安倍政権下で，教育勅語の再導入すら主張する国家主義的教育が企てられ始めている．このような中において道徳・倫理や精神性の教育との関係をどのように考えればよいのであろうか．さらに新教育基本法のもとで，たとえば科目「公共」はこれらとの関連においてどのようなものになるべきだろうか．

1.3　日本におけるグローカルな教養教育：グローカルな教養教育というビジョンに筆者は全面的に賛成だが，日本においては具体的にどのような形をとるのだろうか．グローバルな観点では平和教育や地球人・アジア人としての教育，ローカルな観点では沖縄・アイヌ・在日朝鮮人をはじめマイノリティの問題などが思い浮かぶ．

2.　教育システムの問題
　後期教養教育について山脇氏は，過去や現在についての経験的調査（ある論），現在と未来における社会に関する理念や規範理論（べき論），未来における規範の実現可能性に関する政策論的研究（できる論）が区別されつつ統合されることを理想とする．

2.1　教養教育の具体像：「市民のための教養教育」と後期教養教育はどのような場や仕組みで行われるのが望ましいだろうか．山脇氏は前者について高校生から始まるとされているが，大学では従来の教養教育のようにして1年次や2年次に行われるべきなのだろうか．高校や大学の卒業後に行われるとすれば，どのような形で可能だろうか．

　また後期教養教育を「一定の専門分野を学んだ後の教養教育」と説明されているが，実際に行うのは大学の3年次・4年次か，あるいは大学院だろうか．大学

院なら修士課程だろうか博士課程だろうか．その仕組みはどうなるだろうか．

2.2　プレ専門化・専門化・ポスト専門化との関係：この点は，山脇氏が学問史に関して言われる「プレ専門化・専門化・ポスト専門化」という展開と関連しているだろう[1]．公共哲学は，19世紀半ば以降の学問的分化に対する学際的なポスト専門化の必要性に応えるものとされているから，後期教養教育はポスト専門化に対応するように思える．ただ，専門的な学問を修得すること自体が時間とエネルギーのかかることなので，大学4年間の中で行うのなら，専門教育の後に後期教養教育をどのように行うべきだろうか．従来の1・2年次の教養教育を止めてその代わりに最後に後期教養教育を行うべきだろうか．また大学院においてもやはり専門的研究との関連においてどのように後期教養教育を行うべきか考える必要があろう．

2.3　公共哲学と公共政策：後期教養教育の経験調査・規範的理論・政策論的研究という三つの柱にも筆者は賛成である．

　千葉大学の社会科学系ではこれに似た方向で過去10年以上にわたって教育研究の試みが行われてきた．2004年以来，「公共哲学」と「公共政策」との連携による「公共研究」が研究ないし教育のプロジェクトとして進展している[2]．公共哲学と公共政策が規範的理論と政策論的研究にそれぞれ相当し，公共研究は思想的研究と経験的研究とを媒介し包含するものとされていて経験調査を含んでいる．さらに2014年以来，学部教育においては法政経学部という新名称のもとで，4コース制となった．この中で「法学コース，経済学コース，経営・会計系コース」が専門的コースであるのに対し，政治学・政策学コースは政治学と政策研究を中心にする学際的コースと位置付けられている．このような構成は大学院と連携しており，2006年度からは人文社会科学の大学院には「公共研究専攻」があって，専門的教育を行う他の専攻と異なって実践的学際学の専攻とされていた．政治学・政策学コースは公共研究専攻へと接続していた．社会科学系においては志願者や学位取得者の数などにおいて公共専攻が中心になったので，2017年度からは人文公共学府という新名称に改組されて，社会科学系の大学院とその専攻（前期：公共社会科学専攻，後期：人文公共学専攻）はすべて「公共」と関連させた名称となる．そして筆者自身が関わる講義やゼミにおいては，マイケル・サンデルのハーバード白熱教室を念頭においた対話型の教育が展開されている．これはアクティブ・ラーニングの一種と考えられよう．

　これは社会科学系を中心とした試みであり，あくまでも一例に過ぎないものの，

このような研究教育の実績から見て山脇氏のビジョンは教育プログラムとしても十分に実現可能と思われる．ただ上記の学部教育においては，専門的教育と学際的な後期教養教育が並行して行われていることになるが，実際には大学生が2，3年間の内で法学・政治学ないし経済学を一定程度は専門的に学びつつ学際的な政策研究も学ぶのは，なかなか大変である．悪くするとすべて消化不良に終わりかねない．アリストテレスにおいて政治学は古典的には棟梁的なマスター・サイエンスとされているように，「政治学・政策学コース」においては政治学と政策学が学際的コースにおける専門的な学問の核となっている．これは一つの工夫であるが，どのような構成が望ましいだろうか．まして人文系も含んだ場合にはどのようにすればいいだろうか．

　大学院教育になると，確かに学際的・統合的な公共研究も可能になる．修士課程ではまさに後期教養教育に相当する教育を行っていると感じることがあるが，専門的分野の習得が十分ではない時には学部の講義なども学生が受講してその知識を補う必要がある．学ぶべきことが多いので，修士課程における公共研究は時間的にギリギリになりがちである．ポスト専門化にふさわしい十全たる学際的研究がしっかり行えるようになるのは博士課程となることが多い．

　したがって，この教育経験からすると後期教養教育を学部レベルで行うのには注意すべき点があり工夫が必要になろう．修士課程以降で十全たる本格的なものになりうるようにも思われるからである．教育の内容や水準は大学によって変わってくると思われるが，後期教養教育を確立するためにはどのような制度や仕組みがふさわしいのか．山脇氏の重要な問題提起を受けて各大学や教育関係者が真剣に考えるべきことであろう．

山脇直司
── 小林正弥氏へのお応え

　私はこれまで，東京大学出版会の『シリーズ公共哲学』への参加やイラク戦争反対をはじめ，小林氏と多くの場面で協働してきたが，教育論で対話するのは今回が恐らく初めてであろう．概して，小林氏が主に英語圏の政治哲学を参照される場合が多いのに対し，ドイツで学位を取った筆者は，英語圏の文献のみならず，ドイツ語圏の哲学を参照する場合が多い．今回の拙論は，筆者が25年以上も前に発表したシュライエルマッハー論を公共哲学的な教養教育論とリンクさせたものであり，それに対する小林氏のコメントと質問は，大筋において的を射たものである．そうした前提の下，紙数の制限もあるので，ここでは氏の質問に対して簡単なお応えを示すにとどめたい．

1.1　思想的俯瞰図に関して.

　私はすでに 1992 年に書き下ろした『ヨーロッパ社会思想史』(東京大学出版会, 現在は 12 刷) では, 古代ギリシャのソフィストたち, ソクラテス, プラトンから現代までの俯瞰図を描き, その中でも幾多の教育思想を描いている. 今回は特に, プラトンの対話術をリベラルで平等主義的な形で改変したシュライエルマッハーの教育論に依拠したが, もちろんそれ以外の教育思想も重要である. シヴィック・ヒューマニズムに関して言えば, 私もその意義を論じたことがある (「シヴィック・ヒューマニズムの意味変容と今日的意義」田中秀夫・山脇直司編『共和主義の思想空間』名古屋大学出版会, 2006 年, 528-552 頁). 総じて言えば, それがコスモポリタン的な要素を含みつつ, 多様な地域住民の自治力を養う教育ならば, 私は重視したい. しかしそれが排他的ナショナリズムと結びつくのであれば, 批判せざるをえない.

1.2　公共的理性・感情と精神性の教育に関して.

　シュライエルマッハーの公共的感情論は, 知の対話術やコスモポリタニズムと結びつくので, 現在の日本に見られる排他的ナショナリズムと真正面からぶつかるものだと私は確信している. したがってそれは, 外国籍の生徒を交えた高校の「公共」の授業の理念として活用できる.

1.3　日本におけるグローカルな教養教育に関して.

　グローカルな教養教育は, マイノリティへの配慮を当然含むが, それに尽きるものではない. どのような人間も, 「地球市民的な普遍性と文化的な個別性の双方をもつことを自覚しつつ, 相互理解を深めるような教育」がグローカルな教養教育であり, 日本でそれを実践することは, 第 2 次大戦後発足したユネスコの憲章の前文で謳われている「戦争は人の心の中で生まれるものであるから, 人は心の中に平和のとりでを築かなければならない. 相互の風習と生活を知らないことは, 人類の歴史を通じて世界の諸人民の間に疑惑と不信を起こした永遠の原因であり, この疑惑と不信の為に, 諸人民の不一致があまりにもしばしば戦争となった. ―― 文化の広い普及と正義・自由・平和のための人類の教育とは, 人間の尊厳に欠くことのできないものであり, かつ, すべての国民が相互の援助及び相互の関心を持って, 果たさなければならない神聖な義務である.」(三田ユネスコ協会訳) とマッチした実践である.

2.1 教養教育の具体像に関して.

「市民のための教養教育」と後期教養教育は,大学3,4年生でも,大学院でも,生涯教育でも任意に行われるべきである.特に,国際的に見て社会人学生が少ない日本の大学では,もっと社会人入学者を増やして,そのようなカリキュラムを早急に実践すべきであろう.

2.2 ポスト専門化時代の学問の在り方に関して.

私の言うポスト専門化時代の学問とは,現代の公共的諸問題(平和,環境,原子力,IT社会,脳死や安楽死問題,宗教間対話の論理など)へのtrans-disciplinary(分野横断的)アプローチを意味している.したがってそれは,学部前期でも後期でも大学院でも行いうるフレキシブルな概念である.

2.3 公共哲学と公共政策に関して.

この点に関しては,記されている千葉大学の例に学ぶ点は多いと思う.特に哲学的思考を欠いた公共政策大学院や総合政策学部などの現状に私は大いに疑問を感じているので,千葉大学が率先して哲学と政策を統合した授業や研究をリードすることに期待したいと思う.

注

1) 山脇直司『グローバル公共哲学』東京大学出版会,2008年,第3章参照.
2) その起点において質問者(小林)は,公共哲学や公共研究を中核として専門分化した学問が展開するという学問改革のビジョンを示し,それに基づき教養教育も再生して公共的一般教養が教えられる可能性を提起した.以下に述べる制度的展開はこのビジョンとそう遠くないと感じられる.小林正弥「学問改革への挑戦 —— 友愛公共世界形成のために」『公共研究』第1巻第1号,2004年12月,64-80頁.

第8章 ホワイトヘッドの教育論
―― 古典教育と科学教育の統合

田中 裕

1. ホワイトヘッド自身が受けた古典教育の「公共性」

　1861年に生まれたホワイトヘッドは「自伝的覚書」[1]のなかで，南部イングランド・ドーセットシャー州のシャーボン校で自分が受けた古典語学習と一体化した教養教育について語っている．10歳でラテン語を12歳でギリシャ語を学び始めたホワイトヘッドは，19歳6カ月に至るまで，休日以外毎日，ギリシャ・ラテンの古典的著作について数頁ずつ解釈しつつ文法を学んだおかげで，登校前には何頁ものラテン語文法規則をすべてラテン語で暗唱，引用文で例証することができるようになったという．後にケンブリッジで数学を専攻したホワイトヘッドは，数学の学習を間に挟みつつ，ヘロドトス，クセノポン，ツキディデスなどの歴史書を含む古典の学習によって，ペリクレス時代のアテネの民主制を大英帝国の民主主義と重ね合わせつつ，「近代生活を古代文明と無意識のうちに比較させる古典の授業」が如何に楽しいものであったかを回想している．さらに，このような古典教育は人文教育だけではなく宗教教育も包含していた．ベネディクト修道会の教育機関として西暦741年に創立されたという伝承を持つシャーボン校は，古典語による教養教育の中に，キリスト教的な宗教教育を統合していた．毎週日曜午後と月曜日朝の聖書の授業では，英訳聖書（欽定訳聖書）ではなく，新約聖書はギリシャ語原文，旧約聖書はアレクサンドリアのユダヤ人達がキリスト教成立以前にヘブライ語からギリシャ語に翻訳し，新約聖書のギリシャ語にも多大の影響を与えた「70人訳聖書（Septuaginta）」が読まれた．「学校で誰かが聖

136　第3部　人間存在の統合知

書を英語で読んでいるなどと聞いたこともなかった」と言うホワイトヘッド
は,「ギリシャ語で宗教を学ぶものにおのずから備わる中庸の美徳（Golden
Mean）」を重視し,「プラトンの薫陶を受けていたアレクサンドリアのユダ
ヤ人たちが, 五月のドーセットシャー州の修道院の建物（シャーボン校の校
舎でもあった）と私の心の中で溶け合っている」と当時を回想している.

　ギリシャ語聖書による宗教教育と古典重視の人文教育を少年時代に受けた
ということは, 東方教会の霊性に由来するキリスト教的プラトン主義の伝統
とホワイトヘッドの晩年の宗教哲学との関係を考える上で重要である. ホワ
イトヘッドの祖父はイギリスの国教会の牧師であったが, この教会は, ロー
マ・カトリック教会と同じく「カトリック（普遍の教会）」を名乗る「聖公
会」であり, キリスト教教会の持つ古き「伝統」と「公共性」を大切にして
いた. 聖公会の聖職者達は,「教会と国家によって神に奉仕する」ことをモ
ットーとしていたが, 彼等は, ラテン語を公共語とする西方教会の伝統だけ
ではなく, ギリシャ語を公共語とする東方教会（ギリシャ正教）の霊性的伝
統もまた重視したのである.

　ホワイトヘッドの晩年の宗教哲学は,『過程と実在』の最終章「神と世界」
で展開されているが, そこで彼が使用しているキーワードは「神化（テオー
シス）」である[2]. この語は対象化しえぬ神の活動（エネルゲイア）と, 恩寵
に基づく人間の自由な「協働（シュネルギア）」を重視する東方教会の霊性的
伝統に由来するものである. 有限なる世界と無限なる神との活きた相互関係
に基づく「万有の神化」を主題とするホワイトヘッドの形而上学は, 東方教
会の「受肉の形而上学」を独自な形で20世紀において刷新し展開したもの
だということができるだろう.

　ところで英国の中高等教育をになう代表的な学校は「公共学校（public
school）」と呼ばれるが, これは日本でいうならば「公立学校」ではなく「私
立学校」である. 国家や行政の支配から独立した「私立」学校が, なぜ英国
では「公共学校」と呼ばれるかは, 学校教育の公共性にかんするひとつの大
切な視点を与えているように思う. それは単に私的利益を求めない公共機関
であることを示すという税法上の理由だけではなく,「普遍のキリスト教」
の宗教的な教育理念が根底にあると考えるべきではなかろうか.

第8章　ホワイトヘッドの教育論　　137

キリスト教の信仰告白の起源にほかならない初代キリスト教徒の「使徒の
しるし」は，一人称単数形で「私は信じる credo」という形で宣言する．
「普遍の教会」に所属するものは，「一個人の立場」で「公に」信仰を宣言す
るのであって，「我々は信じる」という複数形で特殊な宗派団体への帰属関
係を宣言するのではない．言い換えれば，最も普遍的な公共性は，一人称単
数の「私」の告白を原点としており，その立場からすれば，個人を越えるよ
うに見える組織や政府の持つ公共性よりも更に普遍的な公共性の理念の表明
という性格を持っている．このような「個の人格」を重視する立場は，個人
の人権の尊重や信仰の自由を支える「公共性」を重視する立場であり，公共
性の名を借りて私的利益を追求する特殊な集団的イデオロギーを批判するこ
とを可能ならしめる「個に具体化した普遍」の立場であろう．このようにど
こまでも自由なる個の単独者性に立脚しつつ，他者との連帯を求め，常に対
立するものの統合を自己と公共世界において求める立場こそ，ホワイトヘッ
ドの宗教哲学と文明論および教育論の根底にあるものであるが，その淵源の
ひとつは，彼が受けた「公共学校」での教養教育にあったと言って良いであ
ろう．

2. ケンブリッジ大学の「使徒団」とプラトン的対話による自己啓発

1880 年にホワイトヘッドは 19 歳でケンブリッジ大学のトリニティカレッ
ジに入学するが，そこでは「純粋数学と応用数学以外の教室に足を踏み入れ
たことはない」と述べている．彼は，ケンブリッジ大学では専門教育の科目
のみを受講したわけであるが，実は講義は教育の一面に過ぎず，午後 6 時か
7 時頃夕食と共に始まり，10 時頃まで続く友人達との知的会話が，その専門
教育を補うものとしてあった．この知的会話を行った友人達は専門科目の一
致によって作られたのではなく，古典語による教養教育を受けてきた仲間達
と共に政治，宗教，哲学，文学の全ての領域を論じたという．ここでの知的
刺激を受けて，ホワイトヘッドは 1885 年に数学専攻の特別研究員（フェロ
ウ）になるまえにカントの『純粋理性批判』の一部を殆ど暗唱するまでにな
っていた．それは，「プラトンの対話の日常版」という様相を呈していた当

時のケンブリッジ式の教養教育の特徴であった．そして，1820年代後半に詩人テニスンが友人達と共に始めた「学会（ザ・ソサアティ）」——外部からは「使徒団（アポスルズ）」と呼ばれていた——の例会は，学生のみならず，卒業生，とくにケンブリッジに週末を過ごしに来た判事，科学者，国会議員も含めて，毎土曜日午後10時から翌朝まで，プラトンの方法を踏襲する自由な哲学的討論の場があった．後にホワイトヘッドの勧めで1892年に「使徒団」に加えられたバートランド・ラッセルによれば，「この集会で議論するに当たっては，何のタブーも設けないこと，何の制限もおかないこと，どんなことを言ってもショッキングなこととは考えないこと，いかなる推測も理論も絶対に自由であって何等の妨げもないこと」[3]が根本方針であった．「使徒団」という通称は，創始者達が12人であったということに由来するが，そこでは特定のイデオロギーを宣伝することが目指されていたのではない．「使徒のしるし」はいかなるドグマも究極のものと見做さない「知的誠実」ということであり，「画一性の福音」も「力の福音」も斥けられた[4]．すなわち，自己の思想と根本的に対立する異論にも謙虚に耳を傾け，自己が公理として暗黙の下に前提していたことを認めないものを積極的に対話の相手とすることによって理性的な討議を続行するという意味での「プラトン的な弁証法・対話術（ディアレクティケー）」の実践が重んじられたのである．清教徒的な息苦しい家庭の雰囲気の下で育てられたラッセルは，後に彼の自伝の中で，この「使徒団」の一員となったことが彼の精神を如何に自由にしてくれたかを感激をもって語っている．

　プラトン哲学の神髄は，イデア説や二世界説のような所謂プラトン主義のドグマにあるのではなく，我々自身が「公理」と考えてきたものを，異質な思想を持つ他者の前で常に批判的な吟味に晒し，そのような「公理」の持つ独断的性格を乗り越えて，自己と他者の対立するドグマをさらに越えていく「普遍性」をめざす探求にほかならないからである．プラトン対話編の自由な精神の働きを直観するものにとっては，アリストテレスのイデア説批判であれ，ニーチェの反ソクラテス主義であれ，プラトン主義に対する有名な反論ないし異論は，すでにプラトン自身によって，「対話編」の中で先取りされていること，そのような徹底した自己吟味の精神こそがプラトンの弁証法

第8章　ホワイトヘッドの教育論　　139

（対話術）の精神であることに気づくであろう．このことは，「西洋哲学の伝統をプラトンの対話編の脚注」として要約したホワイトヘッドのプラトン理解の根本的特徴であったが，そのルーツをたどっていくならば，ケンブリッジ大学の「使徒団」での自由討論の習慣がそれを涵養したといえるだろう．

　ホワイトヘッド自身の受けた古典的教養教育は，現代の我々から見ればかつての大英帝国の民主制が「大衆支配」の衆愚政治に陥らないように，その制度を実質的に支えてきた知的エリートのものであって，宗教の世俗化，学問の専門化，大学の大衆化がすすみ，科学技術の進歩による国力の増大を至上命令とする近代国家には適合しないのではないかという見方もあるであろう．

　1869年に『教養と無秩序』を書いたマシュー・アーノルドは，オックスフォード大学の詩学教授を務めた詩人でもあったが，彼のいう「教養」の背景にあるものは，ホワイトヘッドが受けた古典教育と通底するものがあったと言って良かろう．アーノルドは，ヘブライズムの道徳的宗教性とギリシャ哲学の知的誠実性を統合する「完全性の追求」をもって「教養」の定義とし，「この世を我々が見いだしたものよりも，よりよく，より幸福にしてゆこうとする崇高な理想」のもとに「理性と神の意志を世におこなわしめる」こと，すなわち旧約聖書の道徳的エネルギーをプラトン的理想主義に結合することを力説したからである[5]．

　しかしながら，1888年になくなったアーノルドの「教養主義」の理念と同じようなものを繰り返すことだけがホワイトヘッドの教育論の特質ではない．文学と芸術の価値を力説する点では，ホワイトヘッドもアーノルドと同じであるが，ホワイトヘッドは同時にケンブリッジ大学とロンドン大学では応用数学と理論物理学を研究する科学者でもあった．「科学と近代世界」の関係を主題としたことは，アーノルドとは異なるホワイトヘッドの文明論と教育論の特質である．それは，あくまでも伝統的な教養教育の意義を保持しつつも，科学技術の発達が文明の行方を左右するようになった近代において生じる複雑な課題に対応するものでもあった．そのような教育論はとくにケンブリッジ大学を退職して彼が務めたロンドン大学時代の教育論の特質でもあった．

140　　第3部　人間存在の統合知

3. ロンドン大学時代のホワイトヘッドの教育論
——教育の目的と自己啓発の3段階

1880年からホワイトヘッドは，最初は特待生として，次は特別研究員兼主任講師としてケンブリッジ大学に在籍し，弟子のバートランド・ラッセルとともに数理哲学の歴史に於ける記念碑的な大著『数学原理』第1巻を1910年に出版したが，その直後，彼はケンブリッジ大学を退職してロンドン大学に移った．1911年から1914年夏にかけてユニバーシティ・カレッジで，1914年から1924年夏までインペリアル理工カレッジの教授を務めたが，この時期に彼はロンドン大学理学部長，ロンドンの教育行政を司る学術評議会議長，市会議員，ゴールドスミス・カレッジ評議会長，大ロンドン自治区ポリテクニーク評議員など大学及び理工学校を含むロンドンの教育行政に深く関わるようになった．近代社会が直面する教育上のさまざまな問題について，ホワイトヘッドは次のように回想している．

14年にわたりロンドンの抱えている諸問題を経験したことは，近代産業社会における高等教育の問題にかんする私の考え方を変えた．大学の機能については狭い見解をとることが当時の風潮であった．まだ消えてはいないが．オクスフォード＝ケンブリッジ型とドイツ型とがあり，他のあらゆるタイプは無知から来る蔑視の対象となった．知的啓蒙を求める職工大衆，適切な知識を求めるあらゆる社会層の青年達，彼等のもたらす各種の問題——これらはみな，文明社会に於ける新たな要因であった．しかし，学問の世界は過去に浸りきっていた．ロンドン大学は，近代生活のこのあらたな問題に対処するための相異なる各種の施設の連合体である．（中略）実業家，弁護士，医師，科学者，文学者，学部長達——このあらたな教育問題に専任ないし兼任の男女のグループが，焦眉の急だった改革を達成しつつあった．こうした企画は彼等のものだけではなかった．アメリカでも，異なる状況の下で同様なグループが同様な諸問題を解決していた．教育のこのあらたな適応は文明を救済する要因の一つであると言っても言い過ぎ

ではない[6].

　ロンドン大学時代のホワイトヘッドの教育論は，さまざまな機会に彼が行った講演が主体であるが，ここでは，まず，1916年にホワイトヘッドがイギリス数学者協会会長に就任したときの記念講演「教育の目的」を取り上げよう．この講演で，ホワイトヘッドは教養（culture）を，「思惟の能動性（Activity of thought）であり，美と人情に対する受容性（receptiveness to beauty and humane feeling)」と定義する．さまざまなテーマについて広く浅い断片的知識を持つ単なる「物知り」は，彼が定義する「教養」とは無縁である．自己啓発（self-development）の能力としての教養は，専門知識を哲学のように深め，芸術のように高めるものであるとのべる．

　ホワイトヘッドのロンドン大学時代の教育論でもう一つ特筆すべきものは，1922年，ロンドン師範学校協会でおこなった「教育のリズム」と題した講演であろう[7]．音楽論はアウグスチヌスやプラトンにまで遡るヨーロッパの伝統的な教養教育の要諦であったが，ホワイトヘッドはその伝統を換骨奪胎して，近代の産業科学時代の教養教育に適応させようとしている点が注目される．

　ホワイトヘッドはまずヘーゲルの正反合の3組に基づく知的成長の3段階に言及した後で，「教育理論にヘーゲルの考えを応用した場合，かかる名称は内容を伝えるのに適切なものとは思えぬ」と批判した上で，彼自身の知的成長の3段階説を提唱している．それは，「ロマンスの段階」「精密化の段階」「普遍化の段階」である．

　第1段階の「ロマンスの段階」とは，「生の事実から出発して，いまだとらえられていない個々の関係がいかなるものかについての認識へと移行する過程で生じる」ロマンチックな感動である．第2段階の「精密化の段階」とは，言語や文法を習得し，認識相互の関係を正確に秩序立てることによって知識の範囲を広げ，諸事実の分析方法を教え込むことによって分析に適した多くの新事実を与える段階である．そしてホワイトヘッドが強調するのは，現場の教育でもっとも避けなければならないのは，第1段階抜きで第2段階から始めることである．その理由は，たとえ漠然としたものであっても，幅

広い全体的な理解がなされていなかったならば，事象を分析したところで，抽象的で他との関連もない空虚な事実を無意味に叙述しただけで終わってしまうからである．そして最後の「普遍化の段階」とは，秩序立てられた概念や適切な処理がなされた専門的知識をもってするロマンチシズムへの復帰であり，前の二つの段階を統合するものである．ホワイトヘッドは，このようなリズム重視の教育論を，「自由と規律とのリズミックな要求」という論文の中でも更に詳しく展開しているが，主知主義的なヘーゲルの3段階の理性的なものの弁証法と違う点は，美的感性の涵養と情操教育が理性の発達に先行すべきだと言う論点である．それは大学に於てなされる教育活動の中で，惰性的で応用力のない細分化された知識が無目的に学生に注入されていく結果，学生の創造性が低下し，思考が麻痺していく有様への警鐘でもあった．

4. ハーバード大学時代のホワイトヘッドの 哲学における「宇宙の直観と感情」

　ホワイトヘッドは 1924 年 63 歳の時にハーバード大学から哲学科教授として招聘され，以後 1936 年名誉教授になるまでアメリカで活動したが，この時期は，『科学と近代世界』『宗教とその形成』『過程と実在』『観念の冒険』といった彼の哲学上の主著が書かれた時代である．ケンブリッジ大学の時代が論理学と数学の哲学，ロンドン大学の時代が自然哲学であるのに対して，ハーバード大学の時代は形而上学と文明論をテーマとしていると言って良いであろう．この時代は，『科学と近代世界』の最終章をのぞけば主題的に教育を語った論文は少ないとはいえ，我々の宇宙と社会にかんする普遍的な理論を展開したかれの後期哲学は，教育の問題にもロンドン時代におとらず多大の示唆を与えるものである．

　西洋の哲学史をプラトンの対話編の脚注にすぎないと喝破したホワイトヘッドは，同時に自己の提示する「有機体の哲学」が 20 世紀のプラトニズムの復興であるという自覚を持っていた．ドイツ理想主義がフランス革命以後の時代の近代ヨーロッパに於けるプラトン主義の復興という側面を持っていたことと類比的に言えば，ホワイトヘッドの場合は，第 1 次世界大戦という

第 8 章　ホワイトヘッドの教育論　　143

ヨーロッパの文明の危機と試練の経験を踏まえた上で，文明の未来のために，あらためてプラトンの哲学の精神を復興させようとしたものであるといってよかろう．

　ホワイトヘッドの後期哲学がイギリスの経験論だけではなくシェリングやヘーゲルに代表されるドイツ理想主義との関わりが深いということは従来たびたび指摘されてきた[8]が，ホワイトヘッドに先立つこと約100年前，ドイツ理想主義の全盛期，ベルリン大学の創設時に，国家や教育行政から独立した大学の学問の自由を力説し，ヘーゲルと対立しつつヘーゲルとは異なる意味での「弁証法」，プラトン的な開かれた対話の精神と，「解釈学」の始祖でもあったシュライエルマッハーの思想（前章の山脇論文でも指南役となっている）と対比することが，ホワイトヘッドの後期哲学と，それが教育の問題に対して有する意味をよりよく理解ならしめるであろう[9]．

　ホワイトヘッドの後期形而上学とその宗教論を理解する鍵のひとつは，「宇宙（universe）」と「世界」との間の厳格な区別である．キリスト教の神学者は「世界」と「神」の区別と関係を強調し，有神論と汎神論の選択肢を立てた上で「有神論」の優位を主張するものであるが，ホワイトヘッドは『宗教とその形成』でキリスト教のみならず仏教にも世界宗教としての普遍性を認めていた関係上，『観念の冒険』の文明論および宗教論では，「現実世界」と区別されつつも，「現実世界」と不可分の関係にある「宇宙」のほうを「神」にかわるキーワードとして使っているのである[10]．

　「宇宙」という語のこのようなホワイトヘッド的用法は，シュライエルマッハーの『宗教論』にその先駆的な形をもっていることに注意したい．「宗教を軽蔑する教養人への講話」として書かれたシュライエルマッハーの『宗教論』は，啓蒙主義とロマン主義の洗礼を受けた教養人との対話のために，キリスト教的教義学の用語を使わず，また倫理道徳や政治からは独立の領域に宗教を確保するために，有限な個が無限なる宇宙を直観し感受するところに宗教の本質を見たが，このような「宇宙の直観と感情」こそは，ホワイトヘッドの形而上学の原点でもあった．ホワイトヘッドにとって，哲学とは一言で要約するならば「無限なる宇宙を有限なる言葉で表現しようとする試み」であり，そのような有限なる人間の理性的な営みにふさわしい作業は

144　　第3部　人間存在の統合知

「対話において開かれた諸々のシステム（Open Systems in Dialogue）」の統合にほかならないのである[11].

　「直観」という語は，シュライエルマッハーの場合は，おそらくシェリングの知的直観と同一視されることを恐れたためであろうか，『宗教論』の第2版以後では使用を差し控えるようになったし，「感情」もまた，哲学的な範疇としてではなく，「絶対依存の感情」として説かれるようになったこと，そのために彼の宗教論は，反理性主義という批判を浴びるようになったことは良く知られており，この点はホワイトヘッドとは違うところであろう．ホワイトヘッドの場合は，このような反理性主義の立場をとるものではなく，むしろ反理性主義の立場を否定せずに，それとの対話によって刷新された新たなる理性主義という性格を持つものである．したがって，彼の形而上学では，「宇宙の直観と感情」は，根本的な哲学的範疇となっている．たとえば宇宙の「直観 envisagement」は『科学と近代世界』においては，現実の与件を越えて新しきものを創造していく創造性（基底的な活動力）を可能ならしめる「見る」働きとして，無限なるプラトン的形相の領域の三重の「直観」として表現されている[12].

　ホワイトヘッドの場合は，宇宙に於ける「感情 feeling」もまた，諸々の活動的な個と，それぞれの個の内に多様なパースペクティブのもとに対象化された現実世界とを可能ならしめる「無限なる宇宙」の活きた関係性をあらわす根源語である．それは，ヘーゲルがシュライエルマッハーを揶揄したときに意味したような単に主観的かつ心情的な概念などではなく，主客の対立以前にあって主観と客観の双方を成立せしめる活動であり，自己と世界を結ぶ宇宙を貫く根源的にして具体的な関係性である[13].

5. 日本の教養教育の今後とホワイトヘッド
──岡潔の思想との対比を通して

　私はこの論文の第3節で，ロンドン時代のホワイトヘッドが理工系の大学で数学の専門教育を行う教員を対象とした講演会で，「美と人情に対する受容性」の涵養を重視したことに言及した．科学教育の基礎にある数学と美的

感性と情意との間に存する密接な関係を指摘している点で，数学を情緒とは無縁の論理にのみ立脚する学問と見做す一般的通念とは全く異なったユニークな見解とも思われよう．しかし，これは決してホワイトヘッドだけの特殊な数学論ないし教養論なのではない．

　日本の代表的な数学者の一人であり，多変数解析関数論の独創的な世界的業績によって文化勲章を受章した岡潔の数学論と教養論はホワイトヘッドの思想に深く通底するものがある．岡潔にとって，数学教育は情操教育と切り離すことが出来ず，情緒の涵養こそが，「ないものからあるものを作る」数学者の創造活動の根本であった．岡潔は，数学者リーマンの全集とともに道元禅師の『正法眼蔵』を座右の書として常に参照しており，また浄土教の明治時代の刷新者の一人であった山崎弁栄上人の念仏三昧の実践者でもあった．彼は，大乗仏教の唯識教学にも造詣が深く，学問的知識が人間に謙虚さを忘却させ自我への執着によって無意識のうちに抑圧と差別の構造を産み出すこと，そしてそのような「妄知」としての「分別知」を乗り越えることのできる「眞智」としての「無差別智」を重視していた．彼は，さらに座右の書として芭蕉の七部集と蕉風俳論をあげており，自分でも連句の実作をおこなっていたが，このような文学的教養が，小林秀雄との対話『人間の建設』や，蕉風俳諧についての山本健吉との文学的対談を可能ならしめたものであった[14]．

　岡潔は晩年，さまざまな場所で日本の教育システムにかんする提言をしているが，その一つは，日本人の心を伝統的に形成してきた古典の教育によって情緒を涵養することがあげられている．ホワイトヘッドが人格形成をおこなった英国のパブリックスクールの教養教育の基礎はギリシャ語とラテン語であったが，それに対応するものは日本の場合は，漢文と古文による古典教育であろう．グローバリゼーションという掛け声のもとで，近代語の一つに過ぎない英語の学習に没頭する以前に，日本人の精神文化を形成した伝統を伝えるということが教育の一つの大切な務めである．ホワイトヘッドは英語ではなくギリシャ語で聖書を読んだが，それは漢文で仏典を読んできた我々日本人の父祖達の伝統と対応するであろう．仏教は日本だけではなく東アジアの精神文化の規定を為すものであり，イデオロギーを越えた普遍宗教とし

146　　第3部　人間存在の統合知

ての大乗仏教の伝統に基づく教養教育は，科学的な専門知や形式的な倫理学だけでは与えることの出来ない宇宙論と社会論の深き教養の基盤を与えるであろう．

　ホワイトヘッドの哲学は，ヨーロッパの人権や自由にかんする理念の根底にある宇宙論と社会論が何であったかを教えるものであった．「自由・平等・博愛」といった民主政治の根本理念を，単に外来思想の受売りないし押しつけと考えるのでは，排外的な国粋主義に顛落するであろう．それらを真に日本の伝統的な精神文化に受肉するためには，その背後にある「普遍のキリスト教」の精神的伝統から学ぶことが必要である．「自由（自在ないし無礙）」も「平等」も元来は大乗仏教に由来する宇宙的な広がりを持った概念であったことをおもえば，私は，キリスト教と仏教という二つの世界宗教を視野においたホワイトヘッドの哲学こそは，岡潔の力説したような「日本人の心」にさらなる宇宙的普遍性を与えると考えるものである．

注

1) Whitehead, Alfred North, Autobiographical Notes, in: *Science and Philosophy*, New York: A Philosophical Paperback, 1948, pp. 9-21.

2) Whitehead, Alfred North, *Process and Reality*, Corrected Edition, David Griffin and Donald Scherburne, ed., The Free Press, 1978, pp. 342-351.

3) Russell, Bertrand, *Autobiography 1872-1914*, George Allen and Unwin LTD, 1967, pp. 68-69.

4) 人間の魂による思想の冒険を欠いた Gospel of Uniformity も，他者の自由を尊重する説得ではなく暴力に訴える Gospel of Force も共にホワイトヘッドは文明の衰退をもたらすものと考えていた．Whitehead, A. N., *Science and the Modern World*, The Macmilllan Company, 1925, The Free Press, 1953, Chap. XIII, pp. 193-208 参照．

5) マシュー・アーノルド『教養と無秩序』多田英次訳，岩波文庫，2015 年，58 頁参照．

6) Whitehead, Alfred North, Autobiographical Notes, 前掲書，pp. 18-19.

7) Whitehead, Alfred North, *The Aims of Education*, The Free Press, 1925, pp. 15-28.

8) *Whitehead und deutsche Idealismus*, herausgegeben von R. Lucas Jr., Antoon Braeckman, Berlin・Frankfurt am Mein・New York・Paris: Peter Lang, 1990.

9) シュライエルマッハーの思想史的意義については，山脇直司「シュライエルマッハーの哲学思想学問体系」，廣松渉監修『講座ドイツ観念論』第 4 巻「自然と自由の深淵」弘文堂，1910 年，218-258 頁参照．

10) ホワイトヘッド自身の形而上学の用語を使って表現するならば,「現実世界（actual world）」とは一個の活動的生起（an actual occasion）において対象化された「既成の」現実的諸存在（actual entities）の「全体」をさすのであって, 当該のその活動的生起に相対的に定まる有限なる結合体（nexus）である. このような閉じた有限な存在である「現実世界」に対して,「宇宙」とは, 現在生成しつつある一個の活動的生起と現実世界との活きた相互関係がそこにおいて成りたつ「無限への開け」を示す言葉である. そしてこの「無限への開け」は第一義的には直観され感じられるものなのであって, 我々の意識や悟性によって対象化されるものではないということがポイントである.

11) 2003年にクレアモントで開催された「システムと生命――シュライエルマッハーとホワイトヘッド」という学術会議において, プロセス神学者のジョン・カブはシュライエルマッハーの『宗教論』を, 多元主義の時代における宗教間対話（それは宗教を否定するものとの対話をも含む）」の可能性を示した先駆者として位置づけている. *Schleiermacher and Whitehead: Open Systems in Dialogue*, Christine Helmer, ed., Berlin・New York: Walter de Gruyter, 2004, pp. 315-333 参照.

12) 三重の直観とは（1）永遠的客体の直観,（2）諸々の永遠的客体の総合という点から見た価値の諸々の可能性の直観,（3）未来を待ってはじめて成就される境位全体に加わらなければならない現実的事実の直観, である（*Science and the Modern World*, p. 105）. ホワイトヘッドの言う直観（envisagement）は, フッサールの本質直観や範疇的直観と同じように, 我々の経験が単なる感性的直観の所与を越えていくことを可能ならしめるものである.

13) 感情（feeling）とは, 既存の他者と他者の世界をすべて肯定的に抱握（prehend）することによって新たなる主体としての自己を形成するはたらきである. 実体的な自己が先ず存在して, それが他者を「感じる」というのではなく, 諸々の「感情」が, 感じる主体を目指すのである. ホワイトヘッドの宇宙的感情は, 彼がカントの3批判書の中で第3批判をもっとも重視し,「純粋理性批判」ではなく,「純粋感情批判（the critique of pure feeling）」こそが, 第1批判（科学批判）と第2批判（道徳批判）の根底になければならぬと言ったことに対応している.

14) 情緒の涵養を重視する岡潔の数学論・教育論・宗教論については, 高瀬正仁『岡潔とその時代――評伝岡潔』IおよびII, 医学評論社, 2013年, が詳しい.

田中論文へのコメントと応答

山脇直司

　長らく国際ホワイトヘッド学会にコミットし続けている田中裕氏の論文は, ホワイトヘッドの先駆者として, 同じくプラトンの影響を受けつつ宇宙の感情と直観の意義を説いたシュライエルマッハーを再評価し, さらにホワイトヘッドと類似した日本の思想家と呼ばれるべき数学者岡潔の情操教育論を手掛かりに, 古典教育と科学教育の統合のあり方を探っている. このような論考は, 数学と科学哲学を修め, 同時に, キリスト教と仏教にも造詣の深い田中氏ならではの教養論と

いえる．特に，最後の結論部分で，「自由・平等・博愛」といった民主政治の根本理念を真に日本の伝統的な精神文化に受肉するためには，その背後にある「普遍のキリスト教」の精神的伝統から学ぶことを必要とする一方で，「自由（自在ないし無礙）」も「平等」も元来は大乗仏教に由来する宇宙的な広がりを持った概念であること，そしてキリスト教と仏教という二つの世界宗教を視野においたホワイトヘッドの哲学こそは，岡潔の力説したような「日本人の心」にさらなる宇宙的普遍性を与えると結論付けており，その高邁な理想そのものに，私は共鳴する．

　そこで私が質問したいのは，そのような「古典教育と民主政治と科学教育」を統合した教養教育が，いったい今の日本のどこで実質的効果を伴ってなされ得るのかという点である．そのような教養教育が，少数のエリートの理想に留まらないとしたら，それはどのような形で可能か，田中氏に伺いたく思う．

田中 裕

　山脇氏の質問，「「古典教育と民主政治と科学教育」を統合した教養教育が，いったい今の日本のどこで実質的効果を伴ってなされうるのか」について，私自身の上智大学での教養教育のささやかな実践をもとにして答えたい．

　上智大学は「他者のために他者と共に生きる人間」あるいは「一人一人の人格への配慮」というカトリシズムの教育理念を持つ大学である．ホワイトヘッドが教育を受けたビクトリア朝時代のケンブリッジ大学とは直接に比較は出来ないが，専門の枠組みを超えた自由な視点から「他者とのプラトン的な対話」を重視する教養教育の重要性と，国家主義の枠組みを超えた全地球的な視点を持つ普遍的な「公共性」を目指すことは日本においても決して不可能ではないと考えている．

　私自身のささやかな実践の報告になるが，前述のような古典的な教育理念を具体化するために，私は，神学部の宮本久雄教授の主催された学内共同研究である「共生学研究会」のメンバーとなった．そして，この共同研究の成果を踏まえ，2011年の東日本大震災と原発事故の災害の後に，第8回目の国際ホワイトヘッド学会を上智大学建学百周年記念事業の一環として開催した．この国際会議では，欧米，インド，中国の諸国から約80名の研究者を招待して，（1）自然哲学的共生──環境倫理・新しいコスモロジー，（2）社会科学的共生──公共哲学・地球倫理，（3）生命哲学的共生──生命の倫理・死生学・ケアの倫理，（4）宗教哲学的共生──神と自然との共生，の四つの観点から国家や民族そして宗教の相違を越えた「共生の智 sapientia convivendi」の探求討議が行われた．

　文理統合型の学際的な共同研究をたちあげ，次にそれを国際的な共同研究へと

第8章　ホワイトヘッドの教育論　　149

一般化し，さらにその成果を大学の教育の現場へと反映させること——それが，私自身が参加した上智大学での教養教育の実践の基本的方針であったといえる．「共生学研究」の成果は，宮本久雄編『宗教的共生と科学』（教友社，2014 年）をはじめとする一連の教科書——教養教育と科学教育を統合する試みである——に結実しているし，また東日本大震災の後で実施された上智大学の「3.11 学」は，総合大学の各学部の教員が共同して，3.11 の原発震災の経験からいかに学ぶか，という共通の問題意識に基づく学際的な教養教育の試みであった．私自身の教育実践はささやかなものではあったが，それでも，偏頗な国家主義や付和雷同的ポピュリズムではなく，国境と民族と宗教の差異を越えた「普遍」を志向する「共に生きる智」の統合的探求こそが，共和的な民主制を可能にする教養教育の王道であると信じるものである．

第9章 宗教間対話と存在論

竹内日祥, 田中 裕

1. 21世紀の多元化社会と「宗教間対話」

竹内日祥

　21世紀の国際社会が，情報と通信輸送の技術革新により，急激なグローバル化が進み，本格的な多元化社会に突入していくことは既に確実な事態となった．この多元化社会においては，多数の人種や民族，宗教や価値観，文化や文明同士が，互いに異なる見解を相互で抱きながら，「対立」を回避し，理解と共感を模索し，共生しあう社会を求めて，あらゆる努力を傾けなくてはならない．このような21世紀の多元化社会が，巧みに運営される上で不可欠な条件が，ここに採りあげる「対話」なのである．今や人類全体の歴史的潮流の赴くところ，「対話」が絶対不可欠であることは，多様な分野の知的リーダーが着実に確認している．

　因みに「対話」を喪失した近代文明社会では，組織やコミュニティにおいて，確実にその解体が始まっている．多くの家庭では夫婦や親子間の「真摯な対話」がなされないが故の家庭崩壊も多く見受けられる．また，学校では教師が生徒からの信望を失い，企業やその他の多様な分野の組織の多くが，求心力を失っている．政治も行政も国民の支持をなくし，社会全般のあらゆる規範が効力を喪失し，国家の諸機能は低下し続け，民主主義が深刻な絶望的危機に直面している．このような文明の危機の中で，宗教に何が期待されうるのだろうか．

　もちろん，宗教間・宗教内においても対話は必要である．こうした状況の中，仏教である我々が宗教界において取り組んできた「宗教間対話」について述べておきたい．我々が注目しているのは，現代の宗教間対話にとって非

常に重要な契機となった宣言，すなわち2015年に発布50周年を迎えたカトリック教会の第二バチカン公会議公文書「ノストラ・エターテ」（邦題：キリスト教以外の諸宗教に対する教会の態度についての宣言）である．

この文書は，世界の伝統宗教として，ヒンドゥー教，仏教，イスラム教，ユダヤ教などを取り上げ，世界の諸宗教の教理・戒律の中に真実にして神聖な価値を認め，信徒たちに，「キリスト教の信仰と生活を持ちながら」，「愛をもって他の諸宗教の信奉者たちと対話し協力すること」，そして，「霊的・道徳的な富や社会的・文化的な諸価値を認識し保持し促進すること」を奨励したのである．（参照：第二バチカン公会議文書公式訳改訂特別委員会〔2013〕第二バチカン公会議公文書改訂公式訳．）

つまり，是において，世界に12億人と言われる信徒を持つローマ・カトリック教会が，異なる宗教同士が相互に対等な立場を認め合わねば成立しない「対話」を通して，人類の未来における永遠の平和と正しい秩序の為に貢献することを，全世界に対し公式に告げるに至ったのである．今日，世界の宗教界は，このカトリック教会の高潔な精神に基づく重大な歴史的決断に対し，心からの畏敬の念を抱いている．

2. 宗教間対話に期待される具体的成果と課題

竹内日祥

「ノストラ・エターテ」の公布から半世紀が過ぎた今日，この「宗教間対話」に，どのような具体的成果が期待できるのかという問いに対し，私の所見を述べておきたい．私は，日本および世界の宗門，或いは教団が「宗教間対話」に正しく取り組むことにより，非常に重要かつ有益な成果がもたらされることを確信している．

その第一の理由は，「宗教間対話」の取り組みを通して，現代社会のニーズに応えることのできる宗教的人材が育成されるためである．今日，宗門や教団の立場から，今後の中長期に立った教団の未来を展望する場合，常に問題となるのがこの次世代の宗門を背負う「人材育成」の議論であり，これをもって，最も容易ならざる難題のひとつと位置付けられている．

しかし，「宗教間対話」の指導に関するプログラムやガイダンスを検討す

る過程でわかることは,「人材育成」の上で必備とされる大方の課題が,必然的に「宗教間対話」の実践的現場に於いても不可欠の論題（テーマ）だということである．またそれに加えて,「宗教間対話」の学習者でもある教師自身にとって,「対話者」としての主体性に関わる点で,傍観者的な認識ではなく,「自己言及の課題」が体験的に学習し易いという利点である．

　次に,「宗教間対話」への取り組みが各宗門や各教団に,大いに益する第二の理由を述べてみたい．そもそも,宗教一般の多くは,その成立に伴う事情として,極めて限定された地域や文化や歴史等の過酷な制約下に於いて生成・進化する事実が確認されており,この傾向は,歴史や伝統を有す文明宗教であれば,なお顕著なのである．即ち,普遍的な思想性を持つ文明宗教では,その独自な教義や教判の原型（モデル）を竪立する上で,地域の伝統的な文化的特性に対し,強力な創発的意思をもってこれの理解・吸収に努めながら,その宗教を拡大,進化させてきたことが分かるのである．

　このような成立事情により,宗教は,その有力な特性のひとつとして,個性の特徴に価値を見出し,多様性の尊厳を容認する．なぜなら,人間がその本質に含む最も有力な価値こそが,一人ひとりの人間の個性であり,多様性であるからに他ならない．つまり,この地上に,夥しい数にのぼる多様な宗教が存在するのは,その夥しく多様な宗教を必要とする,これまた夥しい数にのぼる個性を持つ人間の側の事情に基づくものであることは想像に難くない．

　しかるに,未曽有の近代科学技術の発展により,急激なグローバル化が進み,今や地球全体が小さな一地域でしかなくなる異常事態を迎える今日,異なる宗教,文化と文明の急接近に備え,世界の異宗教間の共存的調和の実現が,早急に求められている．即ち,従来のローカルな地球事情の枠組みの中で,多様性の伝統を引き継ぎ,分離思考の原型（モデル）に基づく認識論的地平の「知」を提供してきた宗教に対し,時代は今,一つの地球全体の文化を前提として,新たな対話的・統合的思考を基軸とする宗教への空前の大転換を要求している．統合的思考の原型（モデル）はまた,「自己言及を含んだ存在論的地平の知」を提供することにより,これまでとは全く異なる新しい時代の動向を創発させる状況が創られなければならない．

第9章　宗教間対話と存在論　　153

3. 宗教間対話と自己言及——竹内論文を受けて

田中　裕

　第二バチカン公会議の公文書の一つである「ノストラ・エターテ」（nostra aetate＝「我々の時代に」）は，ユダヤ教に対する教会の態度を明確にしたいという教皇ヨハネ 23 世の意向から生まれたものであったが，宗教的な多元主義の時代を「我々の時代」と認識した上で，ユダヤ教だけでなく，イスラム教，ヒンドゥー教，仏教，そしてその他の「諸宗教に対するキリスト教会の関係についての宣言」として，公会議の司教達の投票によって圧倒的多数によって可決され，1965 年 10 月 28 日に教皇パウロ 6 世によって交付された文書である．そこには，中世以来のユダヤ教徒に対する差別と迫害の歴史，そして 20 世紀の二つの世界大戦とアウシュビッツのホロコーストを防ぐことができなかったヨーロッパのキリスト教会のこれまでの歴史に対する真摯な反省と回心への促しがあり，また十字軍以来，現代に至るまで解決が得られていないイスラム教との対立と闘争の歴史への真摯な反省があった．「我々の時代」は，そのような宗教間の対立と不寛容を乗り越えて，対話による相互理解と，それぞれの当事者が，閉ざされた自己の転換と超越，そして，そのような対話を通じて開かれた創造的な場に於ける共存を求めていると言えよう．「ノストラ・エターテ」は，ヒンドゥー教と仏教のもたらした優れた宗教的文化的な遺産に言及した後で，インド，日本，中国での過去の長い宣教の歴史の反省を踏まえた上で，「普遍の教会は，これらの諸宗教のなかに見いだされる真実で尊いものを何一つ斥けない」こと，更には「他の諸宗教の信奉者との話し合いと協力を通して，キリスト教の生活と信仰を証明しながら，他の宗教の信奉者のもとに見いだされる精神的・道徳的な富ならびに社会的文化的な価値を認め，保存し，さらに推進すること」を勧告している．

　この公文書が公布されてから半世紀が経過したことを承けて，竹内日祥師が仏教徒として，所見を述べられた．竹内師は，日本及び世界の宗門，あるいは教団が「宗教間対話」にただしく取り組むことの重要性，有効性を指摘し，その理由を二つあげている．ひとつは，価値観の多元化した現代社会に

154　第 3 部　人間存在の統合知

おいて宗門の後継者の育成の問題が，まさに宗教間対話の実践のプロセスで取り組まれる問題と密接に連関しているからである．もうひとつの理由は，宗教には，普遍性を志向するとともに，「個性の特徴に価値を見出し，多様性の尊厳を容認する」という根本的な特性があるからである．なぜなら，人間の本質に含まれるもっとも有力な価値は，ひとりひとりの人間の持つかけがえのない個性と多様性であるからにほかならないからである．

仏教はキリスト教やイスラム教と同じく世界宗教であるが，世界や地球というグローバルな一般性だけを志向するのではなく生活の現場で生きている人間ひとりひとりの個性と多様性を限りなく大切にする根本的な特性を持つという指摘は極めて重要である．この「根本的な有力なる特性」を学問的に捉えるものが統合学であるとすれば，そのような統合学と宗教間対話とはどのように関係するであろうか．

私が勤務していた上智大学の一般教育では，神学部の教員が中心となって「叡智を生きる」というパンフレットを作成し，新入生に配布したことがあった．そのとき私は，ここでいう「叡智」とは実は「キリスト」の別名であり，君たちが上智大学を卒業したからと言って格別に「叡智」を獲得するわけではないということ，私自身は「叡智を生きる」よりもむしろ徹底して「無知を生きる」ことを心がけているということを学生達に申し添えたものであった．そういう私自身の立場から，ここでいう「統合学」を，integral science ではなく，integral philosophy と理解した上で，「自己言及」の問題を考えてみたい．

「自己言及なき認識」とは，さしあたっては，すべてを「他人事」として認識するという立場として解釈できよう．西田哲学流に言えば「自覚なき認識」であり，三人称的に「それ」として，あらゆることを認識しようとする立場である．宗教の関わる「心霊上の事実」は，そのような「対象論理」によっては語ることができず，認識する自己自身への還帰，すなわち「自覚」をぬきにしては語ることができない．しかしながら，「自己」と「他者」とはともに対をなす根源語であり，自他の関係性をはなれてそれぞれの項が「実体」としてあらかじめ存在しているわけではない．したがって，他者とは単に「自己でないもの」ではなく，自己とは単に「他者でないもの」では

第9章 宗教間対話と存在論　155

ない．根源的な関係性によって結ばれた関係項の一方を実体化して他方をそれに還元することによっては，自己も他者も如実に理解することはできないのである．そのような関係性は，三人称だけで語られる「それ」ではなく，対面性を本質とする「汝」という二人称の積極的な意味を持ったものとして語られるのであり，「我―汝」の関係こそが，かけがえのない各人の自己を成立させる原初的な関係である．「汝」は，「我」が自己自身を実体化して，自己のひとつの属性を外部に自己投影して構成することの決してできないものである．しかし，それと同時に，「汝」は，自己とは無関係の「彼」すなわち「余所者」でもない．そのような意味で，「我―汝」の関係を根本とする「他者を配慮して生きる」ことが，「対面性」を重んじる「対話」の基礎であり，宗教間対話もその基礎の上に成立するのである．

　しかしながら，「対話」を拒否したり，「対話」の価値を認めず，自己と異なる宗教を信じるものに棄教を迫ったり，迫害ないし隔離によって，異教徒と共に生きることを拒むような他者とのあいだと如何なる関係を結ぶべきか，という問題が残るだろう．これは深刻な問題を内包しているが，わたしは，むしろそのように対話を無用視するもの，ないしは対話を拒否するものこそ対話をもっとも必要とするものであると考えている．

　ヨーロッパ中世に於けるユダヤ教徒とキリスト教徒との間の共存は，基本的に「隔離による共存」といってよい．それは異教徒だけではなく，かつては正常とみなされなかった「他者」を排除するみかけだけの「共存」であった．これに対して，そのような「隔離」から「共生」への根本的な転換を説くことは，「我々の時代」の根本的な要請であると言って良い．自己と異なる世界観を持つ他者を「異常」として糾弾し，自己を「正常」として独善的に正当化するのではなく，自他の間に勝手に自己が築き上げた牆壁を突破することが，真の意味での「正常化 normalization」であろう．

　最後に竹内論文にあらわれる「自己言及を含む存在論」について，私のコメントを付け加えたい．ここでいう「存在論」は，単なる認識の問題ではなく，三人称で語られる「存在」の問題でもなく，私と汝が共に生きる「生命」の根本問題であると思う．すなわち，人間や他の生きとし生けるものが「生きる」こと，また環境世界にあるすべてのものが，衆生との関わりの中

で存在していることの「意味」を問い，そのようなすべてのものの「真如」を究明するものと理解したい．さらにそのような「存在の意味」を問い，「存在のまこと」を問い，さらに「存在の場所」として，如何なる形でも対象化しえない「無」ないし「空」を思索の課題とすることが必要であると思う．私は，この「無」ないし「空」を，「自己を空しくすること（ケノーシス）」によって他者を生かしたイエスの「まこと」，「無者」を召命し，「無者の共同体」としての「エクレシア」を形成した原始キリスト教の成立の文脈で理解しているが，それは，仏教の持つ精神的遺産から一人のキリスト者である私が学んだ最も大切な事柄の一つでもあったと考えている．

第10章 教養教育における宗教学の役割
―― 教育環境の変化のなかで

島薗 進

はじめに

　医学や看護を専攻する受講者に宗教やスピリチュアリティ，あるいは死生観に関わる話をする機会が増えている．社会人として，患者さんや家族，とりわけ死にゆく人や遺族に接する機会の多い人たちだから，宗教学や死生学に自然に関心をもってもらえる．積極的に質問が寄せられる対話的な授業形式に展開しやすい．

　死に向き合うこと，死別の悲しみに向き合うことは，人として生きていく上で出会わざるを得ない事柄だ．実存的な問いのなかでも身近に受け止めやすい論題と言える．そして，医療やケアにおいて何が大切な事柄であるのかを考える際，避けられない問いでもある．

　だが，現代日本の大学で医学を学ぶ学生や看護を学ぶ学生は，ふだんこのような論題に接する機会が乏しい．若い学生たちに講義後にリアクションペーパーを書いてもらうと，「今まで授業でこのような話を聞くことはなかったので新鮮だった」というようなものが多い．医療やケアのための知識や技術を身につけるというとき，こうした領域は大学で，少なくとも大学の専門教育では，教える必要がないと考えられているらしい．

　ところが，医学や看護学を学んで仕事についている人のうち，かなりの割合の人はそうは考えていない．仕事について長い時間を経て，新たに宗教や倫理や死生観について学ぶ機会を知ると，積極的に学びに行く人が多いのだ．たとえば上智大学グリーフケア人材養成講座や大学院実践宗教学研究科で学

ぶ人々は平均年齢は 40 歳代で，医療やケアに関わる仕事についている人，仕事をした経験がある人が半ばを超える．

そこで私は死生学や宗教学を教えているが，受講者の関心はたいへん高い．職業人として，またひとりの人間として，死について，死を意識して，また，人生の危機とともに生きていくことについて，あるいは危機のなかにある人に寄り添うことについて，切実な関心をもって受講しているのだ．加えて，生きていくことに伴う挫折や悲嘆，倫理的なジレンマも経験的によく理解している．多くの社会人は人生経験のなかで自分なりの倫理的な考え方を培っている．

人生のなかで実際に宗教集団や宗教者や宗教書にふれる経験がどれほどあるか，これはさまざまである．なかにはたいへん深い関わりをもった人もいる．他方，ほとんど宗教と関わりがあるとは考えていない人もいる．だが，どちらの場合も，宗教や死生観について学術的な姿勢で問い，学び，考えるという経験は乏しい．

大学で哲学や倫理や文学や心理学について学んだ人も，こうした問いや考察に慣れているとは言えない．これは奇妙なことかもしれない．哲学者の考えたこと，思想家や文学者や心理学者の考えたことについて専門的に学ぶ機会はもったが，自らの死生について問う問い方は意識化する機会をもたなかったということになる．

宗教や死生観といったものは，人々が生活のなかで身につけてきたはずのものである．いや，そういう側面がかなり大きな要素を占める．今，大学で教えられている「哲学」や「倫理学」は専門研究が洗練されており，研究教育にあたる大学教師は，そのような専門研究で新たな業績を上げることに熱心になる．それはそれでよいことだが，そこばかりにエネルギーが向かうといつしか生活世界から遠く離れたところでなされる議論に引きこもる，ということにもなりかねない．

宗教学でもたとえば教典研究や宗教思想家研究はそうした側面をもっている．だが，宗教学ではそれと並んで生活世界に即した問いの領域をも重視する．宗教について学ぶときには，日常生活のなかでの人々の経験と照らし合わせることが自ずから重要となるからだ．社会学や文化人類学に近い側面だ．

第 10 章　教養教育における宗教学の役割　　159

他方，宗教に関わる日常の事柄にこだわっていくと，しばしば実存的な問い
から離れていくことにもなる．実証主義的な歴史的，文化人類学的研究や宗
教社会学的研究は，いつしか宗教を生きる人間の主体的な関心からは離れて
いく．

　ここで考えている宗教学教育は，そのどちらの専門性への閉じこもりをも
避けようとするものだ．教養教育として，今，求められているのは，哲学や
古典研究がもつ専門研究的な深みを生かしながら，また，生活現場に関わる
実際的，実証的知識を大切にしながら，現代を生きる人間の実存的，また公
民的な問いに応答しうるような宗教学教育である．

　私はこうした宗教学教育には求心的と遠心的の二つの側面があると考える．
その両側面を明らかにしていくことによって，教養教育における宗教学教育
の意義が見えやすくなるだろう．以下，デッサン的にならざるをえないが，
それぞれの側面について述べていく．

1.　生きる意味と宗教性——求心的な問い

　社会人対象の上智大学グリーフケア人材養成の講座で私がしばしば取り上
げるのは，宮沢賢治（1896-1933）である．大正・昭和時代の詩人であり，作
家であり，仏教者でもあった宮沢賢治について受講者とともに考えながら，
現代人にとって宗教とは何か，スピリチュアリティとは何かを考える．こう
した授業は「悲嘆＝グリーフ」について理解を増すことを目指すとともに，
教養教育としての宗教学の新たな試みでもあると考えている．

　多くの魅力的な詩歌と童話を残し，その文学的才能を讃歎する人々が多い
賢治だが，生前，華やかな舞台に立ったり，親密な交わりに憩うようなこと
はなく，37歳でその生涯を閉じた．独身主義を貫き，またその能力にふさ
わしい社会的地位につくことを自ら避けたかに見えるその生涯は，常識的な
意味でも寂しいもので悲しみに蔽われていた．

　浄土真宗の熱心な信徒であった父との思想的な不一致もあって商家の跡を
継ぐことを拒み，他方，個性を花開かせるべく故郷を去ることもできず，結
核に苦しみつつ若くして世を去ったこと，最愛の妹であり求道の同志として

信頼しあってきた2歳違いのトシが結核で25歳で世を去ったこと．これら
は賢治の悲しみの由来をある程度，説明してくれるものだろう．しかし，賢
治の悲しみはこれらふつうの意味での喪失体験によっては説明しきれないよ
うな深さ強さをもっている．

　詩集『春と修羅』にはトシとの哀切な死別の経験が詩句に結晶させられて
いる．「ああけふのうちにとほくへさらうとするいもうとよ／ほんたうにお
まへはひとりでいかうとするか／わたくしにいつしよに行けとたのんでくれ
／泣いてわたくしにさう言つてくれ」（松の針）という詩句は，多くの人々
に愛する人との死別の悲しみを思い起こさせることだろう．

　しかし，トシとの死別を歌ったこれらの悲歌のなかには，トシとの別れの
前から賢治の心の中にわだかまっていた悲しみの響きも込められている．
「わたくしのかなしさうな眼をしてゐるのは／わたくしのふたつのこころを
みつめてゐるためだ／ああそんなに／かなしく眼をそらしてはいけない」
（無声慟哭）．賢治が自らの「ふたつのこころをみつめて」いるために悲しい
のだということが示唆されている．トシ自身もそうだったが，賢治は自らの
内側に悲しみの源泉を宿していて，そこから悲しみがあふれ出てきてしまう
ような人間だった．

　それは，賢治が自分を「修羅」（阿修羅）と見なしていたことからも知ら
れる．賢治にとって修羅とは，いつも他者と争いあっていて心晴れず，人間
の交わりからはずれて薄暗い水中に閉じこめられていると意識しているよう
な存在だ．「まことのことばはうしなはれ／雲はちぎれてそらをとぶ／ああ
かがやきの四月の底を／はぎしり燃えてゆききする／おれはひとりの修羅な
のだ」（春と修羅）．このわけもなくあふれ出るような悲しみ，それは孤独に
沈まざるをえないすべての人々の深い悲しみに通じるものなのかもしれない．
賢治の悲しみが多くの人々を惹きつける所以である．

　悲しみの原因は自分一人だけの胸にしまっておくしかないような事柄かも
しれない．しかし，宮沢賢治の童話作品ではその悲しみが，いわば誰でもの
悲しみに通じるものとして描かれていく．悲しみは皆が分かち合い，ともに
耐えていくべきものではないだろうか．いや，そうなることができれば，い
かに重い悲しみも耐えていけると感じられるのではないだろうか．その意味

第10章　教養教育における宗教学の役割　　161

で小さな悲しみは大いなる悲しみに通じているのだ.

「めくらぶだうと虹」という作品では究極の美と短いいのちの双方を象徴する虹が, いのちは長いが薄暗い片隅にひっそり咲くめくらぶどうに語りかける.「本たうはどんなものでも変らないものはないのです. ごらんなさい. 向ふのそらはまっさをでせう. まるでいゝ孔雀石のやうです. けれども間もなくお日さまがあすこをお通りになって, 山へお入りになりますと, あすこは月見草の花びらのやうになります. それも間もなくしぼんで, やがてたそがれ前の銀色と, それから星をちりばめた夜とが来ます.」

すべてははかなく失われていくものとして大いなる悲しみを分かち合う. しかし, それはまた大いなる恵みと不可分かもしれない.「その頃, 私は, どこへ行き, どこに生れてゐるでせう. 又, この眼の前の, 美しい丘や野原も, みな一秒づつけづられたりくづれたりしてゐます. けれども, もしも, まことのちからが, これらの中にあらはれるときは, すべてのおとろへるもの, しわむもの, さだめないもの, はかないもの, みなかぎりないいのちです.」

どのようにすれば「まことの力」, すなわち大いなるめぐみを引き寄せることができるのだろう. 賢治の物語はそれを示していない. だが, それはやってくる. わけもなくそうなるかのようだ.「十力の金剛石」という作品ではどうか. 王子と家来の子が「十力の金剛石」を目指して城を出る. 初め, 野山のすべての生きものが金剛石の来ない世を悲しんでいる.「十力の金剛石はけふも来ず／めぐみの宝石はけふも降らず, ／十力の宝石の落ちざれば, ／光の丘も　まっくろのよる.」

ところが, すべての生きものがそれほどまでに悲しみに響き合ったからではないだろうか. とうとう「十力の金剛石」は下りて来る.「『来た来た. あゝ, たうとう来た. 十力の金剛石がたうとう下った.』と花はまるでとびたつばかりかゞやいて叫びました.」訪れた者は仏らしいのですが作者はその名を明かさない.「二人もまたその名をやっと聞いただけでした. けれどもこの蒼鷹のやうに若い二人がつゝましく草の上にひざまづき指を膝に組んでゐたことはなぜでせうか.」

私の解釈はこうだ. すべての生きものが大いなる悲しみを十分に悲しんだ.

162　第3部　人間存在の統合知

そのことこそが大いなる恵みをもたらし，王子らをひざまずかせた．悲しみが力を生み出すのは神秘だが，賢治はその神秘をそのままに描き出しているのではないか．そして，それは賢治なりに仏教の真髄を表現しようとしたものでもある．このように文学作品を通して，また「考える葦」である一人の作家を通して，「悲嘆を生きる」ということ，また「宗教を生きる」ということについて学んでいくことができる．

　受講者ひとりひとりが経験する苦悩や喜びに通じるような物語を通して，死について，悲しみについて，ケアについて，また宗教とスピリチュアリティについて考えていく．教養教育において，宗教学はこのような機能を担うことができる．

2. 多様性を学ぶこと——遠心的な問い

　専門的学知を学ぶとき，それが多様な知や価値意識をもつ人々にとってどのような意義をもつのか自覚的に問う必要がある．公共空間における学知の意義を問うということである．このような学問的問いに応じようとする学知の領域は公共哲学とよばれる．そもそも社会科学とは公共哲学であったし，そうあるべきだと論じたのはロバート・ベラーらの『心の習慣』（みすず書房，1984 年）である（なお，それを受けて展開された書物に山脇直司『公共哲学とは何か』ちくま新書，2004 年などがある）．

　ベラーの書物でまず念頭に置かれているのは，アレクシス・ド・トクビルの『アメリカの民主政治』（1835，40 年）だが，マックス・ウェーバーの『世界宗教の経済倫理』（1921 年）や『宗教社会学』（1922 年）を引き合いに出してもよいだろう．ウェーバーは社会学の父のひとりに数えられるが，また宗教学の父のひとりということもできる．宗教学の教育においてウェーバーにふれることは欠かせない（拙著『宗教学の名著 30』）．

　『プロテスタンティズムと資本主義の精神』『古代ユダヤ教』『ヒンドゥー教と仏教』『儒教と道教』について論じたウェーバーは，ひとりひとりの人間と生き方を秩序づけている「世界宗教」の多様性を強く意識しながら，それらが相対化されていく現代世界の実存と倫理について，またそうした世界

観の変化と社会構造の関わりについて問おうとしていた．「神々の闘争」，つまり世界観の多様性が露わになり，超越的なものが生活世界から遠ざかっていくかに感じられる近代世界で，人はいかに新たな社会秩序を形作っていけるのか．これはもう一人の社会学の父，エミール・デュルケムの宗教への問いの背後にあるものでもあった．

ウェーバーと関わりが深い哲学者にカール・ヤスパースがいる．実存哲学の系譜にあって重要な位置を占めるヤスパースは，『歴史の起源と目標』（1949年）という著書で，世界の諸文明の伝統を念頭におき，「軸の時代」について論じた．人類の諸文明が共有している実存的な問いと超越的理念の次元を比較しながら，現代の公共哲学の基盤となるものを探ろうとしたのだ．人類は一つという信念に導かれた歴史哲学であった．ヤスパースにとって，宗教は哲学の基礎づけと深く関わり合うものだった．

だが，その後の哲学や社会学の展開を見ると，宗教を通して人類文化の多様性を問い，また，多様な世界観をもつ人類の共存について考えるという問いは，後退していったように見える．そうした問いは，むしろ宗教学や文化人類学，あるいは比較文明論といった領域で問われるようになっている．一方，宗教学においては，この問いは学問的な営みの核心に関わっている．

20世紀の最後の4半世紀以来，西洋文明の覇権の後退は明らかである．そうしたなかで西洋哲学は自らの伝統を超えて，多様な諸文明諸文化を踏まえた哲学へと展開していくことができるのだろうか．他方，人類文化の多様性，とりわけ価値観・倫理観や死生観の多様性を問うてきた宗教学は，現代文明が直面している諸問題に応じるために欠かせない知的基盤を提供できる可能性がある．たとえば，「いのちの尊さ」とは何か，「平和と和解」はいかにして得られるのか，持続可能な人類文明の基盤は何か——こうした問いに対して，人類社会は多様な応答をもつだろう．その相違を知り，的確な多様性の認識の上に協働の可能性を問うていかなくてはならない．こうした認識を育てていく基盤として，宗教学は大きな位置を占めている．

具体的な例に即して述べていこう．2010年代になって深刻さが強く自覚されるようになったのは，現代科学が人類社会の基盤を掘り崩す可能性を，どのようにして制御することができるのかという問いである．二つだけ例を

あげると，人工知能（AI）の加速度的な発展は，機械が人智を追い抜いて独自の機能を発揮するとき何が起こるのかというのが一つの問題．もう一つの問題として，生命科学による人間改造を実現できる可能性が飛躍的に高まりつつあるということがある．

自然科学を学ぶ者はこうした問題に早くからふれておくべきである．さもないと，科学の営みがもつ社会的な意味，また人類史的な意味について無自覚なままに，生涯を歩むことになる．自らが携わる知的営みが思いもよらぬ歴史的帰結をもたらすことに加担するということにもなりかねない．実際，原子力開発や放射線健康影響をめぐる科学技術について学んだ人々のなかには，この次元の問いが足りなかったことを嘆く例がある．頑なにそのことを否定し続ける人も多いのだが．

ここでは，生命科学による人間改造をめぐる問題について述べよう．欧米の議論では，キリスト教の倫理観を基盤とした「人間の尊厳」や「生命の神聖性」といった概念が大きな役割を果たすことになる．たとえば，受精卵を利用して万能細胞（ES 細胞）を作成することに対して，受精卵にはそもそも人格の根本となる魂が宿っている，だから利用は許されないと論じられる．あるいは，胚がある段階にまで育つまではまだ人格が育っていない，だからその段階の生命は利用が許されると論じられる．いわゆる「パーソン論」である（本書の森岡正博氏の論考，参照）．いのちの尊さを他の生命に対する人格の優位という点に求めるのだ．

この議論は妊娠中絶の是非をめぐって欧米社会で展開してきた倫理論争を土台にしている．だが，このような議論に固執するあまり，「人のいのちをつくる」ことはよいことなのか，もしそうでないとすればそれはなぜなのか，という問いが片隅に追いやられてきた感がある．それでよいのか．アジアの宗教文化的伝統にそってこの問題をとらえた場合，どのように論じられるのか．

私自身は，『いのちを"つくって"もいいですか？──生命科学のジレンマを考える哲学講義』（NHK 出版，2016 年）で，平易で教養教育的な表現でこの問題への応答を試みた．そこでは「個」を軸として生命を考える西洋の宗教的哲学的伝統と，アジアの宗教的思想的の伝統の違いに注目している．

このような思考法の違いに主題的に取り組み，多様性を前提にしつつ，人類的課題に取り組むことが必要である．文化の違いを意識しつつ，倫理的概念を問い直すことが求められているのだ．

　一例をあげたにすぎないが，生命倫理や環境倫理の現代的課題を考察すると，宗教文化や思想的伝統の多様性という問題に出会うことが少なくない．現代科学を制御し方向づけるのは公共哲学の課題だが，そこにおいて人類文化の多様性を踏まえた倫理的省察を行う宗教学は，大きな役割を担うことができるはずである．学生は教養教育において宗教学を学ぶことによって，それぞれの専門領域において取り組むべき倫理的問題に，正面から向き合うための基礎を形作ることができるだろう．

　以上は自然科学を学ぶ者を念頭においた叙述だが，法学や政治学，経済学や心理学，社会学を学ぶ者にとっても同様である．社会生活のさまざまな局面を理解するには，宗教伝統に由来する基礎概念の多様性を踏まえることが不可欠である．また，文系の教育を受けて実務家として社会の諸問題に取り組む場合にも，価値観・倫理観の多様性を宗教文化に即して学んでおくことはきわめて意義の大きいことである．

　そして，どのような学問分野を学び，どのような職業生活に従事するにせよ，多様な人類文化において，「あなた自身はどのような位置取りをして生きているのか」と問い，「自己自身は何者であるか」を自覚するのに宗教学は役立つはずである．

おわりに

　教養教育は倫理的な自覚をもち，社会的な責任を負う自由な個人として生きていく力を養うことを目指すものである．そこにおいて，「自己自身は何者であるのか」を問い，また「多様な他者とともにいかに生きるのか」を問うことは不可欠である．宗教学は哲学や倫理学などとともに，この課題を担う学術分野として重要な役割を担う．ここでは，求心的な問いと遠心的な問いという両側面について，具体的な例を提示しながら教養教育における宗教学の意義を示そうとしてきた．

166　　第3部　人間存在の統合知

私自身は30年以上にわたって，20歳前後の主に文学部に進学する若い学生に対して宗教学教育を行ってきた．2013年に東京大学を定年退職し，新たに上智大学に奉職し，グリーフケア人材養成講座や大学院実践宗教学研究科で社会人教育に携わる時間が増えた．この稿の初めのところでその経験について少し触れたが，社会人教育の対象者と向き合っていると，あらためて教養教育を真摯に欲している人が多いという印象をもつようになった．

　社会人として人生の半ばに至って，新たに宗教学や死生学，あるいはスピリチュアルケアといった領域に関心をもつ人たちなのだが，教養教育的な宗教学や死生学の意義をよく理解し，たいへん意欲的に学んでいる．市民大学，コミュニティカレッジ，カルチャースクールといった場で学ぶ人たちとも共通点が多いだろう．

　もし，これが私個人の小さな経験にとどまらず，他の社会人教育にもあい通じることであるとすれば，これは教養教育への需要が，かつてのように高い社会的地位につき，それなりの社会的役割を果たすための基礎としてそれを求める若者のためのそれから，広く自らの生き方を問い，多様性のなかでの他者との共生のあり方を問うている一般市民のそれへと拡がっていることを示すものではないだろうか．

　経済環境が厳しくなるなかで，若者はむしろ職業生活ですぐに役立つような専門的知知を求める傾向が強い．科学者だけでなく政治家や官僚や企業リーダーを見ても，かつては教養教育の基礎を身につけた人が多かったが，昨今はそれが後退しているように見える．

　他方，エリート層とは言えない一般社会人に，教養教育への需要が広く見られるのだ．社会人のこうした需要を視野に入れて，大学の教育機能も考え直すべきときなのかもしれない．社会人が学費を払うことによって，若者の学費負担が軽減されることにもつながるし，世代を超えた知的交流が大学生活を活性化する可能性も開けるだろう．

　教養教育がこのような形で復権してくるとすれば，人生経験，社会経験に即して学ぶ学問のあり方が求められる度合いも強まるだろう．こうした変化が進むことを予想した場合，宗教学や死生学は教養教育に貢献できる要素が一段と拡がるようにも思われる．

第10章　教養教育における宗教学の役割　　167

参考文献

池内了・島薗進『科学・技術の危機　再生のための対話』合同出版，2015 年.
島薗進『宗教学の名著 30』筑摩書房，2008 年.
　　同　『日本人の死生観を読む』朝日新聞出版，2010 年.
　　同　『倫理良書を読む』弘文堂，2014 年.
　　同　『いのちを"つくって"もいいですか？──生命科学のジレンマを考える哲学講
　　　義』NHK 出版，2016 年.
島薗進・竹内整一編『死生学 1　死生学とは何か』東京大学出版会，2008 年.
島薗進・橋爪大三郎『人類の衝突』サイゾー，2016 年.
ロバート・ベラーほか『心の習慣』島薗進・中村圭志訳，みすず書房，1991 年（原著，
　　1985 年）.
宮沢賢治『宮沢賢治全集』1・5，筑摩書房，1986 年.

島薗論文へのコメントと応答

杉村靖彦

1）「島薗宗教学」と教養教育

　島薗氏の宗教学研究は，一人の研究者の仕事とは思えないほどの多方面への広がりをもって展開されてきた．新宗教・新々宗教についての包括的な研究，死生学のパイオニアとしての仕事，国家神道の歴史的・批判的研究，ヒト胚等の生命倫理の問題や原発等の科学技術と社会の問題に対する踏みこんだ考察等々，氏の研究は数多くの分野に及んでいる．そしてとくにここ数年，氏は自身の多面的な活動の連関づけを自覚的に行い，今日における「宗教学」のあるべき姿を示そうとしているように見える．そうして現れつつあるのは，今や「島薗宗教学」と呼んでもよいような，個性的で魅力的な一つの総合学の形である．

　なかでも印象的なのは，この総合の企てが，今日の日本人が生きていく上で不可欠な「教養」を提供することを使命として引き受けているように思われることである．実際，近年の島薗氏が次々と刊行してきた著作は，極力専門用語を排した平明で心に響く文章によって，現代のさまざまな困難のなかで人生の意味と世界のあるべき姿を探し求める普通の人々への指針となる知を提供しようとしている．長らく宗教学の教育に携わってきた島薗氏は，宗教学という学問には，こうした意味での「教養」への渇望に応えるためのリソースが分厚く蓄積されていることを確信し，また実際の教育現場でそのことを強く実感している．

　「教養教育における宗教学の役割」をめぐる今回の論考は，氏のそうした熱い思いを浮かび上がらせつつ，「島薗宗教学」の全体像を簡明かつ生彩豊かに描く

ものとなった．筆者自身は，フランス哲学や京都学派の哲学の先鋭的な言説を通しての宗教哲学研究に携わっており，まさに島薗氏から「生活世界から遠く離れた専門研究の洗練」にうつつを抜かしているのではないか，と問いただされかねないような立場にある．それでも，とくに教育現場や公開の学術的催し等での経験から，氏がこの論考で列挙したような事柄こそが，学生や聴き手が切実に求めているにもかかわらず旧来の大学が提供できていない「教養」であろうということは，皮膚感覚的に理解できる．以下，今日の教養として描き出された島薗宗教学の姿を筆者なりの仕方でまとめた上で，最後に質問をさせていただきたい．

2） 個人，社会，人類：「島薗宗教学」の三つの次元

滋味深い島薗氏の叙述の奥行きを切り落としてしまいかねない無粋は承知の上で，今回の論考で述べられている事柄を思い切って構造化してみよう．それによって，氏が思い描く「教養としての宗教学」が，単に専門性を薄めて一般向けに分かりやすく学問を紹介したものではなく，今日の私たちが直面する問題の「全体」に対峙し，進むべき道を示そうとする総合的な人文学としての志を秘めたものであることが見えてくるからである．そのための切り口として，氏の論述を個人，社会，人類という三つの次元に分節化してみたい．

宗教学に期待される「教養」とは，まず第一に，個々の人間に対して，「現代を生きる人間の実存的な問い」に即した仕方で「生きる意味」を探求するための手立てをもたらすことである．私たちの生きる世界がどれほど大きく変貌しようとも，個々の人間が古来の生老病死の問題を免れることはありえない．にもかかわらず，現実が極度に複雑化するなかで，問題自体の輪郭が容易に像を結びにくくなり，私たちは生死の意味を問う手立てすら見失い立ちすくんでいる．こうしたなかで，「自分は何者なのか」という「求心的な問い」を問うための手がかりとなるのは，従来は哲学や倫理であり，宗教であったはずである．だが，大学で研究される哲学や倫理は専門性を追究しすぎて普通の人々の生活から乖離したものとなり，宗教の深遠な教えは，そのままでは現代人の多くにとって縁遠いままである．

こうした現状認識の下で，島薗氏が提唱するのは，「ひとりひとりが経験する苦悩や喜びに通じるような物語」を媒体とした教育である．氏は宮沢賢治を例にとり，賢治の作り出す数々の物語が，一人の人間の悲しみを全ての存在の悲しみに通じるものとして描き出し，そのことによって大いなる悲しみを大いなる恵みへと転換するものであることを示す．賢治の文学の背後に仏教があることは周知の事実だが，それは賢治の物語が仏教の教えを説くための方便でしかないという

第10章　教養教育における宗教学の役割　　169

ことではない．島薗氏が繊細な注意を向けるのは，概念でも教義でもなく「物語」という言葉のあり方のもつ力である．生死の意味を求めて哲学や宗教が積み重ねてきた無数の探究は，それ自体はどれほど遠いものとなっても，すぐれた物語を通して今日の私たちひとりひとりの実存的な問いに浸透し，その導き手となることができる．こうした形で生死の意味の問いの「語り直し」を自覚的に行っていくことが，宗教学が現代人の教養教育のためになしうる第一の貢献となるのである．

　だが，宗教学の貢献は，個人をその実存へと立ち戻らせる「求心的」な問いに限定されるのではない．島薗氏の主張の意味深い点は，個人が社会へ，そして世界へと出ていく「遠心的」で「公共的」な方向においても，宗教学ならではの独自の貢献をなしうると考える点である．宗教学は，宗教を通して諸々の人類社会とその世界観や価値観の多様性に面してきた学問であり，それらの相違点と共通性について膨大な知見と考察を積み重ねてきている．こうした多様な人類社会が，現代において人類全体が直面している危急の諸問題に対して，いかに対話し協働して応答していくことができるのか．西洋文明の覇権の後退は明らかであるのに，この覇権をどこかで前提したままである哲学等の学問は，この課題に対応する準備ができていない．そうしたなかで，宗教学にはこうした問題に答えていくための基盤となりうる可能性がある．島薗氏はこのように考えるのである．

　その際に島薗氏が範をとるのは，ヤスパースが『歴史の起源と目標』で提示した「軸の時代」という考えである．中国の諸子百家，インドの仏教，ギリシャの哲学者たち，ユダヤの預言者たちなど，世界の諸文明において人類の精神的覚醒が同時並行的に生じた紀元前5世紀前後の時期をそのように名づけることによって，ヤスパースは，西洋哲学の閉域を踏み越えて，人類文化の多様性を視野に入れつつそこで共有されうる一なる人類の理念を探究する道を開いた．だが，その後の哲学研究では，専門分化と西洋中心主義に阻まれて，この方向への探究の継承者はほとんど出てきていない．そうしたなかで，島薗氏は，宗教学こそが，現代の状況にふさわしい形でヤスパースの探究を継承できる位置にあり，今日の人類が生き延びていくために必須の教養となりうると考えているのである．

　ただし，ヤスパースは多様な人類文化を一なる人類の理念へと収斂させる目的論的な歴史哲学を掲げるが，今日においては，そうした理念を安易にもち出すことはできない．だからこそ島薗氏は，多様な人類社会が人類共通の問題に協働して応答していくというよりマイルドな構図を宗教学に割り当てるのであろう．だがその場合，氏自身の叙述が示している以上に，全体としての「人類」の次元と個別の人類「社会」の次元を明瞭に分節化した上で，両者を関係づけた方がよい

と思われる.

　私たちが一なる人類の理念を掲げることができないにもかかわらず，人類「全体」を考えることを余儀なくされるのは，島薗氏の言い方では「現代科学が人類社会の基盤を掘り崩す可能性」，もっと極端な言い方をすれば，人類ないしは人間性（humanity）の存続を脅かす可能性が，ここにきて制御不可能なほどの加速度的な増大を遂げているからである．その限りにおいて，宗教学の「遠心的な問い」は，多様な人類社会の精神的伝統を比較するだけでは済まず，「人類全体」の次元にまで及ぶのでなければならない．現代の科学技術が人間社会に対してもちうる脅威について，島薗氏が宗教学者として踏みこんだ考察と発言を続けてきたのは，おそらくそのような理由によるのであろう.

　そうした文脈で，この論考では，かねてより島薗氏がとりくんできた「生命科学による人間改造をめぐる問題」がとりあげられている．たとえば受精卵を利用したES細胞の作製の是非は，哲学や倫理学の分野では，受精卵にどの段階から人格が認められるかという，いわゆる「パーソン論」の立場から論じられることが多い．だが，問題は，「受精卵はどこまで人間か」ということ以前に，「人間のいのちをつくってもよいのか」ということではないか．キリスト教由来の「人間の尊厳」概念を背景にもつパーソン論的な問題設定の下では，後者の次元の問いは後景に退いてしまう．だが，アジアの宗教的・思想的伝統を参照するならば，この問いを表に引き出すことができるのではないか．こうした局面にこそ，宗教文化や思想的伝統の多様性を描きとることに力を注いできた宗教学の出番がある，というのが島薗氏の考えである．今日のグローバル化した世界では，人類全体を巻きこみ脅威にさらすような問題は，今述べたような科学技術の分野だけにとどまらず，政治や経済はもとより，ローカルな社会の共同生活にも影響を及ぼさずにはいない．そうしたなかで，「人類文化の多様性を踏まえた倫理的省察を行う宗教学」は，どのような分野に従事する人にとっても不可欠の教養として，公共的次元において大きな役割を担いうるのである.

3)　島薗氏への質問

　以上，島薗氏の所論を筆者なりに再構成しながらその意義を浮かび上がらせてみた．このようにまとめてみることで，従来の宗教学を組み替え大きく拡張する「島薗宗教学」が，今日の教養教育という課題に直接接続できる構造を備えており，そこにおいてもっとも必要とされる事柄を提供できるものであることを示しえたと思う．実際，これまで筆者自身，多方面に展開する島薗氏の宗教学を他の者には容易に真似できない名人芸として受けとめてきたが，今回の論考を通して，

それが教養教育としての宗教学を大学や他の公共機関において提供していく上で，汎用性をもつモデルになりうることがよく理解できた．もちろん，上記の三つの次元の各々にどのような内容を充填し，それらをどのように連関づけるかということは，講義者の力量に大きく左右される事柄であり，だれもが島薗氏のようになれるわけではない．だが，氏の描く構図が，宗教学を現代の生きた教養へと再編していく際に，頼りになる見取図となるものであることは間違いあるまい．

　だが，そのことを十分に認めた上で，最後に一つだけ問いを投げかけてみたい．それは，一言でいえば，このように構想し直された教養教育としての宗教学に，どこまで批判的契機を組み入れることができるか，という問題である．率直に言って，島薗氏の構想においては，上で分節化した個人，社会，人類の三次元は，かなり理想化された調和的連続性のなかに置かれているように思われる．個々人の生死の意味の探求は，それが現代においてどれほど困難に見えようとも，伝統社会において蓄積されてきた宗教的資源を適切に物語化することによってその通路を得る．人類全体にのしかかる問題は，それが人類の存続自体を危うくしかねないほどのものであろうとも，多様な人類社会の文化的蓄積を総覧し，そこから適切な知恵を引き出すことによって対処していくことができる，というわけである．このように見てくれば，島薗氏の構想する教養としての宗教学は，個人の次元の問題追求と人類の次元の問題追求のいずれにおいても，両者の中間に位置する種々の共同社会的次元での蓄積に大きく依拠する構造になっていることが分かる．

　このこと自体を問題視したいわけではない．実際，自由主義とグローバリズムの席巻する今の世界では，長い時間をかけて共同社会的次元で積み上げられてきた宗教的・思想的蓄積に自然な仕方で触れ，それを身につける機会が急速に失われてきており，そのことが今日の私たちの生を極度に不安定で生きづらいものにしていることは確かである．そうした蓄積への通路を一つ一つ取り戻し，生きた言葉で私たちの生へと組みこみ直すことは，エリートの贅物としての教養ではなく，普通の人々の心と頭を支え，明日も生き延びていけるようにするための教養として，とくに現代の日本において切実に求められていることである．今回の論考を読んで，島薗氏が宗教学者としての自負をもってとりくんでいる課題がそうした性質のものであることは，十分に理解できたつもりである．

　だが，共同社会的次元での精神的蓄積を取り戻し自らの支えとすることを求める人々の渇望に応え，それを満たす生きた教養を与えるという営みには，人々をある種の閉じた共同性へと傾かせる恐れもあるように思われる．たとえば，宮沢賢治の文学作品を「大いなる悲しみは大いなる恵みに通じる」という形で宗教の

真髄を表現したものとして提示するというのは，賢治の唯一の読み方というわけではあるまい．しかし，実存的な生死の問いに結びつけてこの読み方が示される時，それに強く共感する者たちは，それが自分を支えてくれるものだと感じれば感じるほど，他の可能な読み方には目を閉ざしてしまう恐れがある．そうなると，そこには宗教的な賢治像に自己を重ねることのできる者たちの閉じた共同体ができあがり，それに馴染めない者たちは，自分には関係のない話だとして敬して遠ざけるということになりかねない．物語には人を引きつける強い力がある．それだけに，人々に自らの生を支える物語を提供することを手立てとする教養教育は，その物語への自己の関わりを冷静な目で批判的に見つめ直し，他者の物語との交差を図るという開かれた態度をも同時に身につけさせるものでなければなるまい．そのためにはどうすればよいのか．この点について島薗氏の考えをお聞きしたい．

　このように問えば，島薗氏は，人類社会の多様な価値観へと目を向けさせる宗教学の「遠心的」な方向性が，そうした学びを可能にしてくれると答えるかもしれない．だが，そこでもまた，同じ問題が形を変えて現れうるように思われる．たとえば，生命科学による人間改造という恐るべき問題を前にして，もはやキリスト教由来の人格概念では追いつかず，今や「いのち」をめぐるアジアの宗教的・思想的伝統を参照すべきだという洞察が提示される時，人格概念が歴史的に果たしてきた積極的な役割をきちんと考えたことのない者には，この洞察が単純にアジア的な価値観に優位を置くものと受けとられ，これからは私たちアジア人の時代だ，という閉鎖的な自己肯定へと回収されてしまう可能性もありえよう．かといって，多様な価値観がそれぞれの共同社会のアイデンティティを支えてきたものである以上，それらの良い面だけを取り集めてつなぎあわせるというわけにはいかない．それらを調和させることは理想だが，実際には，それら一つ一つがもつ多面性，それぞれの間の対立やすれ違い，共約不可能性を，人類が直面する個々の問題に照らしてそのつど粘り強く検討していくしかない．これはきわめて大きな知的負荷を要する営みであるが，共同社会的な蓄積を人類レベルへと開いていくためには不可欠な作業であろう．だが，こうした複雑な知的操作を，エリート養成のためではなく，普通の人々が生きていくための教養教育へと組み入れるためには，一体どのようにすればよいのか．先の問いと密接に連動する事柄として，この点についても島薗氏の考えをお聞きできればと思う．

島薗 進
　──杉村靖彦氏への応答
　杉村靖彦氏はやや拡散気味の私の研究に広く目を配って，その意義を積極的に

受け取ってくださっている．これは視野が広く，また懐が深い杉村氏の学問的営為そのものを反映しており，まずそのことに大いに感銘を受け，かつ共鳴を抱いた．また，今回，自らの仕事を「教養教育としての宗教学」という観点から捉え返そうとした私の論の意図を的確につかみ，その目指すところを好意的にくみとってくださっている．このことにも感謝申し上げたい．

さて，その上で，杉村氏は私の論の危ういところに問いを向けている．その前提として，「共同社会」的次元と「人類」的次元という区分が導入されている．そして，私の論は人類的な問いの次元から共同社会的な次元を振り返る批判的な視点が十分に展開されていないところに弱点があるということだろう．言い換えると，共同社会的次元の問いや共有観念や価値観を，究極的な観念や価値観として提示しているかに見えるので，そこをどう開いて普遍的な論へと引き上げていくのかを問う必要がある．私はそのように受け止めた．

私の論では実存的な問いに関わる求心的な研究教育の領域と，広く公共空間で問われるような論点に関わる遠心的な研究教育の領域の双方に言及している．杉村氏はその両側面について，上記の問いが生じるという．

まず，求心的な領域だが，例にあげた宮沢賢治の物語がある種の共有されるべき世界観の提示として読めてしまうという指摘と受け止めた．確かに拙稿「教養教育における宗教学の役割」の「1. 生きる意味と宗教性 —— 求心的な問い」では，そう読めてしかたがないような書き方になっている．そのぐらい私の宮沢賢治の物語への共鳴が深いということもあり，グリーフケアに関わって現代人がわがものとしうるスピリチュアリティについて語るとき，そのような語り方をすることが多いのかもしれない．実際，この節の文章は受講者を相手に，私が共鳴するスピリチュアリティを例示するときの語り口になっている．

だが，現代的な宗教思想や物語表現についての私の著述では，私はそれを究極的な答えに通じるものとしては提示していないと思う．たとえば，『宗教を物語でほどく』（NHK出版，2016年）では，宗教伝統を相対化しながら，自らのスピリチュアリティを表現している作家たちについて，その歴史的，また文化的限定性について述べるよう，心がけているつもりだ．個々の作家や表現者はそれぞれのローカリティと時代的限界のなかから声を発している．そして，それを受け止める私や読者には，また異なるローカリティと時代的限界がある．そこに他者性が現出するわけだが，それが露わになるような読解を示すことが望ましいだろう．

次に遠心的な研究の領域だが，私の論はキリスト教や西洋哲学の伝統に基づき「個」を重視する西洋の生命倫理の論調に対して，「関係」を重視するアジア的伝統を汲み上げて対抗的な生命倫理の議論を構築するというふうに読める．そうな

るとアジア的伝統に優位を与えて，その共同社会的な観念や価値に究極的な拠り所を求める論として受けとれる．杉村氏の疑念は私の論がそこを目指しているように見えるところに向けられている．ここでも拙稿「教養教育における宗教学の役割」の「2. 多様性を学ぶこと —— 遠心的な問い」では，そう受け取らざるをえないような書きぶりかもしれない．

　拙稿のこの節の表題は「多様性を学ぶこと」となっており，何らかの優越的な価値基準を示すことを意図してはいないつもりである．だが，それではそれぞれの共同社会的アイデンティティが並列されたままになるのではないか．そこで，杉村氏は「それら一つ一つがもつ多面性，それぞれの間の対立やすれ違い，共約不可能性を，人類が直面する個々の問題に照らしてそのつど粘り強く検討していくしかない」と記している．そうした困難な作業によってこそ，「人類レベルへと開いて」いくことができるのだという．実は，これは私が目指すところとあまり異なっていない．私が適切に述べることができなかったことを適切に述べていただいているように思う．

　では，これを教養教育にどう組み入れていくのか．私はこの点については，どうも楽観的であるようだ．教室でのやりとりが充実したものとなるとき，いくらかなりと上記のように「人類レベルへと開いて」いく過程が実現するのではないか．教室でもしばしば他者性・多声性が露わになることがある．私自身はそこに「人類レベル」の認識が現出するヒントがあるように受け止めてきた．それを論文の形にしたり，学術的な論議の形で結晶させるのはなかなか容易ではない．だが，そのような学術的な課題を意識して教養教育を行うことは，さほど困難ではないのではないだろうか．

　以上，不十分ながら杉村氏の問いかけへの応答としたい．

第11章 そこに人間がいるとはどのようなことか
—— 「生命の哲学」の視点から

森岡正博

はじめに

母親が亡くなったとき，私は非常に不思議な感覚に襲われた．これまで言葉を交わしていた母親が，しだいに熟睡の状態で多くの時間を過ごすようになり，そして最期は心臓の鼓動が止まり息を引き取った．亡くなった身体はまだ温かく，いまにも目を再び開けてしゃべり出しそうだった．医師が来て死亡診断をしたあとでも，目を開けて口を動かすのではないかと思われた．亡くなった身体は，たしかにもう息をしていない．だが，私は死亡診断の前後で，いったい何が決定的に変化したのか，まったく分からなかったのだ．医学的に言えば，それはその時点でもって，蘇生可能性が完全に絶たれたということである．しかしそばにいる者にとっては，蘇生可能性の消滅は非常に抽象的な理念にすぎず，目の前で失われたとされるものを的確に表現するものではないように思われた．もちろん，脳の中で生起する自己意識が不可逆的に消滅したのだという説明も可能である．だが，母親の自己意識はすでに死亡診断のずいぶん以前に消滅していたようにも思えた．自己意識の消滅が母親の死亡であるとするのも非常に抽象的な考え方である．「母親が亡くなったときに，いったい何が亡くなったのか？」という問いが私の内に生じた．これはいままで考えたことのない不思議な問いであった．

父親が亡くなったとき，私はふたたび不思議な感覚に襲われた．父親は熱にうなされながらも私の呼びかけに頷いていた．やがて呼びかけに頷くことがなくなり，全身で苦しそうな呼吸をするようになった．そして私がふと部

176　第3部　人間存在の統合知

屋を出ていたあいだに，父親の心臓は停止した．呼吸の止まった父親の身体
は，やはり温かかった．頭頂に手を当てると，まだ高熱のなごりが感じられ
た．しかしまだ父親が亡くなったのかどうか確信は持てなかった．医師が来
て死亡診断を行なった．私は父親の顎に手を当て，頬に触れ，指に触れた．
その感触は生きていたときのものと何一つ変わらなかった．しかし同時に，
私は父親の身体を前にして，ある一つの大きな変化を感じ取っていた．

　父親がまだ荒い息をしていたとき，私は父親に何をしてほしいか尋ねた．
父親はもう言葉をクリアーに発することはできなかったが，何かを訴えた．
身体をさすりながら反応を見ていると，背中を指圧したときに表情が和らぐ
のが分かった．父親は背中の筋肉をほぐしてもらうのが好きだったのだ．私
は父親の身体の下に指を入れて，ゆっくりと指圧をした．このときに私と父
親のあいだでなされたようなコミュニケーションを，呼吸の止まった父親と
はもう行なうことができなくなったのだ，と私は深く理解した．凝った背中
の筋肉をほぐすという行為を父親と私が「シェア」するという経験を，私は
呼吸の止まった父親とのあいだで，もう持つことができないということ．父
親が亡くなったときに私が感じた大きな変化とは，まさにこれであった．父
親が亡くなったときに，私と父親が今後何かをシェアしていく可能性という
ものが，永遠に消失してしまったのである．親しい他人が死ぬとは，その人
と私が何かをシェアしていく可能性が将来にわたって完全に奪われることで
あると私は知ったのだった．

1. パーソン論的人間観

　この気づきは，私に，生命倫理学で大きな力を持っている「パーソン論」
を別の角度から再考させるものとなった．私はここ15年ほどのあいだ，パ
ーソン論を批判的に検討したうえで，それに代わる概念として「ペルソナ
論」を提唱してきた．ところが，今回の気づきにより，パーソンおよびペル
ソナとは異なった文脈で成立する「シェア」の次元があることが分かったの
である．これによって，「そこに人間がいるとはどのようなことか」という
問いに対して，以前よりもさらに説得的な考え方を示すことができるように

なったと私は考えている．本稿では，その考え方を素描し，議論を前に進めていくためのステップとしたい．

　議論を進めるうえで，まずパーソン論の概要を摑んでおく必要がある．これについては森岡（2010, 2012, 2013）で論じたので，これらを適宜参照しながら，以下にその要点を振り返っておきたい．

　パーソン論は，人工妊娠中絶の是非をめぐる議論において提出された．マイケル・トゥーリーは，1972年の論文「中絶と新生児殺し」において，人間を「パーソン」と「パーソンではないもの」に二分し，パーソンである人間は生存権を有しているが，パーソンでない人間は生存権を有していないので殺されても仕方がないと結論づけた．パーソンでない人間とは，胎児や新生児のことである．トゥーリーは1984年の論文「中絶と新生児殺しの擁護」において，「自分自身が存在し続けることへの利害関心（利益）interest を持つ」ことが，パーソンであることの必要条件であるとした[1]．

　この考え方を発展させ，ヨーロッパの伝統的な人格概念と結びつけたのがピーター・シンガーである．シンガーのパーソン論は，1993年の著書『実践の倫理・第2版』においてもっともクリアーに提出されている．（これに比して，2011年の第3版では主張が後退している箇所があるので，以下は第2版を参照することにする．）

　シンガーは，存在者を，（1）感覚をそなえていない存在者，（2）感覚のみをそなえている存在者，（3）感覚に加えて自己意識と理性をそなえている存在者に区分する．まず，感覚をそなえていない存在者とは，石ころや，神経系が存在しない生物などのことを指す．人間であっても，受精卵や脳死の人は感覚をそなえていない存在者とみなされる．次に，感覚のみをそなえている存在者とは，神経系が存在して機能している生物のうち，自己意識も理性も存在しないようなものを指す．たとえば，多くの哺乳類や爬虫類がこれであるし，人間の場合は胎児や知的障害者がこれに当たるとシンガーは言う．最後に，感覚に加えて自己意識と理性をそなえている存在者としては，小児から成人にかけての人間，大型類人猿，イルカ，カササギなどがあげられるとシンガーは言う．シンガーが「パーソン」と呼ぶのは，この第三のグループのことである．シンガーは，パーソンを「自分自身のことを，過去と将来

を持ち，他とははっきり区別される存在として自覚できるような，理性的で自己意識を持った存在者」として定義している[2].

　シンガーも，トゥーリーにならって，自己意識と理性をそなえたパーソンには完全な生存権を認めるけれども，自己意識や理性をそなえていない存在者に対しては，生存権を無条件には与えなくてもよいとする．このような考え方を「パーソン論」と呼ぶ．これは人間を，「自己意識と理性をそなえた存在者」と「それらをそなえていない存在者」に二分し，後者の人間を殺すことを正当化するものであると言える．パーソン論は，理性を人間のもっとも重要な本質と見る古代からのヨーロッパ思想の流れをくんだものであり[3]，現代の生命倫理学においても一定の支持を得ていると考えられる．

　このようなパーソン論的人間観の視点から，私の経験した父親の死を眺めてみるとどうなるであろうか．

　まず，入院直後の父親は私と言葉で会話することができていた．私が話しかければ父親はそれに言葉で答えた．お互いの話の内容を理解しながらやりとりを行なうことができた．この段階における父親は，シンガーの言う「感覚に加えて自己意識と理性をそなえている存在者」，すなわち完全なパーソンであったことになる．

　ところが，死の直前，熱を出して全身で苦しい呼吸をしている父親は，外側から見て，もはや理性を有しているとは判断できなかった．私が声をかけても言葉を返すことはなく，ただ荒い息をしているばかりであった．父親が自分のことを，過去と未来をもった持続的な存在として認識しているとも私は判断できなかった．もし仮に第三者が客観的な検査を外側から行なったとしても，理性や自己意識をはっきりと見出すことはできなかっただろう．この段階において父親はパーソンではなくなっており，シンガーの枠組みで言えば，たんに「感覚のみをそなえている存在者」となったことになる．それは，シンガーによれば，ほとんどの哺乳類や魚類と同じ地位にいるということである．我々がパーソンに認めるような生存権を，我々はこの段階の人間に必ずしも認めなくてよいとシンガーは考えるのである．

　そして父親が自発呼吸を止め，全身の血流が止まったとき，父親は「感覚をそなえていない存在者」になったことになる．シンガーによれば，その身

第11章　そこに人間がいるとはどのようなことか　　179

体の地位は，身近な人々から手厚く扱われるという点を除けば，基本的には石ころと同じである．

2. シェアの次元

　ということなのだが，しかしシンガーの三分法によっては，父親を看取った私のリアリティを正しくすくい上げることはできない．私がとくに注目したいのは，父親が言葉でのコミュニケーションができなくなった段階で，父親が何かを訴えているように私には思え，私が背中を指圧してあげると，父親の表情が和らいだことである．このときに何が起きていたのかをよく考えてみないといけない．まず，さきほど述べたように，父親に理性や自己意識があったと判断できる根拠はまったくない．だが，父親の，言葉を使わない訴え（と私が理解したもの）に対して，私が指圧という行為でそれに応えると，父親の表情が変わったのである．ここには，理性も自己意識も持たないであろう人間と，私のあいだに交わされた，一種のコミュニケーションがある．父親は，その晩年，ずっと背中の筋肉の痛みを訴えていた．私は父親が痛いと言うときには，背中をよく指圧していたのである．すると父親は目を閉じて，それを受け入れていた．指圧することは父親と私のあいだの重要なコミュニケーションのひとつだった．父親にとって，背中の指圧は，自分以外の人間がここにもう一人いるということを全身で味わう貴重な機会になっていたのだろうと今から振り返ってみて思う．

　であるから，私は父親が言葉を発することができなくなったときに，指圧をしてあげた．父親の表情の変化から察するに，父親はその指圧の感覚を経験することができたと考えられる．この時点で父親はたしかにシンガーの言う「感覚のみをそなえている存在者」であった可能性が高い．感覚のみしかそなえていなくても，人間は経験した感覚に反応して表情を変化させることはできるはずだ．しかしながら，シンガーがこの段階の人間を「感覚があるかないか」だけで特徴づける点に，私はシンガーの哲学の浅さを感じざるを得ない．

　父親を指圧していた私にとって重要だったのは，父親に気持ちよさという

「感覚」がもたらされたかどうかということだけではない．父親が私に何かを訴えたように私が思い，それに対して私が指圧という行為で応え，その結果，父親の表情が変わったという一連の出来事が起きたということが，私にとっては父親の感覚したであろう気持ちよさに匹敵するくらい重要だったのである．すなわち，その一連の出来事によって，私はその存在者と何かを「シェア」することができたという確信を得たのである．シンガーの哲学は，このことの重要性を捉えていない．

　では，ここで言う「シェア」とはいったい何だろうか．

　それは，次のような出来事が起きたと確信できることだろう．すなわち，私と他人のあいだに何か一連のやりとりがあり，その一連のやりとりが二人のあいだで分かち合われたと確信できることである．「分かち合われる」とは，その一連のやりとりが意味のある経験として二人の内部へと取り込まれ，それぞれの生を構成するパーツとして組み込まれることである．生を構成するパーツとして組み込まれるのだから，その二人はそれぞれ，一連のやりとりが起きる前とは少しだけ異なった存在に変化したことになる．そして組み込まれたパーツは，一連のやりとりが終わったあとでも，ある一定期間，二人の内部において存在し続ける．その後，そのパーツはその人間の内部の他のものと融合して消えていくかもしれないし，消えていかないかもしれない．何かが「シェア」されるとは，このようなことを指すのだと私は考えたい．

　父親とのやりとりを例にとって考えてみよう．父親が何かを訴えたように私は思い，私が指圧をすると父親は表情を変える，という一連のやりとりがある．このとき，この一連のやりとりは，意味のある経験として私の内部に取り込まれる．父親はもう言葉は発せられないけれども，いつもしていたように私が指圧をすることによって，背中の痛みが楽になったに違いない，私の指圧は父親に気持ちよさを与えたに違いないという思いが私の中に生まれてくる．その思いは，私の精神の記憶や，身体の記憶に取り込まれ，私を少しだけ変容させる．その一連のやりとりがあったおかげで，私はそれ以前の私とは異なった者になるのである．その記憶は少なくともある期間は私の中に残存し，そのあとはおそらく薄まっていくであろう．一連のやりとりは，私の側においてはそのようなものとして自分の内部に組み込まれていく．そ

第11章　そこに人間がいるとはどのようなことか　　181

して，父親の側でも同じようなプロセスが進行すると私が確信できる場合がある．それは以下のような場合である．父親はおそらく背中の痛みを訴えていた．すると息子がいつものように指圧をしてくれて，そのおかげで背中が気持ちよくなる．そして表情が和らぐ．この気持ちよさは，いつものように肉親が近くにいて気遣ってくれたという安心感とともに，父親の精神と身体へと有意味な経験として取り込まれる．肉親がまだそこにいてくれるという安心感は，父親の心身のあり方を少しだけ変容させる．もちろん父親の側でそういう出来事が実際に起きていたかどうかを第三者が客観的に確認することはできない．しかしそれにもかかわらず，一連のやりとりに関わった私がそれを確信でき，また私の側もそれを有意味な経験として取り込んだときに，私は父親と一連のやりとりを「シェア」できたと言ってよいのだと私は考える．

　当然，ここには難点がある．私が一方的にシェアできたと信じているだけであって，ほんとうは父親の側ではそういうことは一切起きていないかもしれない．しかしながら，よく考えてみれば，自己意識と理性をそなえたパーソンである人間同士のあいだで何かをシェアすることができたという場合であっても，シェアできたと信じているのは私だけであって，実は相手はまったくそのやりとりを有意味な経験として取り込んでいなかったということはあり得る．そして相手が巧妙にその事実を隠していたとしたら，私のほうでそれを見抜くのはきわめて難しいだろう．相手が嘘をついているのではないかと徹底的に問い詰めることは可能だが，それでも嘘を見抜けないケースはあるに違いない．そのような難点があるにもかかわらず，私たちの多くは，理性を持った人間のあいだであれば，何かをシェアすることは可能であると確信している．だとしたら，同じような難点を持ちつつも，パーソンである私と，パーソンではないと考えられる人間とのあいだで，一連のやりとりを分かち合うことができたと私が確信できるとき，そこでシェアがなされていると考えることに決定的な問題点はないだろう．たしかに，パーソンではない人間の場合，その人間を問い詰めることはできない．この点は異なっている．しかしパーソンでない人間の血流や神経系の変化などを医学的に調べて刺激の影響を推測することは可能だから，相手の心身の状況の検査に関して

182　　第3部　人間存在の統合知

は程度問題であるとも言える．もちろん，分かち合いがなされたという確信がある場合であっても，ほんとうはそんなことは起きていないかもしれないという留保を持ち続けることは重要である．それはパーソンである人間同士の場合でも同じである．ただし，パーソンの場合は，シェアできたという私の確信を，相手が言語によって明瞭に否定することができる．これに対して，非パーソンの場合はそれができないわけで，この点は決定的な違いとなるだろう．

　このように「感覚のみをそなえている存在者」であっても，私はその存在者と何かをシェアすることができる．これを「シェアの次元」と呼ぶことにしよう．私が他人と何かをシェアできるというのは，非常に意義深いことである．これは人間同士のコミュニケーションにおける重要な側面であると言える．しかしながら，相手の病状が悪化して，私からのはたらきかけに対して何の反応もしなくなった場合，その人間と何かをシェアするのは不可能となる．たとえその人間にまだ感覚能力が残っていると判断されたとしても，私からの働きかけに反応しなければ，何もシェアすることはできない．

　そしてその相手の自発呼吸が止まり，身体の血流が停止したとき，私がその人間と何かをシェアできる可能性は決定的に絶たれるのである．私にとって他人の死とは，その人と何かをシェアする可能性が今後一切，完全に消滅することである．人間の死とは，その人の内的意識が不可逆的に消滅することだとする考え方があり，これは一般的に理解されやすい．だが，実際に私が母親と父親の死を経験したときのことを思い出せば，彼らの内的意識がいつ不可逆的に消滅したのかを知ることは非常に難しく感じられた．死亡診断の前後において大きな変化があったとは考えられなかったからだ．それよりも私にとっては，もう彼らとは今後何かをシェアすることが一切できなくなったと思わざるを得なかったことのほうが大きかった．「シェアの次元」の消滅こそ，親しい人間の死の中核にあるもののひとつである．「シェアの次元」の消滅が，心臓死とほぼ同時に起きる場合がある．私の父親の場合はこれである．だが，たとえば植物状態や昏睡に近い状態が続いている場合などでは，「シェアの次元」の消滅は，心臓死よりも前に起きる可能性がある．ただし，植物状態や昏睡に近い状態であっても，その人の身体をさすり続け

第 11 章　そこに人間がいるとはどのようなことか　　183

ることが分かち合いになっていると私が確信できる場合もあり，そのような
ケースでは「シェアの次元」の消滅は心臓死の時点まで遅れることになるだ
ろう．

　以上の検討によって，たとえ相手が自己意識と理性をそなえたパーソンで
なくても，私はその相手と「シェアの次元」のやりとりを行なうことができ
ることが分かった．そして，相手が死ぬということの大きな意味のひとつは，
この「シェア」の可能性が決定的に絶たれることである．パーソン論は，自
己意識と理性に固執するあまり，この「シェアの次元」の重要性を見逃して
いると言わざるを得ない[4]．

3. シェアの次元についての若干の考察

　そのうえで，「シェアの次元」についてもう少しだけ考察を加えておきた
い．

　まず，シェアが成立するためには，私の側から相手にはたらきかけたとき
に，その相手から何かの自発的な反応がなければならない．それは言語によ
る反応である必要はないが，身体の動きや顔の表情などによる反応が必要で
ある．そしてその一連のやりとりが，相手の内的な経験に組み込まれたと確
信できることが必要なのであるから，その前提として，私は相手に内的な経
験があると確信できなければならない．相手に内的な経験があることを証明
するのは厳密には不可能である．しかしそれが不可能であっても，様々な傍
証によって私がそれを確信することはできる．ここで言う内的な経験は，感
覚や，感情や，プリミティブな思考を含むが，必ずしも自己意識や理性を含
む必要はない．相手の人間が死にゆくプロセスとは，このような意味での内
的な経験がそこにあるに違いないという確信が，少しずつ弱まっていくプロ
セスでもある．そしてそれが弱まるにつれて，シェアの次元もまた少しずつ
薄らいでいき，自発呼吸の停止が起きたときにその次元はほとんど存在しな
くなるのである．しかしシェアの次元がいつ消滅するかは定まっていない．
その多くは，自己意識や理性の消滅のあと，自発呼吸の停止の前に起きるよ
うに思われる．

184　　第3部　人間存在の統合知

シェアが成立するためには，一連のやりとりが，私の内部に有意味な経験として取り込まれること，そして相手の内部に有意味な経験として取り込まれると私が確信できることが必要である．この点をもう少し考えてみる．たとえば私が父親を指圧したときに，父親がある種の機械的な声を出すとしよう．このとき，もし私が父親の筋肉を押すたびに，ちょうど自動機械が反応するように，まったく同じ声が父親から繰り返し発せられたならば，私はそれを，ボタンを押したらブザーが鳴るような単純反射として感じてしまうのではないかと思われる．すなわち，指圧による快刺激とそれがもたらす単純反射である．この場合，私は自分の指圧が父親に有意味な経験として取り込まれたという確信をさほど強くは持てない可能性がある．ところが，もし指圧の何度目かに，父親が声を出すのをやめて顔をしかめるという動作をしたとしよう．むしろこのときには，父親は私の指圧を痛く感じたのだろうと私が解釈できる可能性が生まれる．

　なぜそのような解釈が生まれるのかというと，そのような出来事が起きたときに，私はそれを，かつて父親に自己意識と理性がそなわっていたときのやりとりと連結させてとらえるからである．すなわち，父親がまだ元気だったころ，私が指圧をすると気持ちよさそうにしていたが，長く指圧しすぎたり，力を入れすぎたりすると，顔をしかめ，痛いと言って身体を動かし，「もういい」と言葉を発して私を制止させた．このとき父親は，じぶんにとってもっとも良い刺激の量が分かっていたのである．そこに達したときにやめることが，父親にとっては有意味な経験だったのである．そのことが参照されるがゆえに，父親が言葉を発せられなくなり，理性を失っているように見えたとしても，私はそこに有意味な経験の取り込みがあるというふうに確信できるのだろう[5]．

　もうひとつは，そこにストーリーが見られる点である．父親が何かを訴えたように私が思い，そして私がそれに指圧という形で応え，その結果として父親の表情に変化が起きるという一連のストーリーがそこに出現しており，そのことによって私はそれを有意味な経験として自分の内部に取り込みやすくなり，また父親もそれを有意味な経験として内部に取り込んだであろうと私は確信しやすくなっているのである．シェアの次元は，このようなストー

リーの形式で成立しやすいと言えるかもしれない.

　さらに，有意味な経験として内部に取り込まれるとは，外からの刺激に対して単に機械的単純反応が起きることではない．そうではなくて，それは，外側から取り込まれた刺激がその人間を成り立たせるパーツとして組み込まれ，そこで一定期間存在し続け，その結果としてその人間が以前とは異なった内的編成を持つ人間へと変容することを意味する．これをさらに極限にまで推し進めれば，次のようなことも言えるだろう．もし私が父親より先に突然死したとしても，父親と私が指圧をめぐる一連のやりとりをしたという経験は，父親の内部の感覚や感情やプリミティブな思考へと取り込まれ，精神的な記憶あるいは身体的な記憶となり，父親を成り立たせるパーツとしてそこに一定期間は存在し続け，父親はほんの少しだけ変容するという出来事が起きる．その意味で，シェアされたやりとりは，私がこの世に存在しなくなったあとも，父親の内部で別の形となって生き続けるのである．この地点に，シェアというものの本質の一端が位置していると私は考える.

4. ペルソナの次元

　シェアについてはまだ考察すべき点があるが，紙幅が尽きたので，最後に「ペルソナ」との関連を述べて筆を措くことにしたい．「ペルソナ」については，すでに森岡（2010，2012，2013）で考察してきた．目の前の人間に自己意識や理性がなくなり，こちらからのはたらきかけに対して自発的な反応を返すことができなくなったとしても，その身体からこちらを呼びかけるある種の「声」が聞こえることがある．そのような声が聞こえたときに，その声を発した主体であるものを私は「ペルソナ」と呼んできた．脳死の息子を前にしたジャーナリスト柳田邦男の次の文章に，それがよく描写されている.

　　私と賢一郎がそれぞれに洋二郎にあれこれ言葉をかけると，洋二郎は脳死状態に入っているのに，いままでと同じように体で答えてくれる．それは，まったく不思議な経験だった．おそらく喜びや悲しみを共有してきた家族でなければわからない感覚だろう．科学的に脳死の人はもはや感覚も

意識もない死者なのだと説明されても，精神的な命を共有し合ってきた家族にとっては，脳死に陥った愛する者の肉体は，そんな単純なものではないのだということを，私は強烈に感じたのだった[6]．

　ここで言われる「体で答えてくれる」というのは，脳死の息子が口を開いて言葉を発したということではない．脳死の息子は何もしゃべらないし，父親の呼びかけに応えて自発的に身体を動かしたわけでもない．柳田はひとりの父親として，脳死の息子のベッドサイドで息子にあれこれと声をかける．すると，それに応えるようにして，音波にならない声のようなものが父親に聞こえてきた．それは脳死の息子が父親の呼びかけに応えて発した声であるように思われた，ということなのである．私はこれを，息子を愛する父親の幻聴であるとは考えない．そうではなくて，このとき，音波にならない声がほんとうに父親に聞こえたのだと考える．そしてその音波にならない声を発したところの主体のことを，「ペルソナ」と呼びたいのである．

　「ペルソナ」とは，脳死の息子の身体の内部にある自己意識や理性や魂のことではない．脳死状態なのだから，それらは存在することはないと考えられている．しかしそれにもかかわらず，その脳死の息子と親しい関係の歴史性を培ってきた父親には，その身体の上に立ち現われた「ペルソナ」が，音波にならない声を発して，父親の呼びかけに答えるのをありありと聴くことができたのである．柳田はそれを「体で答えてくれる」と表現した．

　私もまた父親が呼吸を止めたときに，その身体から音波にならない声を聴いたように思えた．私が父親の顎に触り，頭頂に触ったときに，「もう俺は苦しくない」という音波にならない声を私は聴いたように思えた．その声はおそらく病室にいた他の人間たちには聞こえていなかったであろう（あるいは聞こえていたかもしれない）．その音波にならない声は，けっして客観的に確かめることはできないし，録音することもできない．しかしそれは私が自分自身で勝手に頭の中でつぶやいたものでもない．それは私が父親の身体に触れたときに，私の外側から来た声である．それはたしかに客観性がないという点で，そして発生機序がはっきりしないという点で，幻聴に近いと言えないことはない．だがそれは私が父親をベッドサイドで看取り，父親に触る

第11章　そこに人間がいるとはどのようなことか　　187

という行為に連関して私に届いた声であるから，とつぜん何の脈絡もなくやってくるような幻聴とは質が異なると言える．そして父親を火葬にしてから今日に至るまで，私はその声と断続的に会話をしている．この文章もまたその会話の一部を形作っているのである．もしこれが幻聴だとしたら，それは非常に特殊な種類の幻聴であろう．このような声を発する主体として，見えることのない，触ることもできない主体を措定したいと私は考え，それに「ペルソナ」の名を与えたのである．

　このような意味での「ペルソナ」を最初に提唱したのは和辻哲郎である．エッセイ「面とペルソナ」において，和辻は能舞台で役者が顔に付ける能面に「ペルソナ」を発見した．能舞台と現代の脳死が接続されるのはたいへん興味深い[7]．

　「ペルソナ」の次元は，目の前の人間が脳死になっても，さらには呼吸をしない心臓死に至っても，ありありと存続し続けることができる．火葬をされて，身体が灰になったとしても，あるいは津波によって亡くなったであろう人間の身体がまだ発見されなくても，音波にならない声を発する主体として私の前にありありと立ち現われることができる主体，それが「ペルソナ」である．

　人間が死んでいくとき，自己意識と理性の消滅，呼吸と血流の停止による生物的な死，土葬や火葬による身体の消滅などが大きなイベントとして考えられてきた．私はそれらに勝るとも劣らない二つの次元，すなわち「シェアの次元」と「ペルソナの次元」を付け加えたい．親しい人が死ぬとき，自己意識と理性が失われたあと，心臓死の手前において「シェアの次元」が失われる．そして心臓死が起きたあとであっても「ペルソナの次元」が現われ，輝き続けることがある．このような視点から，さらに考察を深めていきたいと考えている．

注

1)　森岡（2010），94頁．
2)　森岡（2012），97頁．
3)　しかしながら，古来からのヨーロッパの人格概念は，けっして理性だけを中心とし

たものではなかった．この点については森岡（2013）を参照のこと．

4) エンゲルハート JR の「社会的なパーソン」についてもこの視点から批判する必要がある．

5) 「有意味な経験」とは何なのか，さらに考察される必要がある．

6) 柳田邦男（1995），129 頁．

7) この点については，森岡（2013）参照．

文献

森岡正博「パーソンとペルソナ：パーソン論再考」『人間科学：大阪府立大学紀要』第 5 号，2010 年，91-121 頁．

森岡正博「ペルソナと和辻哲郎：生者と死者が交わるところ」『現代生命哲学研究』第 1 号，2012 年，1-10 頁．

森岡正博「ペルソナ論の現代的意義」『比較思想研究』第 40 号，2013 年，44-53 頁．

柳田邦男『犠牲——わが息子・脳死の 11 日』文藝春秋，1995 年．

森岡論文へのコメントと応答

島薗 進

1) 森岡氏の論を捉え返す

生きている人間と死んでしまった人間との間にどのような違いがあるか．この問いは，脳死を死とみなすことができるかどうかという生命倫理上の問題と関わりがある．森岡氏はこの問いに答えようとする試みを長く続けてきている．「そこに人間がいるとはどのようなことか」という問いは，また「生命の哲学」という構想にも関わり，射程の長いものである．森岡氏の「生命の哲学」は次第にその様相が明らかにされているようだが，この論考でもその一端がうかがえる．

議論の出発点は，マイケル・トゥーリーやピーター・シンガーなど英語圏の生命倫理学者が提起してきた「パーソン論」である．「自己意識と理性をそなえたパーソン」と「自己意識と理性をそなえていない存在者」をきっぱり分け，前者には生存権があるが，後者は人間でない対象として処分してよいとするものだ．シンガーの議論では，その中間に「感覚をそなえてはいるが，自己意識と理性をそなえていない存在」がいることになる．

森岡氏は死を前にした父の看取りのときに，らくにしてあげようと指圧をして父が反応したと感じた経験を取り上げて，パーソン論的な枠組みの再考を促す．そこでは父と息子がある経験を「シェア」している．父が死んだとき，このシェアの可能性がなくなった．ここで微妙なのは，死にゆく者と看取る者の両者が確かに経験したと言えるのか，看取る側が経験のシェアを確信するだけでよいのか

第 11 章　そこに人間がいるとはどのようなことか　　189

ということである．森岡氏は後者と考えているようだ．「植物状態や昏睡に近い状態であっても，その人の身体をさすり続けることが分かち合いになっていると私が確信できる場合もあり，そのようなケースでは『シェアの次元』の消滅は心臓死の時点まで送れることになるだろう」と記されているとおりだ．

　だが，森岡氏は「シェアが成立するためには，私の側から相手にはたらきかけたときに，その相手から何かの自発的な反応がなければならない」とも述べている．死にゆく者の側が何かの徴候を示し，それを「有意味な経験として取り込まれた」と看取る側が捉える．その確信が成立するためには，シェアされる経験から参照される過去の経験や，その経験を意味づけるストーリーという形式があって，そう解釈できるという条件が必要だという．

　以上が人間の経験の「シェアの次元」で，これによって「パーソン論」人間理解の浅さが明確になる．「パーソン論は，自己意識と理性に固執するあまり，この『シェアの次元』の重要性を見逃していると言わざるをえない」．「パーソンの次元」に加えて「シェアの次元」を考えなくてはならない．以上が，「はじめに」から3節までで森岡氏が論じていることの私なりの要約である．

　第4節は「ペルソナの次元」である．これについてはすでにいくつかの論考が発表されており，ここでは「シェアの次元」との関係を示すために短い紹介がなされている．「目の前の人間に自己意識や理性がなくなり，こちらからのはたらきかけに対して自発的な反応を返すことができなくなったとしても，その身体からこちらを呼びかけるある種の『声』が聞こえることがある，そのような声が聞こえたときに，その声を発した主体であるものを私は『ペルソナ』と呼んできた」．

　「シェアの次元」では「自発的な反応」が必要だが，「ペルソナの次元」では自発的な反応がなくても「声」が聞こえればよいということになる．この「声」は客観性に欠けているようだが，過去の関係の蓄積の上でその状況にふさわしい反応らしきものが感知されるのだとすれば，それは幻想ではないという．この「ペルソナの次元」は死者との間にも成り立つことだが，死にゆく者との間での如実な経験の次元でもある．「パーソン論」では捉えられていない経験の次元として「シェアの次元」とともに，加えて「ペルソナの次元」もあると森岡氏は論じている．

　以上の森岡氏の議論はたいへん啓発的であり，学ぶところが多い．「シェアの次元」という概念がもたらされたことで，死生のはざまと，そこにおける相互作用の性格が捉えやすくなったように感じる．

2）「いのちの始まり」の問題への適用

　死，すなわち「いのちの終わり」を主題とした森岡氏の議論を，「いのちの始まり」に適用してみるとどうなるだろうか．この応用問題を持ち出すのはひどく的はずれとは言えないだろう．というのは，トゥーリーらの「パーソン論」は当初，死についての議論というより，むしろ自己意識をもつ以前の胎児の生命の尊重という論題との関わりが深いものだったからだ．

　胎児，あるいは胚と親，とくに母親との関係に移して捉えるとき，「シェアの次元」と「ペルソナの次元」はどのような様態をもって現れてくるだろうか．母親が胎児の存在を予感するのは，妊娠の可能性を疑い始めたときからではないだろうか．そのときすでに，「そこに人間がいる」ことが感じ取られ始める．母親からすれば，すでに胎児の「反応」が感知されていることになるのではないだろうか．生理が止まるということは，胎児が自らの存在を知らせる「反応」と言えないこともない．

　他方，胎児はその生存環境が母親の子宮なのだから，当初から母親の存在に対して自らの全存在を通して感応していることになる．親が病気であったり，心理的に苦しい状態にあれば，胎児の成長にもある種の影響が及ぶだろう．胎教を早くから始める親もいておかしくない．早い段階ではどちらもまだ「ペルソナの次元」も「パーソンの次元」ももっていない．「シェアの次元」だけが存在しているのではないだろうか．

　時が経つにつれて，母親と胎児の関係は次第に相互性を深めていき，母親の方は次第に胎児の「声」を聞くようになる．これは「ペルソナの次元」だろうか．胎児の方も母親の育む意思，つまりは愛を感知し始めるのではないか．「パーソン論」では，妊娠後，一定の時間を経ると胎児の「パーソンの次元」が目覚めることになっている．昨今は超音波の画像により，母親は胎児を「パーソンの次元」で捉えることが早くなっているのかもしれない．

　夫や先に生まれた子供も，次第におなかの中の胎児を強く意識するようになる．母親のお腹に耳をあてて，「あ，動いてる」などといい，喜びを分かち合う．そこで起こっていることは，おなかの中の胎児にもまったく感知されないものなのだろうか．「パーソンの次元」の相互作用がもう始まっているのではないか．「そこに人間がいる」ことが次第に多次元的になってくる．

　以上は，森岡氏の「パーソンの次元」と「シェアの次元」という概念を私なりに捉え，加えて森岡氏の議論から引き出すことができる「パーソンの次元」という概念を付け加えて，いのちの始まりの過程を手短に再考したものだ．死のプロセスと同様，いのちの始まりについても，「そこに人間がいるとはどのようなこ

とか」を「シェアの次元」「ペルソナの次元」「パーソンの次元」に分けて捉え直すことができそうである.

　ここで，森岡氏の議論と少しずれていると思うのは，「反応」とか「声」とかいう語の用い方だ．森岡氏は私が今述べてきたような「反応」や「声」という語の用い方に違和感をもつかもしれない．母親が「胎児がそこにいる」と感じとるのは，まずは自らの生理的状態を通してである．そのような状態が胎児の存在を感じさせるかどうかは，両者の相互作用によってというよりも，文化的社会的な共有観念によるところが多いのではないだろうか．これは胎児の「声」についてもそうだろう．「歴史性」や「ストーリー」は母と胎児のそれでもあるだろうが，それ以上に文化的社会的な共有観念にそって親が育んでいくものだろう.

　もし，以上の考察がピントをはずしたものでないとすれば，「シェアの次元」と「ペルソナの次元」についても，死にゆく者と看取る者の「我と汝」的な関係の中だけで考えるのではなく，共同性という要素も含み込む必要性が示唆されるのではないだろうか.

　3）「生命の哲学」への異なる視座

　キリスト教の教理に基づく「生命の神聖性」の議論では，受精の瞬間からそこに「神の似姿」であるところの人間の霊魂が存在する．「そこに人間がいる」．だから，それを破壊することは許されない．受精卵を壊してES細胞を作成することも，妊娠を人工的に中絶することも許されない．人間の生命の尊厳を冒すことになるからだ．「パーソン論」はこの議論に反対する立場から構築されていったものだ．胎児に自己意識が目覚めるまでは，「そこにまだ人間はいない」．というのは，早い段階の胚や胎児は，また「パーソン」ではないからだ．「パーソン論」はこう論じて，人工中絶を許容できるとする.

　欧米ではこの二つの立場の間で激しい論争が続いてきた．それぞれの立場の人々にとって，胎児が「そこにいる」かどうかの認識が異なる．これは文化的社会的な共有観念が異なるからだ．それぞれの立場の人たちは，「霊魂」と「パーソン」についての認識が異なる．胎児と母親の経験の「シェアの次元」や「ペルソナの次元」についての認識も異なることだろう.

　だが，キリスト教の教理に基づく「生命の神聖性」の議論も，初期の人間の生命への介入を認める「パーソン論」の議論も，人間の生命を個体として捉えようとするところに限界があるのではないか．日本人はこのような疑念から，「生命の神聖性」論や「パーソン論」になじみにくいものを感じることが多かった．ウィリアム・ラフルーアの『水子』の論はその立場からの重要な業績だ.

他方，日本人は脳死を人の死とする議論にも疑念を抱いてきた．一つには，脳にこそ人間の人間たる本質が宿るとする考え方への疑念があり，もう一つには，死は他者との交わりのなかで生じるものではないかという疑念がある．森岡氏が「そこに人間がいるとはどのようなことか」で論じようとしていることは，後者の系譜に関わりが深い．「ともに生きる人間」，「相互行為する人間」という前提から死を考えていくとき，個体主義的な論を超えていくためにはどのような概念が必要か．この問題意識は筆者も共有している．

　「いのちの始まり」をめぐる議論において，「生命の神聖性」論や「パーソン論」を超えていくためにどのような概念が必要となるだろうか．一つの手がかりは人口問題である．日本の江戸時代には堕胎や間引きが許容される傾向が強かったのではないかと考えられている．そして，その理由は「個としての人のいのち」を尊ぶ意識の欠如というよりは，「ともに生きるいのち」を尊ぶ意識の優勢ということがあげられる．江戸時代は人口過剰を恐れたことも，堕胎や間引きの許容の一因となっている．

　人口が過剰になりやすく，生まれてくる子供の環境に留意する社会では，人工中絶を許容しやすい．1948 年に優生保護法を成立させた戦後の日本社会がそうであるし，現今の発展途上国でも産児制限の意識啓発が重視されている．では，そうした社会では「人間の尊厳」，あるいは「人のいのちの尊さ」はどのように考えられているのか．

　共同社会のいのちの持続性を尊ぶという意識が考えられる必要があるだろう．「共同社会の生の次元」とでもよぶべき次元だ．これは「個としての人間」の意識が発達した近代社会では，忘れられがちである．だが，歴史上の諸文化，諸社会においては，しばしば大きな役割を果たしてきたものである．

　「いのちの終わり」に関わっても，こうした意識は忘れられてきたわけではない．日本の姥捨伝説は死についてのそのような経験の次元を照らし出している．深沢七郎の『楢山節考』はそのことを如実に表現した名作である．また，フィリップ・アリエスが『死を前にした人間』で「飼い慣らされた死」に論究するとき，そのような経験の次元と近いところを捉えているのではないだろうか．

　この節は，筆者の問題意識を述べたものであり，森岡氏の論考とは論点がずれていることは承知の上である．だが，こうした問題意識が森岡氏の「生命哲学」の構想とまったく無縁であるようにも思えない．「哲学」に文化の多様性を組み込む必要があるという私の考え方も込められている．森岡正博氏による拙著『いのちを“つくって”もいいですか？』の書評（『公明新聞』2016 年 4 月 4 日号）への応答の意味も含まれている．外在的な批評になっていないかと恐れるが，独創

第 11 章　そこに人間がいるとはどのようなことか　　193

的な思考を進めている森岡氏の論とよりうまく切り結ぶべく，今後も筆者なりに研鑽を深めたいと考えている.

4) 森岡氏への質問

最後に，森岡氏に対する質問を記して，まとめにかえたい.

1)「シェアの次元」，「ペルソナの次元」，「パーソンの次元」を「我と汝」の相互作用の諸次元と理解してよいのだろうか.

2)「いのちの終わり」から構想される「生命の哲学」の諸概念を，「いのちの始まり」に適用してよいだろうか. もしよいとして，その適用において注意すべきことは何か.

3)「我と汝」の関係での相互作用において，共有された観念（共同性）はどのように関わってくるのか. そのような観念を含み込んで相互作用を再考する必要はないだろうか.

4)「生命の哲学」において，文化的な要素はどのように関わってくるのだろうか.「生命」を主題とする現代哲学は，文化に根ざした死生観や価値観の要素をどう扱うのだろうか.

参考文献

フィリップ・アリエス『死を前にした人間』成瀬駒男訳，みすず書房，1990 年.
島薗進『いのちを"つくって"もいいですか？』NHK 出版，2016 年.
森岡正博「日本の風土から捉えなおす――『いのちを"つくって"もいいですか？』書評」『公明新聞』2016 年 4 月 4 日号.
ウィリアム・ラフルーア『水子――"中絶"をめぐる日本文化の底流』森下直貴ほか訳，青木書店，2006 年.

森岡正博

―― 島薗氏への応答

島薗氏から本稿の本質に切り込んだコメントをいただいたので，それに応答したい.

1)「我と汝」の相互作用について

この点に関しては，そのとおりであると思う.「我と汝」に関しては，20 世紀の西洋思想においてマルティン・ブーバーによる提起が根本的であり，その後，エマニュエル・レヴィナスの「他者の哲学」によって独自に深められた. 私の

「シェアの次元」と「ペルソナの次元」は，彼らの問題意識を引き継ぎながらも，彼らとはまた異なった文脈へと思索を引き入れるものである．まず「ペルソナ」については，その大きな特徴として「表面性」が挙げられる．そこに「ペルソナ」が立ち現われるとは，そこの「表面」にそれが立ち現われることである．「ペルソナ」にとって，表面に立ち現われたものがすべてであり，その背面に隠されている真の裏面存在はない．これに対して，「パーソン」の場合はまったく逆であって，目の前に現われている人間の，その背後に潜むとされる自己意識や理性こそが「パーソン」のもっとも核心的な部分である．隠されている裏面存在こそが核心なのである．ここに「ペルソナ」と「パーソン」の鋭い対比を見ることができる．同様のことはおそらくブーバーやレヴィナスにおいても言えると予想される．たとえばレヴィナスは「顔」について語る．「顔」は人間の表面に現われるものであるが，しかし「顔」の本質を形作る「他者」はその「顔」の裏側へとどこまでもすり抜けていく運動である．この点に「ペルソナ」との対比を見ることができる．

2）「いのちの始まり」について

島薗氏が述べられた「シェア」と「ペルソナ」の「いのちの始まり」への適用は，私の目を覚まさせてくれた．特に，「いのちの始まり」においては「シェア」のほうが「ペルソナ」よりも先行するとの指摘は重要である．「いのちの終わり」と非対称的になるのはなぜなのかという重要な問題が提起されたように思う．

3）共有観念（共同性）について

島薗氏は，私の議論に「文化的社会的な共有観念」への視座が希薄であると指摘されている．たしかに私が「シェア」「ペルソナ」を個人的な二者関係の場面で追求してきたのは間違いない．だが，島薗氏の指摘するとおり，たとえば私が「父親に指圧をしたときに父親の表情が変わった」と言うとき，それを「表情の変化」と捉えることができるためには，私は「表情」というものに関する文化的社会的コードを現に生きている必要があり，共有観念のコードによってそのように判断させられた，という側面があると言える．「ペルソナ」についても同様である．この方向へのさらなる研究が必要である．

4）文化的な要素について

「生命の哲学」は，世界各地の生命に関する文化的要素を養分としてこれまでも立ち上がってきており，今後もそうであり続けるだろう．私の構想している

「生命の哲学」もまた，和辻哲郎の能研究から学んでいるように，日本文化に根ざす部分を持っている．と同時に，ヨーロッパや北米やイスラム圏の「生命の哲学」と対話することで，単に文化固有的なものを超えていく可能性がつねに開かれており，そこを目指すことが哲学の強みであると私は考えている．

第4部　現代社会の課題と統合的教養
——原子力，グローバル資本主義，IT 社会——

　本書の最後を飾る第4部では，現代社会が直面する「エネルギー政策」「グローバル資本主義」「IT 社会」といった問題が，統合的な教養力とどのようにかかわるかが，原子力工学者，経済学者，IT 専門家によってそれぞれ論じられる．各論者のプロフィールは「はじめに」を参照して頂くことにして，ここでは，これらのテーマが，既存のディシプリンや専門知だけでは取り扱い得ないほど複雑であり，包括的で統合学的なアプローチを必要とすることを，各論考や質疑を通して汲み取って頂きたく思う．

第12章 現代社会とエネルギー（原子力）問題
―― その統合学的考察

鈴木達治郎

はじめに

　エネルギー技術は社会との関係が密接である．その導入・普及には，公共性が重視されるため，市場原理に大きく依存する一般技術とは異なる「統治（ガバナンス）」が必要とされる．様々な観点からの統合的考察が必要な所以である．

　エネルギー技術の中でも，とりわけ原子力技術（核技術）は特別な位置を占める．「核技術」が社会にはじめて使用されたのは，不幸にも広島・長崎への原爆投下であった．その後，エネルギー利用としての「原子力平和利用」が世界的に普及することになるが，この「原子力」と「核」の二面性は，開発当初から現在に至るまで根本的には変わっていない．そして，2011年3月11日，東京電力福島第一原子力発電所事故が起き，「原子力」と「核」そしてその社会との関係は，根本的な見直しを迫られることになった．

　本論は，福島原発事故の教訓を踏まえたうえで，エネルギー技術，特に原子力と現代社会の関係に焦点を当て，そのリスクと二面性について検討し，特に事故以降に失われた「信頼」の回復に向けて，何をすべきかを統合学的に考察したものである．

1.　エネルギー技術の特徴

　エネルギー技術については，単なる市場メカニズムに基づく需要と供給の

関係だけで，その導入・普及がきまるものではない．その特徴として，以下の3点が重要だ[1]．

①公共目的に深く関与する点：その「相克」が大きな課題

　エネルギー技術の導入には，「エネルギー安全保障」や「環境保全」といった「公共目的」があげられることが多い．そして，多くの場合，それらの公共目的は「国家」の「公共政策」として位置づけられるため，政府の関与が重要な役割を占めることになる．しかし，エネルギー技術のもたらす「公共目的」は必ずしも，「国家」単位のものとは限らない．温暖化対策は，地球規模の公共目的であり，発電所や関連施設の立地問題は，地方自治体にとって雇用や経済振興に直結する，重要な公共政策である．また，原子力発電所の事故に象徴されるように，エネルギー技術のもたらすリスクは，地域や国境を超える場合もある．結果的に，エネルギー技術をめぐる「公共目的」は多様であり，なおかつ「相互に対立する」可能性を秘めているのである．この「公共目的の相克」は，エネルギー技術と社会の関係を考えるうえで，極めて重要な要素となる．

②社会基盤への投資が必要な点：「経路依存性」に注意

　次に，エネルギー技術が社会に普及するためには，送電・配電・輸送などの社会インフラへの投資が不可欠であり，さらに安全規制や許認可プロセスなど，社会制度としての基盤整備も必要となる．それらの多くは，産業基盤の整備と直結しており，多大な経済的投資が必要であるため，その意思決定には公共的視点からの慎重な対応が必要である．一方で，いったん社会インフラや制度が整備され，技術が普及すると，30〜40年という単位で，その関係が継続することになる．そうなると，エネルギー技術と社会の関係は，柔軟性を欠いてしまい，なかなか変更や修正が困難となる．これは，長期的な社会の安定性という意味では，良い面もあるが，社会情勢の変化に対して，柔軟性を欠いてしまうという大きな欠点ともなる．エネルギー技術は，いわゆる「経路依存性」と呼ばれる現象（いったん技術が社会に浸透してしまうと，代替技術でより優れた技術が登場しても，既存技術を継続させる方向に陥ってしまうこと）に当てはまりやすい技術システムであることも，エネルギー技術と社会の関係を考えるうえで，重要な要素である．

③社会シンボル性（社会価値観）との関係が重要である点

　最後に，エネルギー技術は，単に経済性や安全性のみで選択されるのではなく，社会全体の将来ビジョンと関係して選択されることもある点を認識しておく必要がある．その代表として，原子力発電と自然エネルギーがあげられる．この二つのエネルギーは，ともに「非化石エネルギー」として，共通の特徴をもちながら，社会的には「対立するエネルギー」として位置づけられることが多い．前者が巨大技術システムで，国家主導の代表的エネルギーであり，破壊的な潜在リスクをもっているのに対し，後者は分散型エネルギーで，潜在リスクも小さく，一般市民でも導入が可能，といった特徴を有しているからだろう．この相違が，将来の社会ビジョン，言い換えれば社会の価値観と密接に関連しているということができる．これも，重要な要素として認識しておく必要がある．

2. 原子力・核技術の二面性

　エネルギー技術の中でも，原子力技術は社会的には特別な意味をもつ．それは核兵器との関連である．「原子力」と「核兵器」の共通項は，言うまでもなく「核分裂反応」であり，その巨大なエネルギーが特徴である．核反応の巨大さは，物理的に言うと，ウラン1グラムで石油1トン，電力では1000キロワット・日相当のエネルギーを発生させることができる．すなわち，これまで人類が使ってきた化石エネルギーの100万倍というすごさである．この巨大なエネルギーに直面した科学者の興奮は想像に難くない．残念ながら，人類はその巨大なエネルギーをまず軍事目的で利用したのだ．広島・長崎の悲劇はいまだに日本のみならず，人類にとって忘れてはならない記憶と体験であり，これが核兵器の非人間性の議論につながっているのである．

　核兵器（原子爆弾）に用いられる核物質の量は，高濃縮ウラン（天然ウランには0.7%含まれる核分裂性のウラン235を兵器用に90%以上に高めたもの）ではウラン235換算で25キログラム，プルトニウム（天然には存在しないが，ウランを用いた原子炉の使用済み燃料には必ず1%程度含まれる）では8キログ

第12章　現代社会とエネルギー（原子力）問題　　201

ラムで十分だといわれている．一方，原子力発電では，通常 100 万キロワット級の原子力発電所で，年間 10〜100 トンのオーダーで核物質を扱う．規模が 1000 倍から 1 万倍以上の量を扱うことになるので，発生する核分裂性物質（いわゆる「死の灰」，または「放射性廃棄物」）の量も膨大なものとなる．しかし，原子力発電所では理論上，核爆発は起きない．それは核分裂反応を制御し，ゆっくりと一定のエネルギーを出す仕組みになっているからである．

　原子力発電のもつ特徴として，その巨大なエネルギー密度の結果，極めて少量の燃料で大きなエネルギーが得られること，そして化石燃料を使わないことで，大気汚染や温暖化対策としても有効なことがあげられている．しかし，福島事故のもたらした環境汚染，避難住民や近隣住民への計り知れない社会的影響等を考えれば，原子力のもつ「潜在リスク」の大きさも見逃すわけにはいかない．ある意味で，「非人道性」につながるリスクをもつエネルギー源であるといわざるを得ない．そして，原子力発電を使う限り，核兵器の材料となる核物質を大量に作り続ける，という重要な側面も忘れてはならない．

　これが，原子力・核技術のもつ二面性の特徴である．

3. 福島原発事故の教訓と意義

　2011 年の東京電力福島第一原発事故から 6 年以上も経過したが，エネルギー政策にはまだその教訓が十分に生かされているとはいいがたい．ではその教訓は何だったのか？　大きく事故原因の究明と事故後の対応について，ここで検討してみたい[2]．

3.1　事故原因の究明

　福島事故の調査については，その深刻さからこれまでに前例のない多くの組織が取り組んだ．ここでは，技術的側面に重点を置いた政府事故調査委員会ではなく，特に社会との関係にも焦点を当てた事故調査委員会に注目する．特に，憲政史上はじめて政府から独立した国会事故調査委員会[3]，並びに民間の事故独立調査検証委員会（日本再建イニシャティブ）[4]，個別の著書とし

202　　第 4 部　現代社会の課題と統合的教養

て，添田孝史『原発と大津波 —— 警告を葬った人々』（2014）[5]，松本三和夫『構造災』（2012）[6]，も取り上げる．

国会事故調査委員会で，最も注目されたのが，「規制の虜」（regulatory capture）という記述である．これは，本来被規制者（事業者）を独立した立場から審査すべきである規制当局が，現実は被規制者（電気事業者，今回は特に東京電力や電気事業連合会）から強い影響を受けて独自の判断や行動ができなくなっていた状況をさしている．

今回の事故調査ではその実態が明瞭に明らかにされた．国会事故調のみならず，民間事故調でもその実態は明らかになったが，最も顕著な事例として大津波の警告を黙殺し続けさせた事業者と規制当局の実態を明らかにしたのが添田であった．規制当局は独立性が担保されない限り，規制は機能しないことが明らかになったのである．

一方，独立性のみだけが原因ではない．規制当局の「能力欠如」も大きな課題として注目された．これも，福島原発事故以前から指摘されていたことであり，今回の事故では，事故直後の混乱時に規制当局として機能しなかった実態も，当時の関係者からの証言で明らかにされている．これは，規制当局ばかりではない．事業者がメーカーに依存し過ぎていた実態も明らかになっている．安全を確保すべき主要組織である規制当局と電力事業者の「能力欠如」と「癒着」が今回の事故の原因として再確認されるべきであろう．

しかし，電気事業者や規制当局のみに事故原因を押し付けるわけにはいかない．民間事故調では，「ガバナンス（社会統治）の欠如」というより大きな社会構造の問題を取り上げている．これに近い視点だが，国会事故調査委員会の黒川清委員長は，報告書の英文序文にて，責任をとらない意思決定構造を「日本文化の一つ」として取り上げた[7]．その言わんとしているところは，科学・技術の問題だけではなく，社会・政治・経済面も含めた，制度や慣習なども含め構造的要因を見逃すな，という指摘であろう．

この指摘をまさに正面から取り上げた分析が「構造災」である．松本によると「構造災」とは，端的にいうと「科学と技術と社会のあいだの界面（インターフェィス）で起こる災害」[8]と呼んでいる．より詳しくいえば，「科学と技術と社会をつなぐ複数の様々なチャネルの制度設計の在り方や，そこに

登場する複数の異質な主体がおりなすしくみの機能不全に由来する失敗」[9]
ということになる．「構造災を見逃すな」．これが，福島原発事故原因究明で，
最も重要な指摘ではないか．構造災は，科学・技術と社会の関係で，陥りや
すい罠であり，原子力以外の技術についても起こりうる失敗として分析して
いる点が大きく異なる．これは，今後の対応策を考える意味でも重要な意味
をもつ．言い換えれば，「脱原発」にすれば解決する問題ともいえないし，
また規制改革や「原子力ムラの解体」といった，原子力の特殊性に焦点を当
てた改革でも解決しない可能性が残るからだ．そういった意味で，「構造災」
という考え方に基づく原因追求が今後は求められる．

3.2 事故後の対応——不十分な社会対策

　次に，福島原発事故がもたらした，社会的損害・影響について検討してみ
る．原発事故にかかわる損害賠償の範囲として，避難などに伴う直接的な損
害に加え，営業損害，農林水産物出荷制限による損害，さらには風評被害と
いった間接被害も対象とすることが決められた[10]．その結果，2017年6月
23日現在で，すでに約7兆円に上る金額が損害賠償額として東京電力から
支払われている[11]．請求件数を見ると，個人（避難区域内に住んでいた，また
は勤務していた人）が約100万件，事業者等が45万件，自主避難している個
人（避難区域外の住民等）から130万件の請求がなされている．これに対し
全体でも賠償件数は約80％近くとなっており，20％近い方々が未だに賠償
問題で十分な対応がされていないことになる（表1）[12]．賠償問題は，最終的
には原子力発電の経済性や今後の原子力発電をめぐる国と電気事業者の責任
分担の問題にもつながる，極めて重要な課題である．しかし，いわゆる事故
に伴う追加費用はこれにとどまらない．日本経済研究センターの試算によれ
ば，福島原発の廃炉措置費用は，政府の試算（8兆円）を大きく上回る11〜
32兆円，除染措置・処分費用は30兆円を超え，合計で50〜70兆円に上る
と推定されている[13]．

　さらに重要な問題が，住民，特に若い世代の将来の健康に与える影響や，
目標を失った方々の精神状態への影響である．福島県では，2015年3月末
現在で，自殺やその他の病死など関連死が1,914人と，全国震災関連死

表 1　福島原発の損害賠償

2017 年 6 月 23 日現在

	個人	個人（自主的避難等に係る損害）	法人・個人事業主など
ご請求について			
ご請求書受付件数（延べ件数）	約 1,017,000 件	約 1,308,000 件	約 454,000 件
本賠償の状況について			
本賠償の件数（延べ件数）	約 909,000 件	約 1,295,000 件	約 389,000 件
本賠償の金額*	約 2 兆 9392 億円	約 3536 億円	約 3 兆 8751 億円
これまでのお支払い金額について			
本賠償の金額*　①			約 7 兆 1680 億円
仮払補償金　　　②			約 1529 億円
お支払い総額　　①＋②			約 7 兆 3208 億円

＊仮払補償金から本賠償に充当された金額は含んでいない.
出所；東京電力（2017）.
http://www.tepco.co.jp/fukushima_hq/compensation/images/jisseki01-j.pdf

3,331 人の約 6 割を占めている[14]. このような避難住民の心のケアは福島事故以降の大きな課題となりつつあり，県や政府，そして東京電力はより真摯にこの問題に取り組む必要がある.

　除染・復興問題でも問題は深刻である. 幸い，除染作業の努力の結果，自然減衰の効果もあって，地域の放射線レベルは明らかに改善の方向を示しており，放射線リスクという観点からだけ見れば，住民帰還の条件が予想以上に早く実現する可能性が出てきている. しかし，リスクが下がったからといって，すぐに帰還というわけにはいかない. 下水道は復活してはいるものの，快適に生活を過ごせる環境にはまだ至っていない. 今後は，こういった社会環境の改善が大きな課題となるだろう.

　一方，除染活動の限界が明白で，20〜30 年以上の長期にわたって帰還が不可能と思われる地域も明らかになってきている. この地域の住民に対し，早く将来の選択肢を提示する責任が政府にはあるはずだ. これと関連して，汚染土壌の中間貯蔵，そして将来の廃棄物処分計画の見通しも明確にされるべきだ. 政府側は，用地買収や補償額の説明を中心に行っているが，住民側としては，むしろ計画の中身についての詳細な説明がほしい，とすれ違いが続いている.

　こういった，原発事故に伴う社会的損害は，単なる工学的リスクによって

第 12 章　現代社会とエネルギー（原子力）問題　　205

評価できるものではない．避難された一人ひとりの人生，言い換えれば基本的人権にかかわる問題であり，賠償だけで済まされる問題でもない．原子力発電という技術のもたらす社会リスクを考えるとき，事故後の避難住民の人権問題，除染復興問題を抜きには語れないのである．

では次に原子力が内包するリスクと社会の関連を考察してみよう．

4. 原子力のリスクと社会

福島事故を踏まえて，今教訓として学ばなければいけないことは，現実社会において「リスクはゼロにはならない」ということである．その負の影響の大きさを他のリスクと比較しつつ，人は「リスク」を認知することになるが，その「認知」は必ずしも客観的なものではない．

リスク評価では，通常，リスクを「（その事象が起きる）確率×（起きた時の）損害の大きさ」で表現する．いわば「損害の期待値」とでもいえるので，確率が小さくとも起きたときの損害が極めて大きいリスクというのも存在する．原発事故はまさにそういうリスクである．リスク研究では，それを「確率」と「損害の大きさ」の二次元で表現して，その「期待値」の場所が原点（確率ゼロ，損害ゼロ）に近づくほど「よりリスクが小さい（したがって安全と認知する）」と表現する．

では，いったい「〜は安全だ」といった判断はどうやってするのだろうか？　それは，「リスクが社会の許容する範囲内にある」というときに「安全だ」という表現を使うことになる．言い換えれば，「社会が許容する範囲」を誰かが決めなければいけない[15]．安全規制はその一つといえる．しかし，それは科学技術者だけでは決められない．規制基準が社会とのコミュニケーションを必要としているのはそのためである．意思決定者はあくまでも社会（国民）である，という認識が必要だ．

ただ，現実には「社会」といっても，その意思を反映することが難しい．そこで，政府（規制当局）や専門家が社会に代わって判断することになるが，現在のように政府や専門家が信頼されていないと，社会が許容する範囲を定めるのは極めて難しい．これが最も顕著に現れているのが，原発再稼働問題

であるといえる．現実に，原子力規制委員会や規制庁は，新たな規制基準をもうけて，再稼働の審査を行っているが，そこで「認可」されても，それが「社会の許容する範囲」に入っている，という信頼感がまだ存在していない．現に，世論調査によると，依然過半数が再稼働に反対し，新たな規制基準ができても，80% の人たちが「また福島事故のような深刻な原発事故が起きる」と考えているのである[16]．このままで再稼働が続けば原子力と社会の関係はさらに「信頼欠如」のまま迷走を続ける可能性が高い．「信頼欠如」のまま，事態が進行していくのは，福島事故により今も避難を続けている人たちが，いつになったら「安全に」帰還できるのか不明のまま避難解除が進んでいく現象とよく似ている．放射線のリスクについて，信頼できる情報と説明がされない以上，政府の帰還政策や自治体の決定に被災者が安心してついていけることはできないのである．

5. 原子力と核兵器問題
——核燃料サイクルとプルトニウム問題

再稼働問題以外にも，福島事故以降，日本の原子力政策について，国内のみならず，世界からも信頼を失いかねない課題が台頭している．それは，「核燃料サイクルとプルトニウム問題」である．

核燃料サイクルには，ウラン燃料作成に不可欠な「ウラン濃縮施設」と，使用済み燃料からプルトニウムを回収する「再処理施設」が含まれる．しかし，この両施設は，ともに軍事転用可能な核物質を生産することができるため，「潜在的な核保有」能力をもつことにつながる．したがって，それらの施設は「機微な施設」として，国際政治上極めて重要な施設と位置づけられる．日本は民生用ではあるが，その両方ともを所有している非核保有国では唯一の国である．

特に，使用済み燃料から再処理で回収されるプルトニウム問題が深刻だ．世界では，500 トン以上の分離プルトニウム（注：使用済み燃料の中にもプルトニウムが存在するが，直接軍事転用はできないため，再処理された後の「分離プルトニウム」が核拡散や盗難リスクが最も高いと認識されている）が存在する

第 12 章　現代社会とエネルギー（原子力）問題　207

が，そのうち再処理から回収された「民生用」のプルトニウムが250トンを超え，今も増加し続けている[17]．わずか8キログラムで核爆発装置が製造可能であることを考えれば，3万発以上の核弾頭が製造可能ということになる．特に非核保有国では，日本が最大の保有国であり，2016年12月末現在，国内に9.8トン，欧州（英・仏）に37.1トン，合計46.9トンのプルトニウムを抱えている[18]．本来は，すべて核燃料として再利用する計画であるが，再稼働する基数もわからず，どれだけ利用できるのかが不透明となっている．そのような状況の中でも，エネルギー基本計画では「核燃料サイクルの継続」が明記されており，年間800トンの使用済み燃料を処理できる六ヶ所再処理工場の運転開始が迫っている．このプルトニウム在庫量問題は，日本が抱える「原子力平和利用と核拡散問題」として最大の課題である．

　その解決方法として，筆者は三つの提言を行ってきた[19]．第一に，再処理は明確にプルトニウム利用が見通せる範囲でのみ実施することである．脱原発を決定してプルトニウムを利用する原発がなくなれば，当然再処理は不必要となる．これまでは，プルトニウムの需要にかかわらず，使用済み燃料の発生量に応じて，「全量再処理」が前提であった．現在の法律では使用済み燃料は資源でありゴミとして処分することはできない．この「再処理ありき」の政策では，在庫量が増える一方であり，再処理のペースを需要に合わせて行うことが重要である．そのためには使用済み燃料貯蔵能力の確保が不可欠となる．第二に，政府がプルトニウム在庫量の削減を明確にし，その目標や実施計画を明らかにすることである．プルトニウムは今でも電力会社の所有となっているが，プルトニウム在庫量の管理は安全保障上の課題でもあり，在庫量を最小限の規模に維持することは既に日米政府間や，核セキュリティサミットでも重要課題として，共同声明に明記されている．政府として在庫量削減を明確な政府の政策として公表すべきである．第三に，その実施のための代替案（現時点では以前の16〜18基の原子力発電所で利用する）を事業者や研究機関とともに早急に検討すべきである．同じ悩みを抱える米国や英国とも協力して，国際的な枠組みの中でプルトニウム在庫量を削減する協力体制を構築することも検討すべきだろう．既に，英国は自国内にある外国所有のプルトニウムの所有権を引き取り，英国のプルトニウムと一緒に処分

208　　第4部　現代社会の課題と統合的教養

してもよいとの提案を行っている（注：英国納税者に追加の経済負担をもたらさないという条件付）．このような提案を真剣に検討すべき時期に来ていると思われる．

6. 国民の信頼回復に向けて何をすればよいのか？

それでは，信頼回復に向けて，何をすればよいのだろうか？　筆者は，次の3点が重要であると考える．

第一に，「行政における意思決定の透明性，公正性」の確立である．2014年4月11日にエネルギー基本計画[20]が発表されたが，この政策決定に至る過程の透明性が不十分であり，多くのパブリックコメントをどのように反映したかも不明であるため，「公正性」にも欠けている．もともと，今の経産省資源エネルギー庁の審議会方式で，エネルギー政策，原子力政策を決定していいのか，という根本的問題も残っている．政策文書の決定過程が追跡可能となるよう準備過程の政策文書も保存し，公開される必要がある．

第二に，「意思決定過程への国民の参加」を促進することだ．民主党政権時代には，「エネルギー・環境会議」を設置し，「革新的エネルギー・環境戦略」を作成するにあたっては，討論型世論調査，通常の世論調査，そして全国での市民代表を交えたタウンミーティング等を開催した．残念ながら準備期間が短かったことなど，不十分な点が多かったとの批判もあるが，それなりに「意思決定過程への国民参加」の糸口を開いたという評価もできる[21)22)]．しかし，残念ながら，自民・公明党政権になってからは，そういった「国民参加プロセス」への努力が見えてこない．このままでは，限られた専門家による限られた議論の下でのエネルギー政策となってしまいかねず，信頼は得られないだろう．

最後に，「信頼される科学技術情報の発信機能」の確立である．原子力については，「賛成か，反対か」の二極分化が極端であり，原子力に関する情報も，この二極で分かれてしまうため，一般市民はどちらを信用してよいかわからない．この問題に答えるには，米国を発祥の地とする「技術の社会影響評価（Technology Assessment）の制度化」が参考になると思われる．これ

は，特定の技術のもたらす社会への影響を，「独立・不偏」の立場で，できる限り客観的に情報を集積・分析し，意思決定者や社会にむけてわかりやすい形で情報発信する制度であるが，日本では残念ながらまだ制度化されていない[23]．類似の機関として，この「独立・不偏」を制度で担保されている「日本学術会議」がある．日本学術会議が最近注目されているのも，そういった観点からではなかろうか．特に高レベル廃棄物処分に関する報告書[24]は，原子力委員会への回答，という形ではあったが，社会にむけても重要な政策提言として注目された．今後とも，原子力推進・反対の立場を超えて，信頼される情報発信する機関として期待される．

7. 日本のエネルギー政策は変革したのか[25]

　事故直後より，民主党政権は日本のエネルギー・原子力政策の「ゼロからの見直し」を掲げて，政策改革に取り組んだ．まず意思決定プロセスの構造変化を目指し，従来にはなかった「エネルギー・環境会議」を国家戦略室の下に設置し，従来の経産省や原子力委員会での審議会方式に依存しない意思決定プロセスを構築した．具体的には，エネルギー発電コストの推定結果について，第三者的な立場から「エネルギー・環境戦略会議」の下に「エネルギーコスト検証委員会」を設置して検証したのである．経産省のエネルギー政策審議会のメンバー構成も改め，より幅広い視点と多様な立場の専門家をメンバーに採用した．また，「国民的議論を行う」との方針のもと，討論型世論調査をはじめ，国民との対話を通じて，新しいエネルギー政策の構築を図った．

　そのような努力の結果が，先に述べた2012年9月に発表された「革新的エネルギー・環境戦略」[26]であり，2030年代に原子力発電をゼロにすることを目標にした政策で，従来の原子力を基幹電源とするエネルギー政策の転換を示唆するものであった．一方で，既存原発の再稼働を認め，核燃料サイクルも継続するなど，政策として十分に整合性が取れていない面もあり，閣議決定は見送られ，「エネルギー基本計画」として成立することはなかった．

　このエネルギー政策の議論や政治経済・安全保障にまでかかわる日本の政

治経済システムが変化するかどうかに注目して研究を行っていたのが，リチャード・サミュエルズであった[27]．その著作の中で，サミュエルズ教授は，3.11 以降，エネルギー政策の変化の可能性を検討した結果，結論としては，3.11 が日本のエネルギー政策や社会を根本的に変えるまでにはいかないだろう，と結論づけている．

似たような分析がある．日本に詳しい政治学者であるジャック・ハイマンスも，3.11 後の日本の政治変化に注目し，原子力政策並びに非核政策に焦点を当てて分析を行った[28]．その結果，日本には「拒否権行使者（veto player）」が存在しており，画期的な政策変更に対しては必ず「拒否権行使者」が存在するため，同意社会の日本では，画期的な政策変更は極めて難しいとの結論であった．したがってエネルギー・原子力政策についても，大きな変化はないであろう，との観測である．

サミュエルズ，ハイマンスといった米国の知日派の分析は，日本の国内政治システムの構造的問題を見事に指摘している．日本が福島事故の教訓を踏まえて，変化できるかどうかは，この「構造的要因」を理解し，その要因を取り除くことができて初めて変化できるということであろう．

その後に自民党政権が誕生し，民主党政権のエネルギー政策（原子力ゼロ）は見直されることとなり，2014 年 4 月 11 日に，福島事故後初めての「エネルギー基本計画」[29]が発表された．この中で，原子力に関する基本的政策が提示された．「2030 年代に原発ゼロを可能とする」という政策は消え，その代り「ベースロード電源」として「確保していく規模を見極める」との政策が入った．一方，「既存の原発は安全を確認したものは再稼働させる」し，「原則 40 年寿命」もそのまま継承している．要は，「新増設の可能性」を残し，「一定規模を維持することにした」，ということである．ただ，その一方で「依存度を可能な限り低減させる」という文章が入ったために，全体の位置づけが曖昧で，かつ「一定規模を確保する」政策との矛盾が明らかになってしまった．その後，エネルギーミックスの議論を経て，2030 年の原子力発電シェアは 20〜22％ ということになった．この結果，エネルギー政策の構造変化は中途半端な形となり，むしろ既定路線の継承という色合いが強くなった．

第 12 章　現代社会とエネルギー（原子力）問題　　211

しかし，筆者が注目するのは社会意思決定プロセスとしての本質的な変化，あえて言えば逆行である．それは，民主党政権下で試みられた，「国民的議論」が全く影も形も見えなくなってしまったことである．「エネルギー・環境戦略会議」は廃止され，パブリックコメントの公開も制限され，市民参加型プロセスは廃止されてしまった．政策決定プロセスの改革は止まってしまったのである．

そのため，現在も日本のエネルギー政策は真に重要な課題に取り組むことができなくなっている．その最大の原因は「脱原発か否か」の二極対立にこだわるため，原発の是非にかかわらず重要な課題に取り組めなくなっているからである[30]．日本の電力ミックスに占める原発の比重は福島原発事故以降，大きく下がっており，今後も事故以前までに戻ることは考えにくい．意思決定過程の改革を進め，信頼できる情報提供がなされれば，原子力政策の重要課題について合意を得る可能性は十分に残されている．

結びに代えて

原子力と社会の関係は，核兵器の問題や廃棄物処分の問題に象徴されるように，科学技術者だけで解決できる問題ではない．福島事故のもたらした社会的影響，人権問題にまで考えると，社会倫理の議論を避けることはできない[31]．一方で，科学技術専門家による信頼できる情報発信機能も必要である．社会の意思決定過程が，一部の専門家や利害関係者に偏ることなく，公正で透明性の高い意思決定プロセスが今求められている．これらが実現しない限り，日本における原子力と社会の関係は信頼が欠如したまま，迷走を続けていくだろう．原子力と社会の信頼関係をどう回復していくか？　これこそが，福島原発事故が残した最大の教訓であり，課題であると考えている．

注

1) 鈴木達治郎・城山英明・松本三和夫編著『エネルギー技術の社会意思決定』日本評論社，2007年.

2) 鈴木達治郎「福島事故から4年半——日本は失敗から学べているか？」『科学技術

212　第4部　現代社会の課題と統合的教養

社会論研究』12 号「福島原発事故に対する省察」2016 年 5 月，15-35 頁.
3) 東京電力福島原子力発電所事故調査委員会「報告書」2012 年 7 月 5 日. http://warp.da.ndl.go.jp/info:ndljp/pid/3856371/naiic.go.jp/
4) 福島原発事故独立検証委員会「福島原発事故独立検証委員会　調査・検証報告書」2012 年 3 月 12 日. http://rebuildjpn.org/project/#fukushima
5) 添田孝史『原発と大津波 —— 警告を葬った人々』岩波新書，2014 年.
6) 松本三和夫『構造災』岩波新書，2012 年.
7) The National Diet of Japan Fukushima Nuclear Accident Independent Investigation Commission, Message from the Chairman, *Executive Summary of the Report*, 2012. http://warp.da.ndl.go.jp/info:ndljp/pid/3856371/naiic.go.jp/en/blog/reports/es-1/#toc-message-from-the-chairman
8) 松本 (2012, p. 3).
9) 松本 (2012, p. 4).
10) 文部科学省「東京電力株式会社福島原子力発電所の事故による原子力損害の範囲の判定に関する指針について」. http://www.mext.go.jp/component/a_menu/science/detail/_icsFiles/afieldfile/2014/02/04/1329116_1_1.pdf
11) 東京電力. http://www.tepco.co.jp/fukushima_hq/compensation/images/jisseki01-j.pdf
12) 東京電力. http://www.tepco.co.jp/fukushima_hq/compensation/images/jisseki01-j.pdf
13) 日本経済研究センター「事故処理費用は 50 兆〜70 兆円になる恐れ —— 負担増なら東電の法的整理の検討を，原発維持の根拠，透明性高い説明を」，2017 年 3 月 7 日. file:///C:/Users/SUZUKI%20%20TATSUJIRO/Downloads/2017628192158.pdf
14) 復興庁「東日本大震災における震災関連死の死者数」，2015 年 6 月 30 日. http://www.reconstruction.go.jp/topics/main-cat2/sub-cat2-6/20150630_kanrenshi.pdf
15) 中西準子『原発事故と放射線のリスク学』日本評論社，2014 年.
16) 広瀬弘忠「原子力発電を巡る世論の変化」，原子力委員会定例会議資料，2013 年 7 月 17 日. http://www.aec.go.jp/jicst/NC/iinkai/teirei/siryo2013/siryo27/siryo2.pdf
17) 長崎大学核兵器廃絶研究センター（RECNA）市民データベース，分離プルトニウムデータ. http://www.recna.nagasaki-u.ac.jp/recna/datebase/nuclear/fms/pu_201606
18) 原子力委員会「我が国のプルトニウム管理状況」，2017 年 8 月 1 日. http://www.aec.go.jp/jicst/NC/iinkai/teirei/siryo2017/siryo27/siryo2.pdf
19) 鈴木達治郎「プルトニウム在庫削減にむけて —— 安全保障の視点から再処理政策を転換せよ」『科学』86 巻 3 号（2016 年 3 月号），193-195 頁.
20) 経済産業省，エネルギー基本計画，2014 年 4 月. http://www.enecho.meti.go.jp/category/others/basic_plan/pdf/140411.pdf
21) 柳下正治編著『徹底討議　日本のエネルギー・環境戦略』上智大学出版，2014 年.
22) 柳瀬昇『熟慮と討議の民主主義理論 —— 直接民主制は代議制を乗り越えられるか』ミネルヴァ書房，2015 年.
23) 公開シンポジウム「科学技術プロセスのオープン化 —— テクノロジーアセスメント（TA）の新たな潮流と我が国での制度化」，i2ta プロジェクト，2010 年.
24) 日本学術会議「回答：高レベル放射性廃棄物の処分について」，2012 年 9 月 11 日.

http://www.scj.go.jp/ja/info/kohyo/pdf/kohyo-22-k159-1.pdf 同「提言：高レベル放射性廃棄物の処分に関する政策提言 —— 国民的合意形成に向けた暫定保管」，2015 年 4 月 24 日．http://www.scj.go.jp/ja/info/kohyo/pdf/kohyo-23-t212-1.pdf

25) 鈴木達治郎（2016）．

26) エネルギー・環境会議「革新的エネルギー・環境戦略」，2012 年 9 月 14 日．http://www.kantei.go.jp/jp/topics/2012/pdf/20120914senryaku.pdf

27) Samuels, Richard, 3 11: Disaster and Change in Japan, Cornell University Press, 2013. リチャード・サミュエルズ『3.11 震災は日本を変えたのか』プレシ南日子・廣内かおり・藤井良江訳，英治出版，2016 年．

28) Hymans, Jacque, Veto Players, Nuclear Energy, and Nonproliferation; Domestic Institutional Barriers to a Japanese Bomb, *International Security*, volume 36, Issue 2, Fall, 2011, pp. 154-189. http://belfercenter.ksg.harvard.edu/publication/21394/veto_players_nuclear_energy_and_nonproliferation.html

29) 経済産業省，エネルギー基本計画，2014 年 4 月．

30) 鈴木達治郎「『脱原発か否か』対立超えよ：国民の信頼回復急務，使用済み燃料，議論早期に」，日本経済新聞「経済教室」，2016 年 1 月 20 日．

31) 山脇直司編『科学・技術と社会倫理 —— その統合的思考を探る』東京大学出版会，2015 年．

鈴木論文へのコメントと応答

今田高俊

現代社会は高度技術への依存度をますます高めると同時に，社会の基盤を危うくする危険と背中合わせのなかにある．21 世紀には，科学技術と人間社会の不調和が，単に一国内だけでなく，地球的規模で発生する可能性が今にもまして強まるだろう．

原子力技術や医療技術を初めとして，電子メディアやバイオテクノロジーなど，われわれの知らないうちに技術開発がどんどん進み，その中身や問題点がきちんと知らされないままに，生活の中に導入されている．国民にとって専門的な技術の知識は理解できないし，またそれについてわかりやすく説明を受ける機会もほとんどないのが現状である．このため，いざ事故が起きた場合，どのように対処すればよいかもわからず，疑心暗鬼と不安が募ることが多くなっている．

こうしたなかで，人類が地球環境と調和して生存していけるような経済活動の在り方や生活様式およびそれらの基礎をなす倫理・価値観の確立といった課題に取り組むことがますます重要性を帯びつつある．とくに，原子力エネルギー問題はこうした課題をわれわれに突きつける最大のハイリスク・テクノロジーである．

1. 鈴木達治郎氏のエネルギー（原子力）技術論

　鈴木氏の論考の趣旨は，「原子力と社会の関係は，核兵器の問題や廃棄物処分の問題に象徴されるように，科学技術者だけで解決できる問題ではない」ことにある．科学技術（理系）と人文社会（文系）の連携が必要であり，「社会の意思決定過程が，一部の専門家や利害関係者に偏ることなく，公正で透明性の高い意思決定プロセス」が求められることだ．これが実現しない限り，原子力と社会の関係は信頼が欠如したまま，迷走を続けていくとしている．

　鈴木氏はエネルギー技術の特徴として，①公共目的に深く関与すること，②社会基盤への投資が必要なこと，③社会シンボル性（社会価値観）との関係が重要なこと，の三つをあげている．エネルギー技術をめぐる公共目的は，多様かつ相互対立する可能性があること（「公共目的の相克」），社会インフラ投資や制度化がなされると，社会情勢の変化に対する柔軟性が欠けがちになること（「経路依存性」），原子力エネルギー・対・再生可能エネルギーに典型的にみられるように社会の価値観に密接に関連してくること（「価値観の相違」）である．

　原子力発電はこうした三つの要因が際立ったものである．原発は巨大なエネルギー密度を持つ反面，福島第一原子力発電所事故にみられるように計り知れないリスクを持つ．事故原因の究明がなされたが，三つの要因に共通する原因として「本来事業者を独立した立場から審査すべきである規制当局が，現実は被規制者である事業者から強い影響を受けて独自の判断や行動ができなくなっていた」ことが指摘された．加えて規制当局の「能力欠如」も指摘されている．規制当局と電力事業者の「能力欠如」と「癒着」が今回の事故の原因として再確認されることだ．

　事故後の対応でも問題点が多い．事故に伴う追加費用は，損害賠償に加え，福島原発の廃炉措置費用（〜2兆円），除染措置・処分費用（〜3兆円）などを加えると10兆円を超えると推定される．2017年2月22日付の東京新聞（朝刊）によれば，最新の経済産業省試算では，福島第一原発事故処理のための費用は11兆円（2013年）から21.5兆円へと約倍増している．また，老朽化した原子力発電所の廃炉費用や高レベル放射性廃棄物の最終処分，進展がない核燃料サイクルへの投資など原発処理のための費用総額は，約40兆円にも及ぶという．

　さらに，福島第一原子力発電所事故後は，原発に厳しい安全対策が求められるようになり，建設費は世界的に高騰している．大島堅一は「政府試算の建設費の前提を，英国で新設されるヒンクリーポイント原発の建設費に置き換えただけでも，発電費用は17.4円に跳ね上がる」と分析する．政府試算である，水力（11.0円），石炭火力（12.3円）はもちろん，液化天然ガス火力（13.7円）より高くなる[1]．

第12章　現代社会とエネルギー（原子力）問題　215

もはや原発電力は水力や火力発電に比べて安価だと言い切ることはできない状態だ。エネルギー供給に求められる，経済効率の良さ（安価）と安全性には限りなくレッド・カードに近いイエロー・カードが突き付けられた状態である。

2. 技術のインフォームド・コンセント

原子力技術を初めとしてハイリスク・テクノロジーが社会的に受容されるためには，専門家に対する信頼と意思決定過程への国民参加が必要である。信頼のない状態で，専門家・政治家が情報提供や安全性を訴えても，国民は疑心暗鬼になるだけである。この点で，鈴木氏の以下の指摘は的を射ている。すなわち，失われた信頼を回復するには，第一に，「行政における意思決定の透明性，公正性」を確立すること。第二に，「意思決定過程への国民の参加」を促進すること。最後に，「信頼される科学技術情報の発信機能」を確立すること，である。

人々はもはや便利さや効率という素朴な技術信仰を抱く状態にはない。技術が自分の生き方にとってどのような意味を持つのか，あるいはそれを受け入れる際に，どれだけ納得のいく情報が得られるかが重要になる。専門家のいうことを鵜呑みにするのではなく，技術の社会的利用に対して十分納得のいく説明を受けた上でないと，受け入れを認めない時代になりつつある。

原発にかんするこれまでの広報は，安全性を如何にして宣伝するかに偏ってきた。その背景には，「安全性さえ確保して，国民に説得すればわかってもらえるはずだ」という専門家的態度があった。当局側は原発の安全神話に支配されてきたのだ。この神話が福島第一原子力発電所事故によって崩壊した。

原子力技術の安全性を強調する神話づくりはもはや有効でない。1979年にアメリカのスリーマイル島で事故が起き，その後1986年にソ連のチェルノブイリでも事故が発生し，日本では福島で事故が起きた。これだけシンボリックな事故が起きていて，なお安全神話を強調するのは焦点ボケになる。

技術の社会的利用にかんしては，単に技術それ自体（ハード）の安全性を強調するだけでなく，技術の操作について信頼が確保できるように絶えず疑問に答える等，専門家と国民との意志疎通を良くすることが必要である。また，万が一事故が起きた場合でも，危機管理のシステムがしっかりしていて安心できることが重要である。つまり，安全＋信頼＝安心の方程式による《技術のインフォームド・コンセント》が必要である[2]。

インフォームド・コンセントとは本来，医療分野で使われだした概念である。「十分な説明を受けた上での同意」と日本語に訳されている。そのポイントは，医療行為に対して，患者の自己決定・信頼・安心を要求していることである[3]。

この概念は，医療分野だけでなくリスクを伴う技術の利用にも適用可能である．

とくに，原子力発電所近くの住民の身になって考えれば，技術面でいかに安全でも，それを超えて信頼と安心を得ることが不可欠である．しかし，私の知る限り，事故が起きたときの「危機管理」の仕組みならびにその情報公開と説明義務について，きちんと整備している自治体は少ない．万が一の可能性であっても，それに備えた危機管理をきちんと用意することが，安心のために不可欠であるにもかかわらず，その認識がまだまだ不足している．

技術のインフォームド・コンセントという発想からすれば，原子力発電の細かい仕組みの説明が求められているのではない．少なくとも説明を受けて，「原発の危険はどこにあるのか」，「操作に人為的なミスが入らないようにどのような工夫がなされているか」，「大きな事故が起きた場合の避難方法はどう整備されているか」が理解できることが条件である．さらに，「これなら原子力発電もやむをえない」あるいは「それでも廃止すべきである」といった意思決定ができる情報提示と説明が必要である．

これに対し，原発反対派も原発廃止にかんするインフォームド・コンセントを得るような情報提示と説明が不十分である．原発反対派は，人類の生存を脅かす可能性を持った原発を促進するよりは代替エネルギーを開発すべきだとし，原発推進の動きに対しては断固反対して，住民運動やマスコミでキャンペーンを張ることに熱心である．しかし，原発を廃止する場合，各家庭でどれだけの省エネと生活様式の変更をしなければならないか，またどこまで電気料金を負担すべきかについてきちんと試算し，それを覚悟する責任と啓蒙をおこなう必要がある．原発廃止による代替エネルギーの選択も，技術のインフォームド・コンセントの重要な側面だが，その意思決定のための情報や説明が不足している．

今日の原発問題は，推進派であれ反対派であれ，インフォームド・コンセントの視点がないために，国民レベルでの議論にまで高まらない．このため，「原発推進」と「原発反対」の意見が平行線をたどるばかりで，問題解決の糸口が見いだせないでいる．その空白をぬって中間どころの「原発やむなし論」に落ち着いてしまう．「今後のエネルギー需要を考えたら，原発なしではまかなえない．現在の豊かさと生活様式を維持するためには，原子力発電もやむをえない」ということになってしまう．こうした状況では，議論をする道が閉ざされ，具体的な意思決定が提案されないままに，ずるずると原発維持が進んでしまう．

3. 高レベル放射性廃棄物の処分に関する対応から

私は，3.11 福島第一原子力発電所事故が起きる半年ほど前に，原子力委員会

から日本学術会議あてに審議依頼があった際に設置された委員会「高レベル放射性廃棄物の処分に関する検討委員会」の委員長を務めた．依頼テーマは，「高レベル放射性廃棄物の処分に関する取組みについての国民に対する説明や情報提供のあり方について審議」し，回答には主として「地層処分施設建設地の選定へ向け，その設置可能性を調査する地域を全国公募する際，及び応募の検討を開始した地域ないし国が調査の申し入れを行なった地域に対する説明や情報提供のあり方」について期待するというものであった[4]．なお，高レベル放射性廃棄物とは，原子力発電を稼働させることにより出てくる廃棄物（いわゆる「核のごみ」）であり，日本では使用済み核燃料を再処理した際の廃液をガラスで固化した廃棄物（ガラス固化体）のことを指す．

　日本学術会議では行政府からの公式の審議依頼については，文系，理系から等しくメンバーを割り当てて議論することになっているため，委員会は文理双方のメンバーから構成されることになった．この意味で，鈴木氏のいう「原子力と社会の関係は，核兵器の問題や廃棄物処分の問題に象徴されるように，科学技術者だけで解決できる問題ではない」という趣旨に沿った委員会構成であった．

　委員会の議論は当初から緊張感が張り詰めたものであったが，2011年3月11日の福島第一原子力発電所事故の発生により，その度合いがさらに高まった．原発に対して異なる意見を持った文理双方の委員が議論を交わしたため，統合学的アプローチというよりは，文理の対話学的アプローチといえるものであった．紆余曲折を経て『回答』が出来上がり，科学者委員会の査読および最高意思決定機関である幹事会でのプレゼンと修正を経て完成をみることになった．

　そのポイントは，放射性廃棄物の地層処分について国民の理解が得られないのは，説明の仕方がまずいとか説得の技術が不十分であるといったレベルの問題に原因があるのではなく，廃棄物の処分に関する政策を抜本的に見直す必要があること，場合によってはそれを白紙に戻して考え直すべきことを提言したことにある．

　とくに問題なのは，原子力発電を含む大局的なエネルギー政策についての社会的合意が得られていない現状のもとで，廃棄物処分地選定の合意形成を求める手続きが採用されていることである．高レベル放射性廃棄物が存在することを既成の事実として，非反省的にその処分のための行動に出るのは転倒した手続きであるということだ．

　また，回答では，高レベル放射性廃棄物の「総量管理」と「暫定保管」という考え方をもとにして，原子力発電を含むエネルギーの大局的政策を作成し，次いでエネルギー全体に占める原子力発電の割合を定めたり，放射性廃棄物を暫定保

218　第4部　現代社会の課題と統合的教養

管する地点を選定したりするために，社会的な合意形成を「多段階の意思決定」によって図っていく必要性を提案した[5]．

　文系の社会学を専攻する筆者にとって，国民的信頼が十分に得られているとは言い難い状態で，また核のごみについてのインフォームド・コンセントがなされていない状態で，さらには福島第一原子力発電所事故で安全神話が崩壊した状態で，核のごみの処分に関して国民的理解を得るための説得の仕方を審議してもらいたいとの依頼には，驚きの念を禁じえなかった．理系の委員の多くは原発やむなし，ないし推進派であったから，何はともあれ，原発に対する国民的理解が得られる手っ取り早い方法を考えることを重視する流れがあった．このため，リスクテクノロジーに関する文理融合型の統合学的アプローチは，机上の理論としては可能だが，実践としては議論の闘争（闘議）であるとの印象を強くした次第である．統合学的アプローチは討議をつうじた相互了解（合意形成）とならざるを得ない．

　鈴木氏は，3.11後に復活した自民党政権により，民主党（現民進党）政権下で試みられた原子力エネルギー問題に関する「『国民的議論』が全く影も形も見えなくなってしまった」ことに注目する．「『エネルギー・環境戦略会議』は廃止され，パブリックコメントの公開も制限され，市民参加型プロセスは廃止されてしまった．政策決定プロセスの改革は止まってしまったのである．」

　国民的議論なくして民主的な社会的意思決定はない．また，国への信頼なくして国民的合意形成はない．信頼と意思決定こそは統合学にとっての鍵である．鈴木氏の論考はこのことを示唆していよう．

　以上を踏まえて，鈴木論文に関して，以下の質問をしたいと思う．

　1）　原子力エネルギー問題について，包括的な視点から議論されており，しかも文系の人間にとってもわかりやすく論じられている．タイトルの一部に含まれる「統合学的考察」ということの意味をどう考えておられるのか，知りたいところである．筆者の印象では，科学社会学とどう異なるのか，差別化をどうするのか，を聞きたいところである．

　2）　日本は市民革命を経ないで近代社会への道を歩んできた．このため「国家」と対峙する「市民社会」という考えが成熟ないし定着していない．米国の知日派であるサミュエルズ，ハイマンス両氏が指摘している日本の国内政治システムの「構造的問題」との関連についてどのように考えられるか．とくに，国家に抗する市民社会の可能性について．

　3）　3.11後の各種世論調査を見ていると，日本人は「脱原発社会へ向けた軟

第12章　現代社会とエネルギー（原子力）問題　　219

着陸」を望んでいるように見受けられる．論考はその方向性について是認されているように見受けられるが，その際のエネルギー問題についての展望は持たれているのか．貴論考に対する論評でも取り上げたように，原発エネルギーは他に比べて安くない（大島堅一氏の試算）という方向で国民の合意形成をはかる可能性についてどう考えられるか．

山脇直司

　私は，主に公共哲学という観点から三つばかり質問したいと思う．

　1）　私は毎年ドイツのミュンヘンで独日統合学術大会を催しており，2014年11月に「エネルギー転換と統合学」というテーマで開かれたシンポジウムには，鈴木氏も参加された．私は，必ずしも脱原発を明言しない鈴木氏と異なり，脱原発を支持しているが，それはさておき，まずお聞きしたいのは，ドイツで脱原発を決めるにあたって重要な役割を演じたメルケル倫理委員会のような諮問会議を日本で設置することは可能だろうかという点である．

　2）　この本のテーマと関係して，原子力政策に関してどのような形で教養教育を行うべきだと考えておられるかという点である．

　3）　現在パグウォッシュ会議・核兵器廃絶運動に深くかかわっている鈴木先生は，核兵器廃絶に向けて，一体どのような市民的教養力が必要だとお考えになっておられるかという点である．

水野義之

　私の質問は，技術者と社会の「ずれ」の問題に対する「対話の場」の重要性についてである．市民参加型のプロセス自体は，実際どうあるべきなのか，ということである．このような科学技術情報を理解するためには，個々人の学習過程が必須であろう．そのために開かれた対話の場そのものの提案や制度設計は，どこでされているのであろうか．それはどうしたらよいか，という質問である．鈴木氏の指摘する通り，「現在も日本のエネルギー政策は真に重要な課題に取り組むことができなくなっている．その最大の原因は『脱原発か否か』の二極対立にこだわるため，原発の是非にかかわらず重要な課題に取り組めなくなっているからである．（中略）意思決定過程の改革を進め，信頼できる情報提供がなされれば，原子力政策の重要課題について合意を得る可能性は十分に残されている」と私も思うが，その「信頼できる情報提供」のための場，をどうするか，という問題についてお聞きしたい．鈴木氏は，日本学術会議がそういう場の一つとして期待されているとし，私も期待はしているが，残念ながら学術会議そのものが，あまり

社会と繋がっているようには見えない（報道も非常に少ないのは残念である）．日本の学協会会員レベルでも，学術会議を理解している人は極めて少数ではなかろうか．このような問題をどうクリアできるのか．

鈴木達治郎

——質問への応答

まず，今田先生からの質問にお答えしたい．

第一の質問に関しては，筆者の所属する「科学技術社会論学会」の趣意書を見ると，「人文・社会系の学問から，理学・工学・医学などの自然系の諸科学にまたがるトランス・ディシプリナリーな研究を新たに組織化すること が不可欠である．」[6]，と記されている．この考え方は，「統合学的考察」とまさに重なる部分であると考えられるが，一方で，「われわれは，科学技術と社会の界面に生じるさまざまな問題に対して，真に学際的な視野から，批判的かつ建設的な学術的研究を行う」[7]とされている点が特徴であろう．「統合学的考察」は科学技術をあくまでも社会を構成する一要素として，その要因との相互作用，社会全体を統合するシステムとしての考察に重点が置かれていると考える．どちらかといえば，科学技術社会論学のほうが，科学技術の特性に重点が置かれるが，統合学的考察では，社会全体の構造分析に重点が置かれることになると考える．そのため，今回の論文では，原子力を含むエネルギー技術の特徴を踏まえつつ，社会全体の構造分析に焦点を置くことに留意した．

二番目のご質問にある市民社会の分析は，本論文では十分に扱うことができなかった課題である．市民社会の成熟度とは，日本の民主主義がどれほど成熟しているのか，という質問につながる本質的な課題である．筆者は市民社会の成熟を形成する要素として，1) 政策意思決定過程の透明性（情報公開を含む）と市民参加度，2) 第三者によるチェック機能，3) 政策分析能力（選択肢提示能力），4) インフォームド・シチズン（市民の情報理解能力）の存在，5) 権力の分散，の五つが特に重要と考えている．本論文では，市民社会の成熟度を詳細に分析はしていないが，1) 2) 3) の3点については，その重要性を指摘した．とくに，第三者機関による評価の重要性については上記の5点とも深く関与していると認識している．

三番目のご質問に対して，筆者は，福島事故以降，「原発への依存度は低下させていくこと」がエネルギーシステム全体のリスク低減に貢献し，かつ市民の要請にもこたえていく正しい方向と考えている．ただ，いつの時点で脱原発が可能かは，様々な条件が重なるので，簡単には明示することは難しい．原発は「最後

の砦（last resort）」という考え方が政策の基本に置かれるべきだと思う．その考え方が基本にあれば，石油危機以来の原発拡大政策の制度やインフラの改革が不可欠となる．

また，日本は今後，人口も低減し，需要も低下していくことを考えれば，原発はエネルギー需給の観点からは不可避な電源とは言えない．おそらく，温暖化対策に有効な非炭素電源としての役割が最も重要であろう．原発に代わる電源として，石炭火力が増設されるようであれば，大きな問題であると認識している．この点で筆者が参加した日本経済研究センターによる「2050年までのエネルギー分析」によれば，再生可能エネルギーやCCS（二酸化炭素回収貯留）技術が進展することにより，原発がゼロとなっても，2050年には二酸化炭素排出量を60%削減できると分析した[8]．これ以上の削減には「炭素税」か「排出権取引」により「炭素に価格をつける」ことが必要であると結論づけている．なお，経済性の面では，既存原発と新規原発では状況が異なり，新規原発は自由化市場では競争力が低下している．「原発が安い」としたうえで，「制度的支援が必要」という政府には説明責任がある[9]．

また，「脱原発か否か」にかかわらず，福島原発の廃炉，使用済み燃料や廃棄物の安全な管理・処分等，解決すべき課題が山積みであり，まずはそのような重要課題の解決に全力を尽くすべきと考える[10]．こういった情報を十分に国民と共有し，幅広い選択肢を評価分析していくことが，エネルギー政策の合意形成に必要不可欠と考えている．

なお，世界全体で見た場合でも，温暖化対策としての原子力の役割は，以前に考えられていたほど重要ではなくなりつつある．再生可能エネルギーと省エネの進展により，原子力は現在の総発電量に占める比率（11%）を維持するのが精いっぱいであり，過度に原発に期待するよりも，代替エネルギーに優先順位を置くことが望ましいと考える．

次に山脇氏の質問にお応えしたい．

最初の質問に対して，日本でも，古くは1976年に原子力行政懇談会（通称有沢懇談会）を内閣総理大臣の下に設置して，原子力安全委員会の設立を提言した例がある（http://www.aec.go.jp/jicst/NC/about/ugoki/geppou/V21/N07/1976 21V21N07.html）．また，1986年には，やはり総理大臣の私的諮問機関として，経済構造調整研究会を設置し，その報告書は座長の前川春雄日銀総裁の名前をとって「前川レポート」と呼ばれ，日本の経済構造改革を提言した（https://www.komazawa-u.ac.jp/~kobamasa/lecture/japaneco/maekawarep.htm）．

222　第4部　現代社会の課題と統合的教養

国会においては，福島原発事故調査委員会を行政府とは独立した委員会として設置しており，これは法的にも政治的にも最も権威ある形での委員会ということができる．

　また，独立した学術機関として，日本学術会議の中に，そのような倫理委員会を設置することも可能である．なお，法律上，原子力政策の管轄は原子力基本法で，原子力委員会，エネルギー政策はエネルギー基本法の下，経産大臣の管轄となっており，法的強制力を持たせるには法改正が必要となる．しかし，上記の首相諮問機関で十分影響力を持たせることができる．

　二番目の質問に関しては，エネルギー・環境問題の一環として教育を行うのが良いと思う．文科系，理科系にこだわらず，教養課程で教育を行うことは良いと思う．課題としては，①原子力発電のしくみ，②メリットとリスク，③安全性（放射線の特徴），④廃棄物問題，⑤地域経済との関係，⑥核不拡散と核テロリズム，程度は教えるべきと思う．

　基本は，他のエネルギー源との比較も含めつつ，長所，短所を公平に伝え，学生が自ら考えるための情報を提供することが重要である．

　三番目の質問に関しては，「市民的教養力」といえるかどうかわからないが，実際に我々（RECNA；長崎大学核兵器廃絶研究センター）が行っているのは以下のような活動である．活動は，長崎県，長崎市，長崎大学三者で構成される「核兵器廃絶長崎連絡協議会」と連携・協力して行っている．

①核兵器・核物質に関する客観的な情報提供：ウエブサイトに市民データベース（http://www.recna.nagasaki-u.ac.jp/recna/database）を開き，核弾頭数，核物質量のデータ，解説，主要国連関連会議のブログ，関連重要文献などを掲載して，市民の誰でもがアクセスしてわかりやすい，データ提供を行っている．中でも核兵器，核物質についてはデザインに工夫したポスターを作成し，市民や市内・県内の高校・中学・小学校に，解説をした「しおり」とともに無料配布している．

②市民講座：RECNA 教授陣，および長崎大学外の専門家に依頼して，市民向け公開講座「核兵器のない世界をめざして」を年6回開催．また，来崎する東京や海外の専門家を講師として「公開シンポジウム」を年2～3回開催している．http://www.recna.nagasaki-u.ac.jp/recna/pcu/lecture28

③ナガサキ・ユース代表団：毎年，10名程度の長崎在住の若者を核不拡散条約再検討会議準備委員会等に派遣．帰国後は自主的な平和活動・平和教育などを行う．

なお，パグウォッシュ会議では，学生ヤングパグウォッシュ会議（Student

Young Pugwash Conference）を設置して，やはり自主的な活動を行っている．長崎や広島の市民は，特別であり，子供のころから平和教育が行われ，原爆の日には登校するなど，被爆体験を直接聞く機会が多い．しかし，それ以外の市民・子供たちは，8月6日，9日の意味を知らない子供たちも多く，被爆体験を聞く機会もほとんどない．原爆資料館の修学旅行等も減少していると聞く．やはり被爆国としての教育として，①被爆の実相を知ること（現地訪問，被爆者の講話等），②核兵器・核物質の現状，③核抑止力と国際政治の現実，④核廃絶にむけての具体的取り組みや政策，といった情報を伝えることが「市民教養力」を構成することになるだろう．

　最後に水野先生の質問に対してお応えしたい．市民参加型プロセスについて：民主党政権時に試みがなされた「討論型世論調査」，「タウンミーティング」など，既に一般市民が政策決定プロセスに参加することができる手法がある．科学技術に特化したものとして，「市民参加型テクノロジーアセスメント」があげられる．デンマークで開発され，実際に科学技術政策の立案に利用されているもので，一般市民（ランダム抽出）によるパネルが，専門家の意見や資料を参考に，特定の科学技術課題について提言をまとめる，というものだ．日本では地方自治体や一部の官庁で試験的に導入されている．もちろん，住民投票や国民投票も究極的な市民参加の形として検討されるべきだと思うが，直接民主主義制度については，慎重な制度設計が必要である．民主主義の基本は一般市民を信頼するところから始まるのであるが，十分にバランスよく情報が市民にとどき，熟議する機会が与えられなければならない．現実には代議制民主主義を補完する形で，あくまでも参考情報として導入することから始め，市民への情報提供や熟議の形が整い，政策決定者も信頼できるような制度となるよう，時間をかけて導入していくことが望ましい．

　信頼できる情報提供については，上記と関連するが，信頼できる情報が一般市民にアクセス可能な形で提供されていることが，民主主義（市民参加）にとって不可欠となる．「信頼できる情報提供」については，中身もさることながら「信頼できる制度（機関）」が必要になる．いまでも，情報はあふれており，中には信頼できる情報が含まれているはずである．しかし，市民がそれを見つけるのは困難であり，多くの市民はマスメディア（大手新聞，テレビ等）に依存することになる．SNS の時代になったいまでは，「偽のニュース」の方がスピードも速く伝わってしまう．「信頼できない」最大の理由は，情報提供機関（あるいは専門家）が特定の立場や利益を代表している機関が多いからである．したがって，政

224　　第4部　現代社会の課題と統合的教養

治的には超党派，政府や行政機関，産業界組織，反原発団体などの立場を代表しない組織であること，事務局や資金も独立していることなどが重要である．

注

1) 東京新聞，2016 年 12 月 11 日（朝刊）．

2) 今田高俊「技術のインフォームド・コンセント」『総合社会保障』第 36 巻第 4 号，1998 年，70-75 頁．

3) 具体的には，患者が医師から，病状や治療方法について十分な説明を受けた上で，患者自身の価値観にあった治療内容を決めることである．この考えの利点は，医療行為を専門家である医師の一方的な判断に委ねるのではなく，患者も医療に積極的に参加して自分の意思を反映させることにある．その特徴を簡潔にまとめると，（1）患者が病状を理解し自発的に治療方法を選べること，（2）医者と患者の意思疎通を良くすることで信頼関係が形成されること，その結果，（3）患者が安心して治療を医師に任せられること，にある．ただし，この方法は素人である患者にとって困難な意思決定を強いられる側面もある．

4) 私が原子力関係の委員会で委員長を務めることになったのは，①それまで 10 年ほどリスク社会論について研究を進めていたこと，②日本学術会議で「日本の展望委員会——安全とリスク分科会」の幹事を務めたこと，③原子力委員会からの依頼テーマが「国民に対する説明や情報提供のあり方，および地域に対する説明や情報提供のあり方」という，科学技術の専門的な問題ではなく，人文社会的な問題であったことによるものと考えられる．

5) 日本学術会議 高レベル放射性廃棄物の処分に関する検討委員会『回答：高レベル放射性廃棄物の処分について』2012 年（http://www.scj.go.jp/ja/info/kohyo/pdf/kohyo-22-k159-1.pdf）．今田高俊「高レベル放射性廃棄物の処分について——原子力委員会への回答」『学術の動向』第 18 巻第 6 号，2012 年，8-13 頁．

6) 科学技術社会論学会，HP. http://jssts.jp/content/view/15/27/

7) 同上．

8) 日本経済研究センター「2050 年，05 年比で二酸化炭素 6 割削減可能，30 年でも米国並み 3 割減可能」，2015 年 2 月 27 日．http://www.jcer.or.jp/policy/pdf/150227_policy.pdf

9) 日本経済研究センター「事故処理費用は 50〜70 兆円になるおそれ——負担増なら東電の法的整理の検討を，原発維持の根拠，透明性高い説明を」，2017 年 3 月 7 日．http://www.jcer.or.jp/policy/concept2050.html

10) 鈴木達治郎「脱原発か否か，対立超えよ」，日本経済新聞，2016 年 1 月 20 日．

第13章　グローバル資本主義と主流派マクロ経済学の抱える問題性
——政治経済学的志向の必要性

平井俊顕

はじめに

　1980年代中葉以降に世界経済に生じた現象はグローバリゼーションという名で知られる．冷戦体制が崩壊し，世界は資本主義システムのもと，市場システムを中心に展開することになった．他方，同じ期間，マクロ経済学は，と言えば「新しい古典派」と呼ばれる学派（およびその影響を大いに受けた「ニュー・ケインズ派」）が経済学界を席巻していた．

　本章は次のように進められる．第1節では，現代社会に大きな影響を与えているグローバル資本主義現象を，「事実」に依拠した著者なりの統合的視点から説明する．第2節では，主流派マクロ経済学が同期間，展開していた立論がもつ問題性を見ることにする．第3節では，グローバル資本主義をとらえるには，統合的な経済学的視座，とりわけ，「政治」（経済に影響をおよぼす地政学的・政治的・社会的要因を考慮に入れる，という意味）経済学的視座が必要であること[1]，および後期教養教育にあっても，そうした視座の重視が必要であること，を指摘する．そのうえで，世界が海図なき領域を彷徨っていることに触れつつ，むすびとしている．

1.　資本主義とグローバリゼーション[2]

1.1　資本主義[3]
　<u>長所・短所</u>——最初に，資本主義の長所と短所を見ることにする．

226　　第4部　現代社会の課題と統合的教養

資本主義は成長衝動を内蔵するシステムであり，その爆発力が資本主義化を促進すると同時に，既存システムを破壊する．それは不安定性を伴う動態的なシステムである．その「成長衝動」「動態性」は，「市場」と「資本」を通じて実現される．さらに，「動態性」を真に担うのは企業である．企業は不確実な未来に向けて莫大な資金・人材を投入し，商品・市場の開拓に乗り出していく．

　「動態性」「市場と資本」「企業」は，資本主義システムのもつ長所である．市場という巨大なネットワークを通じて経済活動が展開されることで，経済主体は自主的行動を許され，無数の財・サービスが生産・交換され，さらには企業の活動を通じ経済の動態的発展が実現される．それは，自由という点で社会主義よりも優れている．市場は「自律的」であり，特定の人間・組織の命令に依存していない．

　他方，資本主義には次のような短所が認められる．第一に，動態性ゆえの不確実性・危うさ・脆弱性が内在している．企業は新製品の開発に多大の努力を注入し，さらにその生産にさいしては巨額の資本設備を必要とする．それでいて，販売は需要に依存するため，予測はきわめて難しい．第二に，以下のような固有の「アバウトさ」もしくは「脆弱性」を有する．①市場価格は，「宣伝」，「信用創造による介入」のため，「公平な」価格を実現できているわけではない．②会計システムには固有のアバウトさが潜む．③貨幣での契約を根本とする債務契約は，インフレ・デフレの影響を回避することができない．

　機能不全問題——続いて，現在の資本主義に現出する顕著な機能不全問題として次の3点を挙げておきたい．

　第一は「バブル現象」である．バブルが経済システムにとり危険なのは，経済活動する人間の本性を突き動かすからである．ライバル企業がバブルを利して巨額の利益を得ているとき，「バブルは必ず破裂する」と言って座して待つことは，株式会社制度をとる企業組織のトップには，ほとんど許されていない．むしろバブルに参画することが強いられる．そしてバブルが加速化していくと，経済システムはバブルの大波に翻弄されていく．さりとて，政府も暴走を始めたバブルを抑止できずに経済危機を迎えるという事態は，

いまも繰り返し起きているし，今後も起き続けるであろう．

第二は「腐敗と不正」である．資本主義は，市場を通じての財・サービスの交換を基本にするため，効率的・合理的であり，かつ参加者の自由・対等性・公平性が保証されている，とされる．ある程度までは妥当する見解ではあるが，このシステムが腐敗と不正から免れているわけではない．

一つは帳簿操作である．このシステムにあって，すべての経済活動は貨幣で評価され記帳され，それらが集計されることで具体的な経営状況が判明する．だが，それでいて帳簿にはいろいろな落とし穴（とくにインフレ・デフレに伴う貨幣錯覚に対処できないという点）が潜んでいる．

もう一つは金融に関係する不正行為である．たとえば，①株式市場の悪用行為（インサイダー取引，デマ情報を通じた株価操作等），②強制貯蓄（金融調達を優先的に受けられる企業が財・サービスを先取りできるという現象）の発生，③市場の不在化（多層化された「証券化商品」[securitized paper] の多くには適正な価格付けを行う「市場」が存在しないという状況）と不透明化（いかなる監視を受けることもないヘッジ・ファンドや「仕組み投資」などの金融機関の爆発的増加）による利益収奪現象，が挙げられる．

第三は「格差」である．この30年間の「市場原理主義」に駆り立てられた世界は，結果として各国で大きな格差をもたらしてきた．世界の富に関し，「1% の超富裕層は残りの99% に等しい」（1% vs. 99%）といった標語は，すでに日常語化している[4]．アメリカを例にとろう[5]．トップ1% の家族が保有する「富」は1989年の30% から毎年上昇を続け，2016年には38.6% に達している．これに対し同期間，ボトム90%（トップ10% 以下のすべてを指す）の家族が保有する「富」は33.2% から22.8% に下落している．そしてこれは，長年にわたり，富裕層以外の所得の伸びがきわめて緩慢か停滞状況にあったことの結果である．

1.2　グローバリゼーション

すでに述べたように，80年代中葉以降の世界経済の展開を一言で表現すると，「グローバリゼーション」ということになる．すなわち，グローバルな市場経済化現象である．

228　第4部　現代社会の課題と統合的教養

<u>3つの特徴</u>—— この現象の特徴として次の3点が指摘できる.

①経済運営の原理としての資本主義のグローバルな採用（社会主義の放棄），

②金融グローバリゼーションの極端な進行，

③開発途上国とみなされていた国の驚くべき経済成長，そして世界経済上に占める地位の躍進.

<u>5つの要因</u>—— このグローバリゼーションを引き起こした要因として次の5点を挙げることができよう.

（1） ネオ・リベラリズム

ハイエクやフリードマンを代表として，「すべてを市場経済に委ねよ，個人の自由な活動を最大限に尊重せよ，政府は市場に干渉すべきではない」という旨の主張を展開していたネオ・リベラリズムは，80年代になると，第一にサッチャー政権やレーガン政権から，第二に経済学界（マネタリズムおよび「新しい古典派」）から，強力な支持を獲得することになった[6].

（2） 金融の自由化

これは，資本調達手段および投資の場を拡大すべく，規制の撤廃を目指して大手の金融機関によって唱道された．とりわけ重要なのは，グラス゠スティーガル法の換骨奪胎化を目指した活動であった（その帰結が，「グラム゠リーチ゠ブライリー法」［1999年］である）．それは，ヘッジ・ファンド，投資ビークル，プライベート・エクィティ・ファンドといった新たなタイプの金融組織，ならびに新たな金融商品である「証券化商品」を激増させることになった.

（3） 資本取引の自由化

この運動は，80年代からIMFによって「資本勘定の自由化」というかたちで始まっていた．70年代初頭には「ブレトン・ウッズ体制」が崩れ，IMFには果たすべき役割がなくなってしまっていたこと，および，80年代に南米諸国が債務危機に陥っていたこと等が，IMFの運動の動機になっている．また80年代後半以降，プラザ合意による急激な円高の進行するなか，日本企業が東南アジアへの直接投資を激増させ，それが当地の経済成長を促進させる，といったことが生じていた．こうした環境は，90年代初頭にイ

ンドやブラジル等による経済の自由化政策の採用につながり，直接投資の増大による経済発展が始まる契機となった．

（4） 新産業革命

これは，80年代に産声をあげたアメリカのIT産業によって引き起こされたものであるが，それは直ちに，グローバル市場をターゲットにした効率的なネットワーク（インドでのアウトソーシングや，中国等でのコスト・パフォーマンスを意識した工場配置戦略等）を爆発的に発展させていくことになった．

（5） 社会主義システムの崩壊

これは，1991年12月にソ連が解体したのみならず，それと同時に，旧ソ連圏に資本主義システムが導入されることになり，その結果，広大な地域が資本主義化するに至ったという現象をも包含するものである．

タイプ分け—— これらの要因によって引き起こされたグローバリゼーションは，「金融グローバリゼーション」と「市場システム・グローバリゼーション」に分けることができる．金融グローバリゼーションは，金融ビジネスがどの政府からの規制も受けることなくグローバルに活動できる金融の自由化と資本取引の自由化により引き起こされた．

市場システムは，財・サービスが市場を通じて企業および消費者間で自由に交換される仕組みである．市場システムが世界中で広範に採用されるに至っているというのが，ここで言う「市場システム・グローバリゼーション」である．

金融グローバリゼーションの進展は市場システム・グローバリゼーションを促進してきた．金融ビジネスは，利益を生むと見込まれる世界のいかなる地域にも資金を積極的に投資してきた．このことは，一方で，多くの開発途上国に発展の大きな機会を提供することになり，他方で，金融グローバリゼーションの異常とも言える展開はシャドウ・バンキング・システム（SBS）を膨張させ[7]，世界経済をますます不安定なものにすることになった．

上記の2分類は，「市場システム・グローバリゼーション」をさらに3分類（下記の（2），（3），（4））することで，世界の（政治・）経済システムに大

きな変化をもたらした4種類のグローバリゼーションとして提示することができる．各々を説明していこう．

(1) 金融グローバリゼーション

これは，80年代まで，日本や西ドイツに後塵を拝しがちであった米英が世界の中枢としての地位を取り戻す方法として編み出されたものと言える．米英は，金融の自由化を推し進め，金融機関が政府の監視を逃れて自由に投資・投機活動を展開していくことを許容していった．そのため，投資銀行，商業銀行，さらにはヘッジ・ファンドが「証券化商品」の開発やレバレッジの引き上げを通じ，驚くべき規模の投資・投機活動をグローバルに展開していくようになった．

(2) 市場システム・グローバリゼーションⅠ
　　　　──社会主義システムの放棄に伴う市場システム制の導入

既述のように，ソ連の崩壊は，同時に，社会主義システムを放棄し，市場システム（資本主義）の採用を伴った．このため，広大な地域に市場システムがなだれ込むことになった，というのがここで「市場システム・グローバリゼーションⅠ」と呼んでいる現象である．

なお，中国の場合，1978年の鄧小平による「改革開放路線」以降，急激な「体制変換」（regime change）を伴うことなく，漸進的にこの現象が進行することになった．

(3) 市場システム・グローバリゼーションⅡ
　　　　──市場システムの量的拡大

ビジネス活動のグローバル的展開は，いくつかの「発展途上」国に大規模な経済発展をもたらした．その結果がブリックス（BRICs; ブラジル，ロシア，インド，中国）等に代表される「新興国」（emerging nations）の出現である[8]．とりわけブラジルやインドの場合，経済の自由化により，欧米からの企業進出等を通じ，市場システムの規模が拡大していった．ロシアや中国にあっても，体制変換のみならず，市場システムの規模そのものも大きく拡大していくことになった．これが，ここで「市場システム・グローバリゼーションⅡ」と呼んでいる現象である（ロシアや中国は体制変換以外に，こうした側面を合わせもっている）．

第13章　グローバル資本主義と主流派マクロ経済学の抱える問題性　231

（4） 市場システムの統合——EU（およびユーロ・システム）

EU（およびユーロ・システム）は90年代に創設されたが，それは旧東欧圏を組み込んでいくという政策を伴った．その意味で，これは金融ならびに市場の統合という特性をもっており，「市場システムの統合」と表現することもできるであろう．

2. 主流派マクロ経済学の問題性[9]

第1節で見たようなグローバル資本主義が進行するなか，同時期にマクロ経済学を支配していたのは「新しい古典派」[10]および「ニュー・ケインズ派」[11]であった．

「新しい古典派」は，経済主体の「超」合理性を当然視するとともに，市場のもつ均衡メカニズムに全幅的な信頼を寄せることで，厳密な理論モデルの構築が可能であり，そしてそれに基づき現実の経済現象を科学的に説明することが可能になる，と主張してきた（「経済政策の無効性命題」〔経済主体が「合理的」であるため，政府が行う政策の先を読んで行動してしまうために政策が効かないという主張〕もこの文脈下におかれる）．

「新しい古典派」は自らの理論がミクロの経済主体に依拠した厳密な数理的モデルであると主張している．だが「代表的家計」というマクロ的主体に基づき，しかも期待効用の最大化を合理的期待形成のもとで行うという想定からモデルを組み立て，さらにそれをカリブレーションという手法で現実の経済データとのフィットネス（合致度）を調べるという手法は，将来が不確実な状態のもとで行動せざるをえない現実経済からはあまりにもかけ離れたスタンスに位置している（なお，この派は社会哲学的にはネオ・リベラリズムを標榜しており，徹底した反ケインズ派である）．

こうした動きに抗して登場したのが「ニュー・ケインズ派」（ニュー・ケインジアン）である．この派は市場経済における価格メカニズムの不全性を強調する立場をとっており，さまざまな価格硬直性が市場経済に生じているため，マクロ的な有効需要の減少，産出量や雇用量の減少がもたらされる，と論じる．ニュー・ケインズ派は，当初，この価格の硬直性がなぜ生じるのか

232　第4部　現代社会の課題と統合的教養

をミクロ的基礎から，さまざまな仮説を提示して説明することに努めた[12]．ニュー・ケインズ派は「非自発的失業」の存在を承認し，「セイ法則」（完全雇用はつねに成立するという命題）や「古典派の二分法」（財市場と貨幣市場を分離して論じることができるという考え）を否定しており，この点で「新しい古典派」とは対抗的な立場にある．社会哲学的にも，政府の裁量政策を肯定する立場に立っている．

　だが，両派には重要な共通点が存在する．それは「新しい古典派」が開発した理論ツールである「合理的期待形成」「代表的経済主体」「動学的一般均衡」等を，ニュー・ケインズ派は基本的に採用している，という点である．

　ニュー・ケインズ派は，その後，「ニュー・IS-LM モデル」と呼ばれるマクロ経済モデル（これによって現実の経済を分析できる，という意味）を開発しており，それは「新しい新古典派総合」を具現するとされる[13]．このモデルは，サムエルソンによって唱道された本来の「新古典派総合」における中軸であった「IS-LM モデル」（かつてのケインジアンの中枢モデル）を念頭においた名称を冠しているが，「IS-LM モデル」の基礎にあった消費関数や流動性選好関数は棄却され，実際には「家計の異時点間の期待効用最大化」から導出されるものを「IS 式」（「総需要関数」とも呼ばれている）と呼んでおり，利子率決定式は「テーラー・ルール」に基づいているから，非常に誤導的な名称である（モデルは，さらに，「ニュー・ケインジアン・フィリップス・カーブ」〔「総供給関数」とも呼ばれている〕が加わり完結する）．

　この 30 年間，バッシングを浴び続けたケインズに，再び人々の注目が集まり出したのは，サブプライム・ローン危機に端を発したリーマン・ショック（2008 年 9 月）からである．そこからの驚くべき勢いでの経済破綻は，「新しい古典派」（さらに「ニュー・ケインズ派」）の現実の世界経済の特性への無知を曝け出すことになった．第 1 節で見たような，グローバル資本主義の実際の進展をとらえようとするよりは，独断的な理念に依存したモデル構築に明け暮れたあげくの帰結であった[14]．

第 13 章　グローバル資本主義と主流派マクロ経済学の抱える問題性　　233

3. 「政治」経済学と後期教養教育

　以上から見えてくるのは，この 30 年におけるグローバル資本主義の進展
と，同期間に展開したマクロ経済学の現実経済へのアプローチの貧弱さ，と
いう皮肉な構図である．重視すべきは，いかにグローバル資本主義をとらえ
るかであって，経済学が金科玉条的に守ってきた視座（しかもそれ自体問題
の多い前提に依拠している）に固執した分析を続けることではない，という点
である．現実を見，そしてそれをとらえるには，従来の経済学の理論にとら
われない柔軟な姿勢，とりわけ政治と経済の関連でグローバル資本主義をと
らえ直すことが要請されている．

　この点で，ロビンズがイーリー講義で語ったこと（Robbins, 1981）が今日
でも傾聴に値すると思われる．ロビンズはそこで，厳密な科学としての経済
学と現実の政策などに役立つような有益性をも含む政治経済学を識別し，価
値判断を包摂する政治経済学の重要性を説いている．さらに，ロビンズは隣
接領域としての政治学と歴史を学ぶ必要性を強調している．

　グローバリゼーションは，「アメリカ一国覇権の時代」と合致しているが，
新たな世界システムの出現を準備するものでもあった．それはブリックスを
台頭させ，G20 というかたちで世界経済への発言力を高めることになった[15]．
　2003 年のブッシュ大統領によるイラク戦争[16]あたりが，アメリカ一国に
よる世界支配の頂点であったが，それは同時に（そしてだれも予想できなかっ
たことであるが），崩壊の始まりを告げるものであった．そして気がつくと，
いまでは，すでに「三極支配」（米・露・中）の時代に突入している[17]．ロシ
アは，旧ソ連の影響下にあった地域での影響力を「回復」すべく（クリミア，
東ウクライナ等で）動いている．中国は，アフリカ，南米，中央アジアの広
大な地域で資源獲得をめぐり積極的な戦略を展開するとともに，南シナ海・
東シナ海では多数の基地建設を一方的に押し進めている．さらに，上海協力
機構，アジア・インフラ投資銀行（AIIB）等を自らが発起人となって設立
し，意識的・対抗的に世界システムの再編を進めている（総括すれば，「一帯

234　　第 4 部　現代社会の課題と統合的教養

一路」［One Belt One Road］構想と言われているものになる）．それらの点で，中国はロシアよりはるかに大胆な行動を展開している[18]．ロシアには，まだ経済制裁が大きな抑えになっているのに対し，中国にはそのような抑えは何もないというのが現状である．

現在の「三極支配」において際立つのは，いずれもが資本主義システムを採用しているという点である．アメリカの場合，現在の状況は「コーポラティズム」（Corporatism；巨大企業［Corporate Powers］がその資金力を武器に政党を自己利益実現のために囲い込むような状況）と評されることが多い[19]．ロシアや中国の場合，21世紀になってから，政府が産業界を統制するかたちで政治・経済の癒着が強くなるという傾向が顕著になっている．すなわち，いまでは，三国とも「クレプトクラシー」（クローニー資本主義；政治・経済のトップが私腹を肥やすシステム）が蔓延している．さらに，EU圏においても極右政党が大きな影響力をもってきている．

こうして，資本主義と民主主義とはどういう関係にあるのか，という問いが，現在，われわれに突きつけられている．民主主義がなく，独裁的な政治システムのもとでも資本主義システムが成立している[20]，という事態をどう受け止めればよいのだろうか．さらに，プーチン・ロシア，習近平・中国，トランプ・アメリカを前に，どの程度，価値的な順位付けができるのだろうか，等の問いである．

これらの点は，後期教養教育（複数の世界を見ることで複数のコミュニティを往復する力を身につける教育）で経済学科目を扱うさい（他の専門を学ぶ学生が経済学から何を学ぶかを考えるさい）には，考慮されるべきポイントであろう．政治経済学的な視点・視座を提供することで，グローバル資本主義および経済学への関心が受講生の頭脳のなかで活性化・立体化したものになることが期待される[21]．

ここで，この視点を見事に突いたケインズの「アルフレッド・マーシャル」（Keynes, 1924）での発言を取り上げておきたい．ケインズは，次のように述べている．

「（経済学者は）ある程度まで，数学者で，歴史家で，政治家で，哲学者でなければならない．……彼は普遍的な見地から特殊を考察し，抽象と具体とを同じ思考の動きのなかで取り扱わなければならない．彼は未来の目的のために，過去に照らして現在を研究しなければならない．人間の性質や制度のどんな部分も，まったく彼の関心の外にあってはならない．彼はその気構えにおいて目的意識に富むと同時に公平無私でなければならず，芸術家のように超然として清廉，しかも時には政治家のように世俗に接近していなければならない．」[22]

こうした気構えを涵養することが，後期教養教育では必要とされているのではないだろうか．

むすび

リーマン・ショック後の経済危機は，ネオ・リベラリズムと「新しい古典派」によって支持され鼓舞されつつ進行した行き過ぎの金融グローバリゼーションのもたらした帰結であった．金融は実体経済への融資という本来の職務から逸脱し，「金融の，金融による，金融のための利得確保」に狂奔するに至った．

あの狂乱のなか，メガバンクの多くが，LIBOR（ロンドン銀行間取引金利）の不正操作，証券化商品をめぐる不正売買や帳簿操作，オフバランスによる異常なレバレッジを繰り返していた．アメリカ，EU において，メガバンクは，あるいは巨額の資金供与を受けたり，あるいは国有化されることを通じて真っ先に救済され，他方，大多数の国民は不動産の差し押さえ，破産，失業など，どこからも救済されることなく放置されたままになっている（いまでもそうであることが強調される必要がある）．しかもメガバンクのトップは誰一人として，刑事訴追を受けるには至っていない（これは，1989 年に起きたアメリカの S&L〔貯蓄貸付組合〕危機のケースとの顕著な相違である）．

そのため金融関係者は再度同じ行為を繰り返す可能性が高い．罰せられることがなく，かつ TBTF（大きすぎて潰せない）により，自らも，そして金

236　第 4 部　現代社会の課題と統合的教養

融機関も救済される，と考えているからである．あれから9年が経過したいまも，資本主義はこうした行動を阻止するメカニズムを欠いたままである．

ドッド＝フランク法（2010年）はその阻止のためのアメリカの法である（国際法ではない）が，それすらもトランプの出現で危うい．折しも，UNC-TAD（2016）で，第2のリーマン・ショックが新興国から発生する危険性（先進国中央銀行の政策の結果生じた膨大な累積負債に起因）が指摘されている．

世界は，いまも海図なき領域を彷徨っている[23]．

注

1) かつては，「ポリティカル・エコノミー」が一般的であった（たとえば，Mill, 1848）が，マーシャルあたりから「エコノミックス」が一般的となり（Marshall, 1890），さらに「論理実証主義」の影響により，「形而上学」とみなされる要素が経済学から排除される，という歴史をたどって，現在の経済学に至っている．
2) 諸富編（2016）やHirai ed.（2015）所収の拙稿を参照．なお，より広範囲をカバーしたものとして平井（2017）を公開している．
3) 資本主義が経済学者によってどのように評価されているのか（いわゆる社会哲学〔市場社会像［観］〕）については本章では触れていない．この点については，平井（2000）第8-11章（ケインズ，シュムペーター，ハイエクを扱っている），平井（2007）第Ⅱ部「ケンブリッジの市場社会観」（ピグー，ロバートソン，ホートリー，ケインズを扱っている）を参照．
4) Oxfam（2017）の報告によると，8名の大富豪の富は地球上の下位半分36億人の富に等しい．
5) Center on Budget and Policy Priorities（2017）による．
6) 大きな政治運動へと発展したのは，1971年のLewis Powell Memoの衝撃，A. FisherによるThe Institute of Economic Affairsなどの攻撃的活動による．Fang（2017），Nadar（2016）を参照．ネオ・リベラリズムの地政学的衝撃については，包括的な軌跡を提示しているKlein（2009）を参照．
7) これに並行して，「パナマ文書」（Panama Papers）が暴露しているように，タックス・ヘイブンを悪用したグローバル企業の租税回避行動が激増している．これを止めるシステムは事実上存在しないのが現状である．
8) 2009年にBRICSサミットが設立されており，2017年現在，9回を迎えている（南アフリカ共和国は2011年に参加）．
9) 詳しくは，ケインズ学会編（2011）第4部所収の拙稿「ケインズと『今日性』」，および平井（2012, pp. 16-28）を参照．
10) たとえば，Lucas（1975），Kydland and Prescott（1982）.
11) たとえば，Mankiw and Romer eds.（1991）.

第13章　グローバル資本主義と主流派マクロ経済学の抱える問題性　　237

12) たとえば，Mankiw（1985）.

13) たとえば，Goodfriend（2002）.

14) この立場は，経済学を論理学の一分野，そしてモラル・サイエンス（内生と価値判断を用い，動機，期待，心理的不確実性を扱う科学と定義）と見るケインズの立場の対極にあるものと言える．Keynes（1938）を参照.

15) 他方，グローバリゼーションの進行は，日本の世界経済に占める地位を大幅に下落させる結果をもたらした．世銀の最新の公表データ（World Bank, 2016）によると，購買力平価による GDP は次のようになっている．1 位：中国 21.4 兆ドル，2 位：アメリカ 18.6 兆ドル，3 位：インド 8.7 兆ドル，4 位：日本 5.3 兆ドル（少数点第 2 位で四捨五入）．1992 年当時，日本は同基準で 2 位であった．世界全体に占めるシェアで言えば，この 25 年間でほぼ半減している.

16) これは，シンク・タンク PNAC を拠点としたネオコンによるシナリオの実行であった.

17) トランプの「アメリカ，ファースト」は，国務省費を 3 分の 1 に削減し，防衛費を激増させるという方針をとっている．本来の盟友である EU・NATO をきわめて軽視する一方で，ロシアに対しては，卑屈なまでにプーチンに従っている（アメリカでは 2016 年の大統領選挙へのロシアの干渉，ならびにトランプ陣営の関連する行動が重大な問題となっており，特別検察官ミュラーによる調査が深く進行している）．中国に対しては，高率関税を課す選挙中の発言は，紫禁城での壮大な歓迎できわめて腰砕け状態になってしまっている．国際外交に至っては，娘婿クシュナーを，複雑な中東問題や中国交渉のトップに起き，国務長官ティラーソンは二の次扱いになっている．他方，武装攻撃には積極的だが（シリア，アフガニスタン，イエメン，パキスタンなど），いずれも先行の見えない行動としか言えないものである．結果的に，トランプの行動は，ロシア，中国が，これまでの方針を継続させるうえで何の障害にもなっていないため，影響力を拡大させやすい環境をつくっており，覇権国家アメリカの地位を一層弱体化させる方向に向かっている.

18) 詳しくは，平井（2017）第 9 講「地政学的視座に立って世界を見る」を参照.

19) （アメリカの）民主党は，この 30 年間に，それまでの理念を捨ててそのように囲い込まれてしまい，その結果，大衆（とりわけ，「ラスト・ベルト」[Rust Belt] 地帯の住民）は裏切られた，見捨てられたという気持ちを強く抱くに至っており，彼らからの支持を急速に喪失してしまっている，という見方が有力である．興味深いものとして Nadar（2016），Frank（2017）がある.

20) たとえば，1973 年，アジェンデ政権を打倒した（CIA 支援による）ピノチェット軍事政権下による「シカゴ・ボーイズ」（フリードマンの弟子たち）によるネオ・リベラリズムによる資本主義化という現象をどうとらえるのかという問題も，ここで考察されるべきテーマである.

21) 経済学界は，数学と実証を重視し，それ以外を軽視・排除する傾向を強めてきている．また専門化に走るあまり，広角的な視座の喪失現象が生じている．本章で見たような齟齬が生じる所以である.

22) 訳は大野忠男訳『人物評伝』ケインズ全集第 10 巻，東洋経済新報社，1980 年，233 頁によっている.

23) 平井（2017）のタイトルを「さまよえる世界経済——資本主義＆グローバリゼー

ション」としたのは，このことを反映させるためである．

文献

Center on Budget and Policy Priorities, *A Guide to Statistics on Historical Trends in Income Inequality*, 2017. http://www.cbpp.org/research/poverty-and-inequality/a-guide-to-statistics-on-historical-trends-in-income-inequality

Fang, L., *On How A Little-Known U.S. Libertarian Think Tank Is Remaking Latin American Politics*, 2017. https://www.youtube.com/watch?v=NDFW3OWUbEI&list=PL50BDB9BCCFAF09CA&i

Frank, T., Why Democrats Lose, 2017. https://www.youtube.com/watch?v=pQ4AlwewH8Y

Goodfriend, M., Monetary Policy in the New Neoclassical Synthesis: A Primer, *International Finance*, 5-2, 2002.

Hawtrey, R.G., The Need for Faith, *Economic Journal*, September 1946.

Hirai, T. ed. *Capitalism and the World Economy*, London: Routledge, 2015.

Keynes, J.M., Alfred Marshall, *Economic Journal*, September 1924.

Keynes, J.M., Francis Ysidro Edgeworth, *Economic Journal*, March 1926.

Keynes, J.M., Letter to Harrod dated July 4, 1938 (in *The Collected Writings of John Maynard Keynes*, Vol. 14, Macmillan, 1973, pp. 296-297).

Klein, N., The Shock Doctrine, 2009. https://www.youtube.com/watch?v=B3B5qt6gsxY

Kydland, F.E. and Prescott, C., Time to Build and Aggregate Fluctuations, *Econometrica*, 50-6, 1982.

Lucas, R., An Equilibrium Model of the Business Cycle, *Journal of Political Economy*, 83-6, 1975.

Mankiw, N.G., Small Menu Costs and Large Business Cycles, *Quarterly Journal of Economics*, May 1985.

Mankiw, N.G. and Romer, D. eds., *New Keynesian Economics*, MIT Press, 1991.

Marshall, A., *Principles of Economics*, Macmillan, 1890.

Mill, J.S., *Principles of Political Economy*, Longmans, Green and Co., 1848.

Monbiot, G., We Can't Be Silent on Climate Change or the Unsutainability of Capitalist System, 2017. https://www.youtube.com/watch?v=siladGzSKJI

Nadar, R. interviewed by Hedges, C., 2016. https://www.youtube.com/watch?v=PdmiFaEcBZ8&t=142s

Oxfam, *An Economy for the 99 Percent*, 2017. https://www.oxfam.org/en/research/economy-99

Robbins, L., Economics and Political Economy, R. Ely Lecture, AEA, May 1981.

UNCTAD, *Trade and Development Report*, 2016. http://unctad.org/en/pages/PublicationWebflyer.aspx?publicationid=1610

World Bank, Gross Domestic Product, 2016. http://databank.worldbank.org/data/download/GDP.pdf

ケインズ学会編『危機の中で〈ケインズ〉から学ぶ』作品社，2011 年．

平井俊顕『ケインズ・シュムペーター・ハイエク――市場社会像を求めて』ミネルヴァ

書房，2000 年.

平井俊顕『ケインズとケンブリッジ的世界 —— 市場社会観と経済学』ミネルヴァ書房，
2007 年.

平井俊顕『ケインズは資本主義を救えるか —— 危機に瀕する世界経済』昭和堂，2012
年.

平井俊顕『市民講座：さまよえる世界経済 —— 資本主義＆グローバリゼーション』Am-
azon Kindle，2017 年.

諸富徹編『資本主義経済システムの展望』岩波書店，2016 年.

平井論文へのコメントと応答

山脇直司

　第2次大戦後の日本の経済学を久しく支配したのは，近代経済学（俗称キンケ
イ）とマルクス経済学（俗称マルケイ）の二大潮流であった．私が一橋大学で経
済学を学んだ 1960 年代後半，近代経済学の必読文献はケインズの『雇用・利子お
よび貨幣の一般理論』とサミュエルソンの『経済学』であった．前者は 1936 年
に著され，政府介入による市場経済の軌道修正を図った修正資本主義の古典とし
て，後者はマクロ経済学（所得分析）とミクロ経済学（価格分析）の総合を企てた
標準的教科書として必読だったわけである．また，マルクス経済学では『資本
論』が必読文献であったことは言うまでもない．

　しかしこの二つの潮流は，対立しながらも日本社会をいかに豊かにするかとい
う目的意識では共通していたように思う．ケインズ理論をベースにした近代経済
学は，政府が有効需要をつくりだすための金利政策や財政投融資によって市場に
介入し，それにサポートされた私企業が設備投資を増やすことで経済が成長し，
国民全体が豊かになることを説いていたし，マルクス経済学は，そのような方法
ではなく，矛盾に目覚めた労働者階級を主体とした計画経済（社会主義）によっ
て国民全体が豊かになることを説いていたと言ってよいだろう．1960 年代から
70 年代にかけての日本の財政投融資政策を遂行した経済官僚たちには，ケイン
ズ理論のみならず，マルクス経済学を大学で学んだひとも多かったという話であ
る．

　しかるに，世界経済の情勢は 1980 年代に一変する．英国では 1979 年にサッチ
ャー政権が，米国では 1981 年にレーガン政権が誕生した．イギリス病と呼ばれ
た経済の低迷状態を脱するためにサッチャーが採った大胆な政策は，福祉予算を
大幅にカットして企業の減税を行う公共政策であり，その哲学的な支えを得るた
めに彼女が持ち出したのは，少なくとも理論的には過去の遺物だと多くの経済学

240　　第4部　現代社会の課題と統合的教養

者が信じてきたハイエクとミーゼスの経済哲学であった．そしてレーガンを熱烈に支持したのは，これまたハイエクの弟子を自任するミルトン・フリードマンであった．いずれもケインズに敵対する経済学者であり，現在まで続いている新自由主義（ネオ・リベラリズム）の元祖とみなされる人物たちである．かくしてそれまで近代経済学と呼ばれていた理論のパラダイムも，新古典派（ネオクラシカル）と呼ばれるものへと大きく変貌する．他方，マルクス経済学も社会主義の神話が露出し，1989年のベルリンの壁崩壊と1991年のソ連の崩壊によって衰退の一途をたどった．

　そして1990年代には，アメリカが支配するグローバル資本主義が急速に進展し，1997年にはタイ発のグローバル金融危機や2008年のリーマン・ショックのような出来事が起こって人々を混乱におとしめ，貧富の格差を増大させながらも，依然として世界経済を支配しつつ現在に至っている．

　数々の著書を著わし，現在日本ケインズ学会会長を務める平井俊顕氏の論文は，こうした1980年代以降の資本主義体制の特質を統合的な観点から手際よくまとめ，その上で現在の支配的な経済学がそのような資本主義の特質を理解する上でほとんど役に立たない空論に留まっていることを指摘し，その現状を打開するための「グローバリゼーションという広角的視座に立った政治経済学」の構築とそれを後期教養教育に生かす必要を訴えている．そこで，今後の議論を深めるために，幾つかの質問をしてみたいと思う．

　1）　平井氏の論文では現在支配的な新しい古典派への対抗馬としてニュー・ケインズ派が挙げられている．この学派は氏の言う「グローバリゼーションという広角的視座に立った政治経済学」の端緒と考えてよいだろうか．それとも別な観点からの新たな潮流が生まれるべきだと考えておられるのだろうか．特に何一つ罰せられていないメガバンクの行為を告発し規制する理論をどのように政治経済学が展開することができるのだろうか．

　2）　ケンブリッジ学派についての著作も多い平井氏は，同じケンブリッジ大学に属しながらも正義などの価値を論じるアマルティア・センや，日本で独自の思索を展開した塩野谷祐一などの規範的経済学をどう評価しておられるのだろうか．これまでケインズ学派とセン学派の交流はほとんどないように思われるが，これまでケインズを含めたマクロ経済学者がほとんど論じてこなかった正義などの規範的価値論が，今後の福祉政策を考える上でも必要かと思えるがどうであろうか．

　3）　環境経済学の出現に見られるように，環境問題はマクロ経済学にとっても重要なテーマであり，すでにピグーやカップが外部経済や社会的費用の問題として論じている．このテーマは今後どのように政治経済学に組み込まれうるのだろ

うか．経済学者が環境学者たちと議論するさいの接点について伺いたい．

4）本論文では，既存のマクロ経済学への根本的不信を感じられるが，トゥールとしての経済学全般に対するお考えを伺いたい．

5）最後に，すでに何らかの専門を修めた経験を持つ社会人が今日改めて経済学を学ぶ意義は，どういう点に求められるだろうか．本書全体のテーマの一環として伺いたい．

平井俊顕

—— 山脇氏への回答

1）近年，支配的であったのは「新しい古典派」，およびその「妥協的な」対抗馬としての「ニュー・ケインズ派」であるが，いずれもが，必要とされる政治経済学の基礎にはならないと考えている．前者はネオ・リベラリズムの旗振りに徹してきただけで，現実の世界経済を見据えた理論・政策を提供することはなかった．また後者は，名称とは異なり，ケインズ理論を継承しておらず，クリントン政権の中枢として金融グローバリゼーションを推進してきたと言える．金融規制が有効になるには，政治経済システムの頑迷な砦——今日の資本主義システムを覆うプルートクラシー，ネポティズム，倫理的不正義——を崩す第二のルーズベルト政権の誕生が待たれる．UNCTAD（2016）にも見られるように，われわれは，第二のリーマン・ショックを防止することができない状況におかれている（第3節で述べたことは，今後の方向性を示唆するものである）．

2）現在の新古典派は，論理実証主義の残滓と，数理経済学への傾倒，そして効用理論を重視するスタンスが強い．これに対し，戦間期のケンブリッジ学派は経済理論・政策のみならず，社会哲学にも深い関心を寄せていた（この点は，平井〔2007〕第Ⅱ部で扱っている）．

規範的経済学はさらに，より哲学的な考究に向かうものである．センや塩野谷は，経済学の根底を効用主義におくことの問題性を問い，それに代わる道徳哲学を提唱することで，大きな一石を投じてきた．センは，正義や自由を「ケイパビリティ」概念からとらえる立場をとり，塩野谷は，道徳理論として「構造的モデル」の，また認識論的基礎として「整合主義」の，立場をとった．

ケンブリッジに関連し，この点で次の2点を挙げておきたい——（1）ケインズは「エッジワース」（Keynes, 1926）で，功利主義倫理学と経済学の関係の探究がなされていないことに疑問を呈していた．（2）ホートリーは「信念の必要性」（Hawtrey, 1946）で，経済学が現在権威を喪失しているのは，経済学が倫理学との接点を喪失しているからだと論じていた．

242　第4部　現代社会の課題と統合的教養

3) マクロ経済学は，環境経済学よりも，短期的な視座で経済現象をとらえる傾向が強く（インフレ，デフレ，金融・財政政策など），またその対象期間が長くとも 10 年におよぶことはない．なお，この問いに関連しては次の点に言及しておきたい．オバマ政権にあっては当初，「グリーン・ニューディール」政策が打ち出されており（2009 年 5 月，"The American Clean Energy and Security Act" が下院を通過していた．温室効果ガスの排出量を「キャップ・アンド・トレード」方式により抑制しようとする点に大きな特徴がある），関係する複数の分野の経済学者が深く関係していた．残念なことに，この政策は共和党の反対に直面し，政権初期（2010 年 7 月）に頓挫してしまっている．さらにトランプ政権は地球温暖化現象を承諾しない立場をとっており，周知のように，2017 年 6 月 1 日，パリ協定（2015 年）からの離脱を発表している．なお地球温暖化否定者の批判者として知られる Monbiot（2017）は「気候変化」ではなく「気候破壊」と呼ぶべきである，と主張している．

4) グローバル資本主義は，「経済理論」が対象とする領域よりも広い．本章の第 1 節は，この 30 年のグローバル資本主義の展開の特性を現象面に重点をおきつつ理論的に整理したものである．第 2 節は，既存の経済モデルの枠組み，思想的イデオロギーの制約を受けて，経済理論は現実に生じている世界資本主義の特性，問題点をとらえることに失敗していることを見ている．第 3 節で言及したような「政治経済学的要素」の導入は，グローバル資本主義をとらえるうえで必須であると思われる（それに関連してロビンズ［Robbins, 1981］の発言を挙げておいた）．筆者は，「現在の主流派マクロ経済学」（とりわけ「新しい古典派」）の状況については悲観的だが，それとは異なる「政治経済学的方向」に希望を抱いている．現実に生じていることをフォローしながら，かつ理論的にそれらを考察していくことを重視している（平井［2012, 2017］はその試論）が，本章はそうした問題は扱っていない．また経済分析のツールがすべて役立たないと考えているわけではまったくない（有益だと判断するものは用いている）．

5) 専門分野に拘泥せず，「いま最も重要と思う経済問題」を「直接」論議できるような教育環境の提供が望まれる．そして，各自が自らの直覚からスタートした問題意識をもちながら，自ら考える習性を涵養するような方向の教育が肝要であると思う．そのさいに，第 3 節で取り上げたケインズの言（Keynes, 1924）は大いに本質を突いているわけで咀嚼する価値がある．また，（一例を挙げると）Chris Hedges, Seymour Hersh, John Ralston Saul, John Pilger など「経済学外部」の論客がとらえている現在世界政治・経済についての見解を聞くことも，経済学のあり方を考え直していくさいに有益であろう（YouTube を通じ，彼らの議

論に容易にアクセスが可能である）．この方法は，いまの世界政治経済に生じていることをリアルタイムでとらえていくうえで，しかも，討議，講義，講演なども提供されているから，今後，一層重要な教育・情報収集の手段になっていくことが期待される．

第14章　知のコンピューティングと森羅万象の価値創造
―― リアリティー 2.0 試論

岩野和生

　本章では，情報科学技術による知のコンピューティングの目覚ましい発展が，社会や産業に何をもたらしてきたのかを概観し，その先に来る世界について思考をめぐらしてみたい．その世界とは筆者が「リアリティー2.0」と呼ぶところの，「物理世界とサイバー世界が不可分の状態となって生み出される新たな世界」である．そこでは，森羅万象（すべてのもの）がサイバー的実体と物理的実体の両義性を備え，その中で新たなアイデンティティーが定義され，そのアイデンティティーに対して新たな価値創造が考えられるような社会が形成されていく．本稿は，そのような社会が社会機能のサービス実現のための基本環境として提供されることを見た上で，そうした状況に賢く対応するための智慧，知（叡智）のコンピューティングについて論じ，さらに今後の課題を述べることで，統合的な教養教育への問題提起を行ってみたいと思う．

1.　情報科学技術の進展とその役割の変遷

　私見では，現在，情報科学技術（IT, Information Technology）の進展によって次の三つの事柄が起きつつある．第一は，情報科学技術の最前線がビジネスから，社会，そして，人間や知へと移りつつあること．第二は，ビジネスの価値の源泉が，モノからサービスに，そして，サービスからエコシステム（複数の企業や登場人物，モノが有機的に結びつき，循環しながら広く共存共栄していく仕組み，http://iot-jp.com/iotsummary/iotbusiness/エコシステム/.html 参照）へのシフト，とりわけエコシステムの中の関係性が重要になってきて

いること．第三は，さまざまな境界がぼやけてきていることである．たとえば，物理的な世界とサイバーの境界の揺らぎであり，個人と組織の境界の揺らぎであり，人間と機械の境界の揺らぎの兆候である．こうした三つの出来事が，本稿のテーマである「リアリティー2.0」への流れの背景として存在する．

　図1は情報技術の進展に伴う影響をもたらす分野を図示したものである．これは，IT の数十年にわたる指数関数的な成長によって，その役割が従来のビジネスにとって必要不可欠なインフラ（Critical Infrastructure）としての機能（第1段階）から，社会にとって必要不可欠なインフラとしての機能（第2段階），そして，森羅万象（人間，機械，モノ）の融合による価値創造段階（第3段階）へと進みつつあることを示した図である．

　第1段階は，1990 年前後に，IT がビジネスにとって不可欠のインフラとして中心的な役割を果たし，金融，製造，流通，物流，電力などさまざまな産業界における基幹のインフラが構築されてきた段階である．このときのIT 業界では，要求書（Specification）通りに，品質（Quality），コスト（Cost），納期（Delivery）を守り，システムを作り上げることが最も重要であった．そのため，当時，IT のコミュニティーでは，ソフトウエアエンジニアリング，プロジェクトマネージメントが重要なテーマであった．

　第2段階は，2005 年にアメリカ政府がCPS（Cyber Physical Systems, サイバーフィジカルシステムズ）という，物理的インフラとサイバーのインフラの融合の提唱[1]をした時に訪れた．その後2008 年に IBM が CPS のビジネス版であるスマーター・プラネット（Smarter Planet, サイバー世界のインフラと物理的世界のインフラが融合して価値創造を目指すという概念）を提唱して，この流れが IT の社会的な価値創造に向けて加速された[2]．この段階では，エネルギー問題や都市の問題と相まって，スマートシティー，スマートグリッド等のプロジェクトが全世界で行われるようになってきた．ここでは，システム群を統合するシステム（System of Systems）という考えのもと，社会のさまざまなシステムを統合するシステムが目指された．これが，IT が社会にとって不可欠なインフラとして期待されている段階である．この第2段階では，要求水準があらかじめ与えられていないため，どのような社会の実

246　第4部　現代社会の課題と統合的教養

情報科学技術のフロンティアの変化

(第1段階) ビジネスのクリティカルインフラとしてのIT
(第2段階) 社会とIT：社会からの預託と社会的責任
(第3段階) 森羅万象、人、集団、機械の新しい関係と価値創造

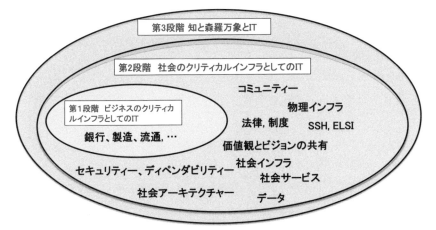

図1　情報科学技術の役割の変遷
ディペンダビリティーとは，ITのシステムが安定的に信頼を持てるように挙動する特性のこと．SSHは社会諸科学と人文諸科学（Social Sciences and Humanities）の略．ELSIは倫理，法的・社会的争点（Ehics, Legal and Societal Issues）の略．

現を目指し，どのような社会的価値を産み出すのかという問題意識から情報技術を関与させなければならない．ここでは，社会デザイン，価値観の共有，社会での合意形成などさまざまな問題が生じてくる．そして，専門家の社会との関わり方，社会的責任が問われるようになってくる．そのためビルニウス（Vilnius）宣言[3]に見られるようにSSH（社会諸科学と人文諸科学）やELSI（倫理，法的・社会的争点）など多くの観点が重要になってくる．この第2段階を成功させることによって，社会的費用の大幅な低減による財政の健全化，さらに，新規産業や新規ビジネス誕生の加速が期待される．現時点（2017年）は，この段階にあり，これらの政策の実行により国力や社会の成長の可能性（成熟度，幸福度等）に決定的な差が生じうる分岐点であることが認識されなければならない．本稿で言うところの「リアリティー2.0」がもたらすサービスプラットフォームとは，この第2段階を実現しようというもので

ある.

さらに,筆者が第3段階として想定するのは,社会とITの段階を経て,いよいよ,人類の知,森羅万象をまきこんで価値を創造する時代の到来である.この段階の挑戦は,まだ端緒についたばかりであるが,世界を見渡すと,この方向への努力はすでに始まっている.この方向への取り組みとしての「知のコンピューティング」については後で述べることにして,まず筆者のいう「リアリティー2.0」について,少し説明してみよう.

2. 「リアリティー2.0」の世界

筆者が思うに,従来は,実体はあくまで物理的世界に存在し,サイバー的実体は,物理的世界の実体に情報を提供するという世界観が主であった.この物理的実体を「リアリティー1.0の世界」と呼ぼう.それに対し,本稿では,「社会・経済・個々人の実体がサイバー世界と物理的世界の垣根を超えて一体として機能する世界」を「リアリティー2.0の世界」と呼びたい.それを図として示せば次頁の図2のようになる.

図2の最初の段階 ① は,サイバー上の情報を人間がオペレーション(運用)などのために利用する世界である.GEが提唱した機器から集まった情報を人間によるオペレーション(運用)と解析(アナリティックス)と連携させるインダストリアル・インターネット(http://www.ge.com/jp/industrial-internet)の世界もこの段階である.次の段階 ② は,あるドメインでのコミュニティーの情報をIoT(Internet of Things, モノのインターネット)のようなプラットフォームで連携させて,仮想的組織のように操作を行う世界である.たとえば,ドイツで進行中の「インダストリー4.0」[4]構想が目指す「製造業を束ねるプラットフォーム」や,GEを中心としたインダストリー・インターネット・コンソーシアムによる企業連携プラットフォーム[5]で作り出す世界である.「インダストリー4.0」では,このようにして物理的世界での製造業者をサイバー世界で関連づけ,物理的世界でエコシステムを形成することで,産業構造の変革をねらっている.しかし,これらの図 ①,② の段階は,あくまで物理的世界に実体がある.つまり,いまだ「リアリティー

248　第4部　現代社会の課題と統合的教養

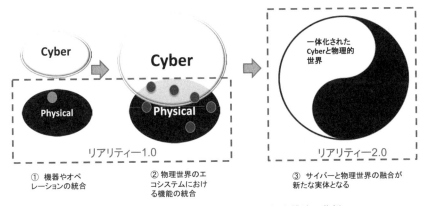

図2 「リアリティー 2.0 の世界」による社会構造の革新

1.0」の実体観に留まっている．

これらの「リアリティー 1.0 の世界」から新しい段階に移った状態が，図2の③の段階である．この段階では，「物理的実体とサイバーの実体が一体化した実体」として機能し，このような融合された実体こそ，筆者が「リアリティー 2.0」と呼ぶ世界にほかならない．この新段階では，③ 産業や社会の各機能が，情報と運用（オペレーション）が一体となった構成要素として提供される．つまり，従来の物理的実体（運用も含めて）もサイバー世界の情報も，共に機能の一部として提供され，これら機能の構成要素をダイナミックに自由に統合化させることができ，ビジネスや社会サービスを実行できるようになる．つまり，次節で述べるように，**機能のエコシステム**が実現される．換言すれば，「リアリティー 2.0 の世界」では，「すべてのもの（森羅万象）がサイバー的実体と物理的実体という両義性を持つ世界」になる．実際に，この「リアリティー 2.0 の世界」への兆しは，UBER（スマートフォン上のアプリを使ったタクシー配車サービス）[6]や Pokemon GO[7]や Magical Mirai（初音ミクを取り巻く創作文化を発信するユーザー参加型のコンサート）[8]等でき始めていると言えるだろう．これらのサービスや経験は，物理的世界だけ，サイバーの世界だけでは実現できず，両者が一体となって初めて実現できた世界である．

3. 機能のエコシステムを実現するサービスプラットフォーム

「リアリティー 2.0 の世界」では，図 3 のように，社会の機能としての物理的サービス群を，サイバーの機能と一体化したものとして要素化・構造化する．そして，サービスプラットフォームから呼び出し可能にし，動的にエコシステムを形成することを可能にする．

ここで機能は，領域ごとに変わるが，呼び出し可能な状態で適度な粒度（サイズ）でプラットフォームから提供される．たとえば，調査，ファイナンス，会計，企画，設計，物流，調達，製造，法律，知的財産権，法定文書作成，人事，情報技術環境，社員教育，マーケティング，高度技術支援，コンサルティング等，さまざまな専門性を持ったサービスが適度な粒度を持った機能としてプラットフォーム上で提供される．中小企業にとっては，これらの機能によるエコシステムを自分形成するのは，はなはだ困難である．

このような**機能のエコシステム**と呼ぶものができて，仮想的な経済単位や社会構成要素が作られ，一個人を超えた拡張された個人や，一組織を超えた仮想的組織が実現されるようになる．

しかしここで問題なのは，物理的世界の実体も兼ね備えた「リアリティー 2.0」の実体が，クラウド上のアプリのように呼び出し可能になるかということである．実際，サイバー上のソフトウエアでできたアプリケーションは，要求の負荷に応じて自由に必要なリソースを増減でき，品質を一定にして提供できる．このようなリソースがあたかも無尽蔵にあるかのように増減でき，提供するサービスの質を一定に保証できるかどうかが，「リアリティー 2.0 の機能」を提供する際の課題（チャレンジ）になる．UBER では，どこの誰もが運転者になれること，さらに，需給関係に応じて動的に料金が変わることや，運転者にそれらの情報を適宜与えることでリソースの有限性を乗り越えている．さらに，運転者とお客の双方が評価し合うというシステムで質の保証を試み，上記の問題を解決しようとしている．「リアリティー 2.0 の構成要素（コンポーネント）」設計に関しては，そのサイズ（粒度），リソースとしての増減の柔軟性，サービスの質の担保などを考える必要がある．たと

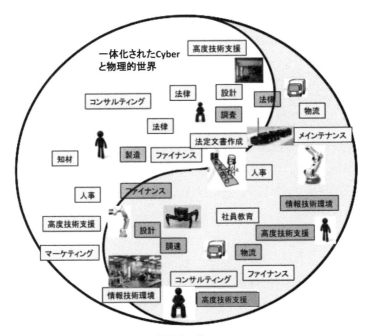

図3 呼び出し可能な社会の機能群を備えたサービスプラットフォーム
図の中で，サービスの箱の濃度が違っているのは，サービス提供者である組織や個人の違いをあらわすためである．これらの機能はサービスプラットフォームからサービスの形で呼び出される．

えば，UBERなどの評価システム，あるいは，会員制のシステムや，保証・保険制度の充実等，現在の社会で培われてきた制度が参考になるだろう．リソースはかならずしも無尽蔵に提供されるわけではないが，要求量と提供量のマッチングと値付けをうまくすることで，このリソースの問題に対処できるだろう．

4. 実体定義レンズによる機能のエコシステムの実体化

このような「リアリティー2.0のサービスプラットフォーム」から必要な機能群を組み合わせて，動的にエコシステムを定義するのが，**実体定義レンズ**である．ここでの実体定義レンズは，図3のサービスプラットフォーム上に配備された呼び出し可能なサービス群を構成要素，つまりコンポーネント

として扱い，それらの組み合わせ，構成要素（コンポーネント）間の関係を定義する．つまり機能間のワークフローなどが定義され，機能を組み合わせてより複雑なソリューションを提供できる．さらに個々の構成要素のサービスレベル，セキュリティー，プライバシー，使いやすさ，性能，アクセス要件，認証，サービス提供や情報の確度，安定度などの非機能要件が定義される．またそれらの非機能要件が満たされない時の対応（代替サービスの定義であったり，違約金，保険）が記述される．そして，サービスの価格，個々のコンポーネントへの価値（利益や名誉など）の再配分の仕様，異常事態への対応，保険，サービス要求やポリシー（運用の基本となる考え方）に対するコンフリクトの解消，サービス提供者や需要者に要求する経験や質などの記述からなる．さらに，価格づけとセキュリティーレベルの関係に見られるようなさまざまなトレードオフの妥協点の設定や，サービスのトレーサビリティーのレベルなども必要によって含まれる．この実体定義レンズによって，必要なエコシステムを現実のサービスのかたまりとして表現でき，提供できるものになる．つまり，エコシステムがコミュニティーの形で写像されることになり，そのコミュニティーの「法律」を提供することになる．

図4は，実体定義レンズを介して，この「リアリティー2.0のサービスプラットフォーム」から，さまざまな機能のエコシステムが実現される様子を示している．たとえば，スタートアップ支援サービスプラットフォーム，ヘルスケアサービスプラットフォーム，研究支援サービスプラットフォームなどの様子である．このように，リアリティー2.0の世界の上で多様な実体が実現される．

情報技術のプラットフォームによって，ある領域（たとえば，中小企業，中小製造業者，介護事業者，物流業者，中小自治体，大学，高校，クリニック，看護師，建設作業員，介護士など）を束ね，サービスを標準化し提供することができる．このことによってサービスの質を向上させ，安価に提供でき，さらに，この仮想的に束ねられた層に新しいサービスを提供できる．このように束ねることによって，その領域に関するデータが継続的に収集，解析，最適化が図られる．そして，高度な専門技術やサービスをこの領域のために開発，投資できることになる．

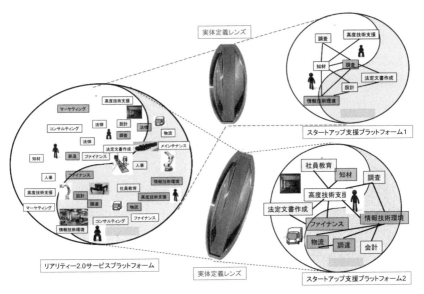

図4 実体定義レンズによって動的に構成される機能のエコシステム

「リアリティー2.0の世界」では，このような多様な機能があるプロトコル（接続の約束事，API, Application Programming Interface）を介して提供される．ビジネスを実行する際には，機能（プロセス）の組み合わせ統合の定義（実体定義レンズ）を指定することによって，動的に行われる．「リアリティー2.0」の中に実現された組織が実体として動作するのである．つまり，多様なビジネスの実体や社会活動の実体が，実体定義を指定することによって「リアリティー2.0の世界」で実現される．換言すれば，実体定義レンズを通して「リアリティー2.0の世界」をみれば，そこに必要な活動実体がエコシステムとして実現されるのである．つまり，「リアリティー2.0」の上に多様なエコシステムが実体として重なり合っているのである．

このように，「リアリティー2.0の世界」では，機能がサービスプラットフォームの中で実体化されることによって，プロセスの標準化，高度化，コスト削減が実現される．つまり，サービスとして提供される機能が標準化されることによって，その機能の提供に伴う競争によって，機能の高度化やコスト削減が図られる．さらに，実体定義レンズによって動的に必要なエコシ

ステムを形成できるので，従来のエコシステムを形成するためのコスト（信頼性の確立のためのコスト，相互の関係の取り決めのためのコストなど）の大幅な低減が図られる．このようにしてプロセスがエコシステムの中の関係として実現されるので，最適なプロセスの確立が促進されることになる．

　従来，機能の実現は，物理的な世界の実体（人，組織，機械）が主体となり，サイバー世界の情報を取り込みながら，他の物理的な世界の実体との連携を契約関係などによって図ってきた（図2の①の「リアリティー1.0の世界」）．そのため，ここで作られる関係は，リアルタイム性，柔軟性に乏しい固定的なものにならざるを得なかった．あくまで物理的な世界の実体（「リアリティー1.0」の実体）が主体のため，ここで作り出されるエコシステムも柔軟性や動的性において限定的であった．

　しかし，「リアリティー2.0の世界」では，「物理的な世界の実体もサイバー世界の情報とともにひとかたまりの構成要素」として提供される．したがって，実体定義レンズでのプロセス組み合わせ統合の記述を変えるだけで，仮想的な組織やサービスやプラットフォームでさえ，動的に実現されることになる．さらに，企業，個人，自治体などは，それらが果たす役割ごとにサービスプラットフォームに組み込まれ，他の機能サービスと連携されることによって，生産性や活動の機会が飛躍的に向上する．つまり，「リアリティー2.0の世界」での機能提供者は，その機能を活かすためのビジネス的な付属品や関係構築を自身で開発する必要はなく，その機能を提供するだけで一挙に市場が開かれている．また，その機能の使われ方も市場が多様に決めていく．

　こうして従来自身でビジネスのエコシステムを構築する力（財，ネットワーク，資源等）を持っていなかった層（個人，中小企業，地方，自治体）にとってビジネスの立ち上げの参入障壁は下がり，より開かれた市場（国やグローバル）への展開が容易になる．

　これらの科学技術の成果が，社会システムの一部として大規模に高度化した高品質の機能として安全に提供できることによって，社会的費用やビジネス費用の大幅な削減と最適化が達成できるとともに，科学技術による社会変革に伴う倫理，安全，セキュリティー，安心，社会受容性，制度設計，アカ

254　第4部　現代社会の課題と統合的教養

ウンタビリティーの担保などを図りやすい社会構造が作られる．現在でも脅威になっているサイバーセキュリティー，IoT（モノのインターネット）のセキュリティー，プライバシー保護，データ保全，ディザスターリカバリーなど社会全体での迅速な適用ができる構造を作ることができる．

　さらに，このようにエコシステムが実現されれば新たなサービスが創出されることにもなる．サービスをパターン化するサービス，品質保証，保険，サービスのエコシステムの解析，最適化サービス，社会的費用のモニターと見える化サービス，コンサルテーションなどは，ほんの一例である．つまり，サービスがサービスを呼び込む社会構造を形成できる．このように動的にエコシステムを実現できることによる社会的イノベーションの促進が期待できる．

　「リアリティー 2.0 の世界」は，先進的なビジネスの世界で，試み始められているビジネスプロセスの動的な組み合わせであり，Software Defined Everything（ソフトウェアによって定義されたすべて）[10)11)]の延長線に位置づけられるだろう．このように，「リアリティー 2.0 の世界」では，Software Defined Everything というビジネスの観点をさらに推し進めて，**Software Defined Society**（ソフトウェアによって定義された社会）というエコシステムを動的に提供できるようになる．つまり，実体定義レンズというエコシステムの仕様書によって，コミュニティーが動的に実現されるようになる．

5.　「リアリティー 2.0」のもたらすインパクト

　前節で述べたように，「リアリティー 2.0」の世界では，社会の機能をサービスとして構成可能にし，それらを統合化してエコシステムを形成できる．図 5 のように，従来，科学技術による社会変革がまだ進んでいなかった分野や人や組織に焦点をあて，この領域の人や組織の能力とサービスの質を向上し，新たなサービスの創出を図れる．先進的な大企業や企業グループにおいては，先端的技術者群，豊富な資金などを背景に先進的な情報技術への投資と応用によって，構造革新やイノベーションの促進を迅速に行ってきた．

　しかし，多くの大企業や企業グループ，そして，社会・産業を支えてきた

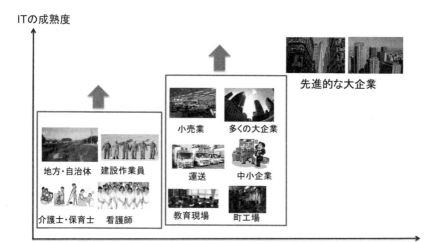

図5 科学技術による社会変革の度合いからみた成長分野

マジョリティーの層（中小企業，地方自治体，教育機関）などは，このような科学技術の適用，とくに情報技術による変革から取り残されてきた．ある意味，情報技術の成熟度が低い層である．これは職種についてもいえる．たとえば，看護師，介護士，ヘルパー，建設作業員，中小企業従事者等である．これらの層は，日々の細分化された個別活動に従事している．しかし，これらの職種では，統合的サービス（ファイナンス，社会保障，教育，仕事斡旋，保険，信用評価など）が提供されにくく，社会的・経済的にも機会損失が発生している．

そのため，最初にある領域の人や組織（自治体，中小企業，製造業，ヘルパー，建設作業員）を束ね，その層に必要な機能を共通サービスとしてサービスプラットフォームから提供していく．このことによって，共通機能に伴うプロセスやデータの標準化，質の高度化，新たなサービスの創出などが促進されていくことになる．

そして，このプラットフォームが，サービスの需要者と供給者の媒介として機能することによる新たなサービスの源にもなる．さらに，活動のデータがプラットフォームを通して蓄積され，ビッグデータ的解析と最適化とサービスの向上，ひいてはその層の地位の向上が図られる．このようにある層を

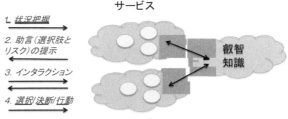

図6 将来の社会サービスの形

束ねることによる最適化や新たなサービスや機会の創出が図られることになる．

6. 「リアリティー2.0」の世界における将来のサービスの形

　将来の社会サービスの形は，図6のようになるだろう．

　図6では，人，コミュニティー，機械を含むさまざまな「リアリティー2.0の世界」に，社会サービスが，その状況把握を行い，いくつかの選択肢（オプション）を（リスクつきで）提示する．このとき「リアリティー2.0の世界」は，サービスと情報をやりとりしながら，適切な選択，決断，行動に達する．このような状況に応じたサービス（situated service）になるだろう．このときの状況把握は，かならずしも言語的に表現されたものだけではなく，非言語情報，文化的要素も含んだ状況の理解である．このとき，このように賢い判断と選択のできる社会をどのように実現するかは大きな課題となる．そのためには，コミュニティーにおける価値観の共有，合意形成，制度設計，人，コミュニティーの叡智をどのように形成し，適用するかという問題が出てくる．この問題に対するイニシアティブとして知のコンピューティングについて，次節で扱おう．

7. 知のコンピューティング

　では本稿の主要テーマであるところの，人や，コミュニティーや人類が，賢く生きるための知についての研究分野である「知のコンピューティング

（Wisdom Computing）について論じよう.

図7は，Curt Swindoll の DIKWD モデルである[9]. データ（data）から情報（information），と知識（knowledge）の段階を経て，さらに生きるための指針としての智慧，叡智（wisdom）を得て，賢い判断（decision）に到達するという階層である. 知識（knowledge）の獲得については，近年のビッグデータや AI の進展により目覚ましいものがあるが，智慧，叡智（wisdom）や判断（decision）については，いまだに手つかずの状態である.「リアリティー 2.0」の文脈で考えるとき，個人，コミュニティー，人類，あるいは，「リアリティー 2.0」の実体としての新しいアイデンティティーにとって，「智慧をどのように獲得し，それをもって物事の判断（decision）につなげるか」というテーマは，IT の課題であると同時に，制度，社会的な成熟度，SSH, ELSI の課題でもある.

図8は情報の半減期と影響を与える人数を概観したものであるが，必ずしも正確さを追求した図ではなく，ここで情報の半減期とは，「情報の賞味期限」と考えてもよい. たとえば，テレビなどは1千万人の人たちに情報は提供されるが，その賞味期限がその場かぎりといえよう. 新聞は，数百万人の読者に対して，せいぜい1日の賞味期限である. 近年では，ありとあらゆるものにつけられたセンサー等からのデータがリアルタイムに無尽蔵に発生している. しかし，人類の智慧としての聖書，美術，哲学，数式，文学，経験などは，非常に長きにわたって続くものであり，明らかに，「近年のデータや情報の過多と，智慧の蓄積の間には大きなギャップ」が存在する. つまり，量と生成のスピード，半減期のギャップである. このギャップを埋める試みこそが，「智慧・叡智のコンピューティング」なのである.

図9は，2013年に提唱した知のコンピューティング[10][12]の構成図である.

知のコンピューティングでは，図9のように，知の集積・伝播・探索，予測・発見，アクチュエーションが実現される. 目指すところは，人類知の向上，賢く生きることである. それらが，文化，習慣の理解，保持，人々，国の間の争い，行き違いの解決者（mediator）へと導くだろう. そして，人類，社会をより賢い存在に導く教育，学習システムによって，新しい技術や考え方を社会が受け入れる措置を確立する. さらに，機械と人間の新しい関係の

258 第4部 現代社会の課題と統合的教養

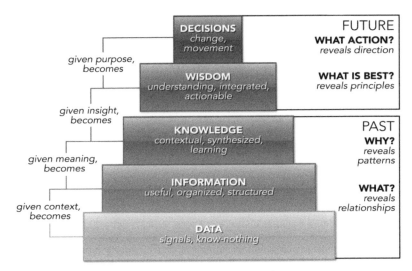

図7　Curt Swindoll の DIKWD モデル
(http://www.pursuant.com/blog/tag/dikw-model/)

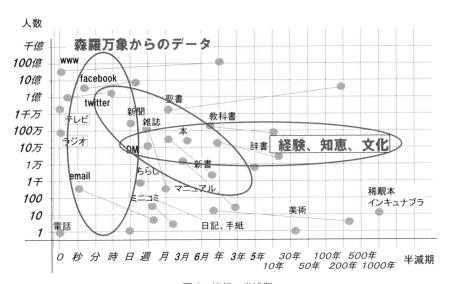

図8　情報の半減期

第14章　知のコンピューティングと森羅万象の価値創造　　259

図9 知のコンピュータティングの構成図

確立,適切な富,名誉の配分や,経済インパクトモデルの確立,技術の社会的受容を含んだ適切な社会制度,社会システムの確立を目指す．究極的には,森羅万象が価値創造に関与する森羅万象のコンピューティングを目指すものである．

それに伴い,ここにはさまざまなSSH,ELSI的課題が出てくる[10)11)]．まず,このような技術に対する受け入れ態勢（Readiness,レディネス）である．人々,社会,国や共同体が新しい技術,考え方を受容するためのプログラムが必要である．Computer Science for Allのようなプログラムである．特徴的なのは,このプログラムで計算論的思考（Computational Thinking）の教育にも力を入れていることである．この計算論的思考こそが,まさに社会変革を起こすために必要なコンピュータサイエンスの技術や考え方を中心としているのである．さらに,社会の構成員それぞれの役割（Role）と責任（Responsibility）と力（Power）と信頼（Trust）の問題,機械と人間の新しい関係,新しいヒューマニティーと文化に対する理解などである．

8. さまざまな課題

「リアリティー 2.0」による社会構造をもたらすことによって,社会の効率化,生産性向上,レジリエンシー,セキュリティーの向上がもたらされる．

さらに，このような機能のエコシステムを実現するサービスプラットフォームの到来により，さまざまな実体定義レンズの定義による新しいサービス群やサービスのエコシステム群が生まれてくるだろう．これはインターネットの到来によってさまざまな新しいサービスが生まれた様と似た状況である．

このような「サイバー世界と物理的世界の一体化」による社会的・経済的インパクトを大きく引き出すために，それらの実行者（政府，企業，個人）に対するインセンティブを喚起する施策が必要となる．さらに，これらの実行者は多様なステークホルダーとなる．そのためこれらのステークホルダーに対するアカウンタビリティーを担保するためのエビデンスとなりうる指標の確立とそのための社会計測の技術が必要となる．

さらに，この構造のもたらす負の脅威にも触れておかなければならない．たとえば，実体定義レンズの標準化，設計，実装，運用に関しては，格別の注意が払われなければならない．なぜなら，この実体定義レンズに対する悪意による操作，改変の可能性による社会的・経済的な負のインパクトがもたらされる危険性があるからである．

また個人レベルでも大きな変革がもたらされるだろう．たとえば，個人の能力が社会においては機能としてサービス提供される．このとき，どのように能力を機能のコンポーネントとして定義づけるのかは工夫が必要である．コンポーネント化することは，何をオープンにしてサービスの魅力をあげるかとともに，そのサービスのコモディティー化を防ぐために，何をクローズにして確保するかの工夫が必要である．ここでコモディティー化とは，サービスが日用品のように，誰でもが提供できるようになり，そのサービスの価値が大きく損なわれることである．

また，個人や組織がさまざまなエコシステムのなかで位置づけられるように「多様な関係づけ」が必要になってくるだろう．そして，個人や組織のアイデンティティーの考え方や捉え方が変わり，それに応じた関わり方や活動を考えなければならない．人文・社会科学と自然科学の統合的な実践，つまり，SSH や ELSI[13]的観点が必須になる．

さらに，「リアリティー 2.0 の世界」が進むと新しいアイデンティティーへの理解が必須になる．「リアリティー 2.0 の世界」では，図 10 のように，

第 14 章　知のコンピューティングと森羅万象の価値創造　261

図10 「リアリティー2.0」で実現される機械と人間の新しい関係の到来

機械(複数)と人間(複数)の新しい関係が模索される.このための思想,哲学とともに,新しいアイデンティティーの概念にもとづいたセキュリティーやプライバシーの研究と新しいサービスの創造が必要になる.

「リアリティー2.0の世界」では,人間,集団,機械など森羅万象を対象としたサービスが主体となる.このときに,人間や集団の行動原理,制度,政策の受容が,サービスの成功には欠かせない.また,人,集団,社会が賢くなる道については,新しい学問領域が必要になるだろう.従来の所有の原理から,使用の原理に価値が移ってきている.このとき使用の科学というものが確立されなければならない.現在のビッグデータ,IoT,AIの進展とともに,新しい経済が必要とされる.さらに,SSH,ELSIを基礎にした科学技術の推進も要請される.そして,価値の所在が,どのエコシステムでどのように寄与するかということに力点が移ってくる.そのため,使用の科学から関係の科学に焦点をあてなければならない.このように新しい学問領域の創出が図られ,そのための「統合的な教養力」が必要となるだろう.

参照文献

1) https://www.nsf.gov/pubs/2009/nsf09086/nsf09086.jsp
2) http://www.ibm.com/smarterplanet/us/en/
3) http://horizons.mruni.eu/vilnius-declaration-horizons-for-social-sciences-and-humanities/
4) Industry4.0, http://www.gtai.de/GTAI/Navigation/JP/Invest/Industrys/Smart-industry/smart-industry,did=1031152.html
5) Industrial Internet Consortium, http://www.industrialinternetconsortium.org
6) https://www.uber.com/our-story/
7) http://www.pokemon.com/us/pokemon-video-games/pokemon-go/

8) http://magicalmirai.com/2016/
9) Redefining Fundraising. Data, Posted on September 6, 2011 by Curt Swindoll. http://www.pursuant.com/blog/tag/dikw-model/
10) Wisdom Computing, ESOF 2016, Manchester, July 23-17, 2016. http://www.esof.eu/about/esof-in-manchester.html
11) Wise Computing: Collaboration Between People and Machines, AAAS 2015, 15 February 2015, San Jose. https://aaas.confex.com/aaas/2015/webprogram/Session9386.html
12) STRATEGIC PROPOSAL Wisdom Computing - Research and development for creative collaboration between humans and machines, CRDS, JST, 2014. http://www.jst.go.jp/crds/pdf/2013/SP/CRDS-FY2013-SP-07.pdf
13) 情報科学技術がもたらす社会変革への展望 —— REALITY 2.0 の世界のもたらす革新, CRDS-FY2015-XR-05, 2015. http://www.jst.go.jp/crds/pdf/2015/XR/CRDS-FY2015-XR-05.pdf

岩野論文への質疑と応答

宇佐美 誠

　当論考は，情報科学技術（IT）のめざましい発展によって近づいてきている，あらゆるものがサイバー的実体と物理的実体の両面をもつ新たな段階を描き出した上で，そこでの社会のあり方を考察し，今後の課題に言及するものと理解した．その上で，この論考ではほとんど触れられていない二つの論点について質問したい．

　1）　まず，人間関係がどのように変容し，またもともとは対人的だった感情の対象がどこまで拡張しうるかという関係問題である．それは，限定された場面では人間と人工知能（AI）の境界線があいまいになりつつあるという境界問題と，AI がコミュニケーションの相手として人間に置き換わりうるという代替問題に分けられる．これまでは，チューリング・テスト（機械に人間同様の知的な振る舞いをする能力があるかを，自然言語での対話によって判定するテスト）に表れているように，境界問題に関心が集まってきたが，今後は代替問題もまた重要となるだろう．たとえば，高齢者介護施設や高齢者宅での実験では，何人もの高齢者が会話ロボットに対して親近感を覚えたことが明らかになり，ロボットと長時間の会話を続けた例さえ見られる．こうした代替問題をふくむ関係問題について，私たちはどのように考えたらよいだろうか．

　2）　次に，自動化・情報化の加速度的な発展によって労働機会が減少してゆくならば，個人や社会のあり方はどのような変容を迫られるかという労働問題である．労働は，大半の人にとって所得の源泉であるだけでなく，自分が他人や社会

に役立っているという有効性感覚や，それにもとづく自尊の感情，社会の正規メンバーとして認められるという社会的認知などを部分的に支えてもいる．労働が持つこれらの多様な機能を考慮に入れなければ，たとえば女性の就労環境を改善したり，障碍者の就労機会を増加させたりする施策が持っている意義を十分に理解することはできない．しかし，自動化・情報化の加速度的発展が，〈ポスト労働社会〉という未曽有の新段階へと私たちをいやおうなしに導くとすれば，私たちはどのように対処するべきだろうか．

岩野和生

　最初の質問に関して言えば，人間と AI を含む機械との境界が曖昧になって行くのは確かで，たとえば，インターネットの検索がキーワードをコンピューターに手で入力せずともできるようになり，入力が手間のかかる操作ではどんどんなくなっていっている．最初は Siri のような音声認識を通して，次は，脳に埋め込まれた素子によって，考えただけで検索が行われる機能が早晩提供されるだろうし，このインターフェースによって外部計算リソースや外部のサービスや他の人の脳の素子と直接的にやり取りすることも，その後行われるようになるだろう．さらに，外部で高度なアルゴリズムを実行させ，その結果を脳が直接的に（多分，視覚的に）知ることも間近になるだろう．そうすると，問題を解くということや，考えるということをいったい誰が行っているのか判然としなくなる．しかし，その結果にもとづく行動の結果や責任は，行為者が取ることになる．ゆえにここでも，脳が計算原理を認知し，受け入れるための工夫が必要になってくる．さらに，アイデンティティーをどのように捉えるのかを考える必要がある．また，「考えるということ」がどのようになされるのかも考えなくてはならない．他のアイデンティティーとのコミュニケーションとの形も変わると考えられる．知のコンピューティングの研究分野では以上のような議論も行われているが，当論考では触れていない．

　AI がコミュニケーションの相手として人間と置き換わるという代替問題については，置き換えうるものは置き換わっていくだろう．結局，どの程度の深いコミュニケーションがなされるかによって，AI が置き換えて行くコミュニケーションも増えることになるだろう．現在でもボットと呼ばれる技術が急速に進歩し，インターネットの向こうにいるソフトウェアの受け答えや，特定の領域に関するコールセンターの受け答え等を行うようになってきている．大量の人間の会話のやり取りを一部の会社が収集できたことにより，人間の会話のやり取りのパターンを学習して行っているわけである．コールセンターの場合は，特定の分野にお

ける質問については，コンピューターが答えをデータベースから探しだし適切な答えを推論し答えている．実際，チェスや将棋や囲碁の世界では，インターネットの向こうの相手が機械かどうかは分からなくなる時代は既にそこまできている．こうしてみると，代替問題に対する私たちのポジションは，機械の協力を得てどれほど深いコミュニケーションをしていくのかという問題にたどりつく．当論考ではこのような可能性は示唆しているが，将来の課題と位置づけている．

労働問題については，当論考は，重要な課題としているが，それを論じてはおらず，知のコンピューティングの研究課題として議論を行うに留めている．結局，どのような社会構造，価値の再配分，人間や社会の目的を持つのかを考えて行かなければ，この課題に答えることはできない．私が言えることは，情報技術のもたらすこのような深刻な可能性を社会，個人が考えることができ，受け止められるような教育を行って行く必要があるというだけである．実際，米国では，このような観点から Computational Thinking（計算論的思考）の習得を幼稚園から高校までの生徒に義務づける Computer Science for All というイニシアティブを，2016 年に開始している．

水野義之

私もこの分野に大きな関心を持っているので，四つばかり質問したい．

1) クラウド化された機能性コンポーネントを組み合わせて実現される「リアリティー 2.0 の世界」は，私にも実現可能だと思うが，そこで失われるものもあるはずだ．それは，共通化することでまさに失われるところの非共通的な部分，すなわち多様性，個別性，個性，地域性，文化といった要素であり，それらこそが稀少な価値の源泉ではないだろうか．「リアリティー 2.0 の世界」において，このような意味での非共通的な実体が持つ価値は，どのようなものになるとお考えか．

岩野和生

私もその通りだと考えている．当論考が問題にしたのは，IT の成熟度がまだまだ不十分な産業セグメントや個人が経済活動を行って行く時に，社会の機能を「リアリティー 2.0」の機能として呼び出し可能にする社会サービスプラットフォームである．非共通的な部分，多様性，個別性，個性，地域性，文化は，経済活動とは別の要素として担保されるものと考えた．むしろ「リアリティー 2.0」のサービスプラットフォームがもたらす社会的，個人的な余裕がそのように生きるための価値の追求に向けられていくべきであろう．

水野義之

2)「リアリティー 2.0 の世界」では,「どのような社会的価値を産み出すのかという問題意識から情報技術は関与させなければならない. ここでは, 社会デザイン, 価値観の共有, 社会での合意形成などさまざまな問題が生じてくる」と指摘されているが, ここでいう「価値観の共有」とは何を意味するのか, お聞きしたい. たとえば, クラウド化や AI 化・ロボット化, 電子化・機械化が進み, 各種共通化によってコスト低廉化が進み, 殆ど無料で各種サービスが提供され, ベーシックインカム (最低賃金) で生活できるようになることを我々は望むのか, そもそも技術は人間のためにあるのではないか, それを我々は理解しているのか, などの根本問題についてどのようにお考えか.

岩野和生

確かに, どのような社会を目指すのかという観点での価値観の共有が必要と考える. ただし, この「リアリティー 2.0」の世界で議論の対象としたのは, 経済活動について社会の中で有効に専門的な知識やサービスを共有できる仕組みである. この経済活動という点から見れば, 現在進行中のグローバル化や共通基盤, プラットフォーム化による圧倒的なコスト削減や寡占化などに対抗する必要があると思う. しかし, 個人の生きがいや, 個々人の生きる意味・個別の価値観を否定しているわけではなく, これらは「リアリティー 2.0」の活動を補足して行われるものと考えている.

水野義之

3) 論考では,「実体定義レンズというエコシステムの仕様書によって, コミュニティーが動的に実現されることを software defined と称している」と指摘されている. 思い返すと 1980 年代に AI (人工知能) のエキスパートシステムが開発されていた時代に, 我々が「知識獲得のボトルネック」として認識した事実は, 我々は知っていること自体を言語化しきれない, ということであった. この状況と同じで「実体定義レンズ」こそがワークフロー定義に対応すると私は思うが, それはそもそも (その「実体」自体を) 言語化し, 定義しきれるのだろうか. 確かにエコシステムの構成要素に共通部分があるとは私も思う. しかし共通部分は大きい (多い) のだろうか. それとも本質的で個別的な部分は, 実体定義レンズには見えない部分であり, 個別対応で済ませられるのだろうか. このような「実体定義」そのものの問題はいかにして克服されるのだろうか.

266 第 4 部 現代社会の課題と統合的教養

岩野和生

　私もその通りだと考えている．「実体」自体を言語化し，定義して行くことが必須になる．問題は，どのような実体を対象にするかである．この論考では，経済活動や社会の機能の再構成を含んだエコシステムの形成を考えているので，その範囲内の実体を扱い，それを対象とする実体定義レンズになっている．結局，どの「実体」を対象として，「リアリティー 2.0」のようなサービスプラットフォームで扱うかという問題は，社会における価値観の問題につながっている．

水野義之

　4）「リアリティー 2.0」の実体は，「サービスと情報をやりとりしながら，適切な選択，決断，行動に達する．このような状況に応じたサービス（situated service）になるだろう．このときの状況把握は，かならずしも言語的に表現されたものだけではなく，非言語情報，文化的要素も含んだ状況の理解である」と書かれている．たとえば福祉・介護サービスにおける所謂「デイサービス」を例に挙げると，そこでは家族に迷惑をかけたくないと考え，無理にでも施設に入ろうとする高齢者自身の自己犠牲と，まだボケていないとする（生きる支えとしての）自尊感情との戦いの日々が，現場で繰り広げられることになる．その感情は苦悩と感謝，不満と祈りの間で揺れ動き，施設職員は入所者を理解できておらず，家族でさえ理解は難しいこともある．そうした事態に鑑みれば，自分が自分を理解しきれず，人間は人間を理解できていないというべきではないだろうか．このような根本問題は，その個別性において，いかに克服されるのだろうか．このような人間理解の本来的困難性を伴う分野は少ないのか，逆に大部分の分野のサービスにおいて，このような問題に逢着するのか，お聞きしたい．

　また最後に，「「リアリティー 2.0」の文脈で考えるとき，個人，コミュニティー，人類，あるいは，「リアリティー 2.0」の実体としての新しいアイデンティティーにとって，「智慧をどのように獲得し，それをもって物事の判断（decision）につなげるか」というテーマは，IT の課題であると同時に，制度，社会的な成熟度，SSH，ELSI の課題でもある」と書かれているが，それは，SSH や ELSI のような個別の分析的諸科学の課題というより，むしろ統合学的な人間理解の課題ではないだろうかお尋ねしたい．

岩野和生

　当論考では，現在の経済活動の延長にある将来のサービスの形を論じた．そこでは，サービスの受け手の状況に合わせたオプションの提示（それはその選択に

よっておきうるリスクも含めている）を行い，サービスの受け手がサービスプロバイダーとインタラクションをかわしながら，賢い選択を行うことを可能にするシステムを考えている．このとき，サービスの受け手の状況把握が，ご質問のようにどれほど深いレベルで行われうるのかは疑問である．また，社会の選択としてそのような多様で，深い理解を伴わないと提供できないようなサービスは，このような一律の単純なサービス提供の仕組みで行うべきものではないだろう．あるいは，サービス提供の状態の把握を常に行うなかで，このような一律なサービス提供から外れて1対1のサービスに持って行く等のセーフティネットが必要と考えている．結局のところ，現在は経済的価値，ビジネス的価値が最優先とされる風潮があるので，このような危惧が出ているのだと思う．今こそ，どのような社会を目指し，どのような社会制度，人間の関係を構築して行くのかの別途の議論が必要だと私は考える．

　最後のご質問に関して言えば，当論考では，とくに専門家や機能の提供者に対する警鐘を発したかったので，社会的責任，倫理感を強調するためにSSH，ELSIをあげた．一番大事なのは，ご質問のように統合学的な人間理解の課題とどのような社会や関係（人間同士，人間とコミュニティー，人間と機械）を目指すのか，そしてどのような価値を創造すべきかなどについての考察と議論とお互いの理解，そしてそれらの多様性を認める社会システムの構築であると考えている．現在は，いろいろな専門家が発言の正確性にとらわれて大胆に専門領域を超えて議論できる場が少ないと感じる．一体どのような社会を目指すか，人間がどのように生きて行くべきか等は，いろいろな専門家が自分の専門性を超えて，その専門領域からみた将来起こりうる事，良い事，危機感を提示し，議論して行く事が必要であり，それこそが現在の専門家の社会的責務の一つだと思う．その意味で統合学の試みは非常に重要だと考える．

　本書全体のテーマである「統合的教養教育」に関して言えば，一方では，他者を慮れるための哲学，思想，共感の基礎が必要であり，他方では，今後さまざまに大きく影響をもたらす技術や思想についても，教養の一つの分野として誰しもが身につける必要があると思う．たとえば，コンピュータサイエンスでいえば，アーキテクチャー，モジュール化，仮想化，アルゴリズム，プラットフォーム等の概念によって新しい価値創造にむける素養としてComputational Thinking（計算論的思考）等が，従来の数学と同じ程度に必要だと考えている．

山脇直司

　質問の締めとして，哲学的な問いを提起してみたい．森羅万象の価値創造とい

うタイトルにも示唆されるように,「リアリティー 2.0 の世界」というお考えの中には,何か日本の古事記にあるような「八百万の神々の世界」という含蓄があるようにも思えるし,何かしら原始仏教的世界観をも彷彿させる.西洋哲学の伝統に即して言えば,リアリティー 2.0 は,精神と物の二元論に固執するデカルト的な世界観を批判するスピノザの汎神論的世界の伝統に似ていなくもない.欧米の国際会議に頻繁に参加している岩野先生は,意図的に森羅万象という日本語（研究社の新和英辞典では,all things in nature とか the whole of creation と訳されている）を使っておられるとしたら,その理由を伺いたく思う.

岩野和生

まさに,「森羅万象」にもとづく価値の創造というのは,私たち日本人が「科学技術のあり方,専門家のあり方,境界が消えていく世界」に対して,新しく持ち込める視点ではないかと考えている.現在,科学技術と社会の関係について非常に多くの人が問題に感じていると思う.論考でも述べたが,従来の西洋科学の発展は細分化していくことで深化していったわけである.しかし,科学技術（とくに情報技術や生命科学）の進展の目覚ましさによって,その地球,人類,社会に与える影響が,深刻なものになりつつあるとみんなが感じ始めている.その一例が国連の SDGs（Sustainable Development Goals）である.個々の技術の深堀だけでは,全体系にもたらす影響や新しい価値を作れなくなっている.それが,統合学の必要とされるところだと感じている.しかし,欧米の人たちと議論してきたのだが,大きな違いを感じることがある.彼らは,human（人間）と non-human（非人間）を峻別する.新しい価値観は人間だけの観点で考えているのである.私たち日本人は古来からの「八百万の神」の精神で,人間を取り巻く全てのものも人間と同じように新しい価値の創造に関与するというものである.そうしなければ,現在起きているさまざまな境界の消滅（サイバーと物理世界,人間と機械,個人と組織など）に対応した新しい価値観を生み出せるとは思えない.とくに,リアリティー 2.0 の森羅万象がサイバーと物理的性質の両義性を持ち,新しいアイデンティティーを作り出すという考えは出そうにない.この境界の消滅は IoT（Internet of Things）によって加速されている.また近年の AI やロボットの進展に伴って,人間と機械の新しい関係性なども八百万的発想と解決への道がいるのではないかと考える.結局,私たちは自然の中でお互いの関係性の中で生きているのだと思う.これが,現在の西洋的科学技術の閉塞感や,経済価値,ビジネス価値一辺倒の価値観を打ち破るのではないかと考えている.

おわりに

　まず，本書成立までの経緯を述べておきたい．

　2003 年に発足し，2013 年以来私が所長を務める統合学術国際研究所では，
「専門化し細分化した知を現在の状況で統合する試み」をドイツ語と日本語
で発信してきたが，その成果の一つを 2015 年 1 月に東京大学出版会から
『科学・技術と社会倫理』というタイトルで刊行した．その後，本書が生ま
れるきっかけとなったのは，その本の問題意識を発展させるべく，2015 年
12 月に熱海で開かれた第 13 回統合学術合同研究会であった．そこでは，教
養教育の在り方について 2 日間にわたり多角的な議論が交わされたが，その
成果を基に，現在必要な教養教育と統合知を探求する本を新たに上梓したい
という願望が生まれ，翌年（2016 年）から本書の企画が始まった．最初はま
ず，熱海での研究会に参加した論者に加えて，統合学術研究会で何らかの発
表をして頂いた方々に，教養教育ないし統合知に関するテーマでご執筆頂い
た．その上で，編者の責任で全体の構成を練り直し，新たなテーマと若干の
論者を加え 4 部立てにし，理解を深めるために各論考に質疑応答を加える作
業を行い，2017 年初夏にようやく本書の骨格が完成した次第である．

　編者が思うに，類書にはない本書の独創性は，「現下の状況での教養概念
の問い直し」「一定の専門知を学んだ（または学び始めた）後の教養教育の意
義や在り方」「現代の諸課題と取り組む統合知の意義と射程」「そのような教
養教育と統合知の関連」などが，多様な研究分野の第一級の論者たちによっ
て真剣に探究された点に求められよう．もちろん，まだまだ論じられなけれ
ばならないテーマも多く残っているが，本書はどこまでも今後の教養教育や
統合知に関する端緒の試みである．今年に入って英文タイトルを決める段階
になって，Integrative Learning for Liberal Arts Education（教養教育のため
の統合的学び）というタイトルを選んだのは，そうした端緒のニュアンスを
強調するためである．「はじめに」でも述べたように，読者の方々には，本

書の議論に参加して頂き，さらに今後発展させるべき論点について考えて頂きたく思う．なお，本書の刊行に当たっては，統合学術国際研究所から出版助成がなされた．

　最後に，本書の企画と刊行にあたって様々な助言を頂いた東京大学出版会の小松美加氏と後藤健介氏に心から感謝の意を表したい．お二人の助言がなかったら，このような形で本書が刊行されることはなかったであろう．

　2018 年　立春の日

山脇直司

編者・執筆者紹介

［編者紹介］

山脇直司（やまわき・なおし） 1949 年生まれ．統合学術国際研究所長・理事，星槎大学副学長，東京大学名誉教授．『ヨーロッパ社会思想史』（東京大学出版会，1992 年），『グローカル公共哲学』（同，2008 年），『公共哲学からの応答』（筑摩書房，2011 年），『科学・技術と社会倫理』（編著，東京大学出版会，2015 年）など．専門分野：哲学，公共哲学，社会思想史．

［執筆者紹介］（五十音順）

伊東俊太郎（いとう・しゅんたろう） 1930 年生まれ．東京大学名誉教授，国際日本文化研究センター名誉教授，麗澤大学名誉教授．『近代科学の源流』（中央公論社，1978 年／中公文庫版，2007 年），『比較文明』（東京大学出版会，1985 年／UP コレクション版，2013 年），『十二世紀ルネサンス』（岩波書店，1993 年／講談社学術文庫版，2006 年），『変容の時代』（麗澤大学出版会，2013 年）．専門分野：科学史，科学哲学，比較文明学．

今田高俊（いまだ・たかとし） 1948 年生まれ．東京工業大学名誉教授，統計数理研究所客員教授．『意味の文明学序説――その先の近代』（東京大学出版会，2001），*Self-Organization and Society*（Springer, 2008），『社会理論の再興――社会システム論と再帰的自己組織性を超えて』（共編著，ミネルヴァ書房，2016 年）．専門分野：社会システム論，社会学．

岩野和生（いわの・かずお） 1952 年生まれ．株式会社三菱ケミカルホールディングス Chief Digital Officer．『アルゴリズムの基礎――進化する IT 時代に普遍な本質を見抜くもの』（朝倉書店，2010），『アルゴリズムイントロダクション』（共訳，近代科学社，1995），『Google PageRank の数理――最強検索エンジンのランキング手法を求めて』（共訳，共立出版，2009），『大規模データマイニング』（共訳，共立出版，2013）．専門分野：クラウドコンピューティング，組み合わせ最適化，サイバーフィジカルシステムズ．

宇佐美 誠（うさみ・まこと） 1966 年生まれ．京都大学大学院地球環境学堂教授．『決定』（東京大学出版会，2000 年），『公共哲学 20 世代間関係から考える公共性』（共編著，東京大学出版会，2006 年），『法哲学』（共著，有斐閣，2014 年），『グローバルな正義』（編著，勁草書房，2014 年）．専門分野：法哲学．

小林正弥（こばやし・まさや） 1963 年生まれ．千葉大学大学院社会科学研究院教授，千葉

大学公共研究センター長．慶應義塾大学大学院システムデザイン・マネジメント研究科特別招聘教授兼任．『日本版白熱教室 サンデルにならって正義を考えよう』（文春新書，2011 年），『サンデル教授の対話術』（サンデル氏と共著，NHK 出版，2011 年），『対話型講義 原発と正義』（光文社新書，2012 年），『神道と政治』（角川新書，2016 年）など．専門分野：公共哲学，政治哲学，比較政治．

島薗 進（しまぞの・すすむ） 1948 年生まれ．上智大学大学院実践宗教学研究科教授，東京大学名誉教授．『いのちの始まりの生命倫理』（春秋社，2006 年），『宗教を物語でほどく』（NHK 出版，2016 年），『いのちを"つくって"もいいですか？』（NHK 出版，2016 年）．専門分野：宗教学，死生学，生命倫理．

杉村靖彦（すぎむら・やすひこ） 1965 年生まれ．京都大学大学院文学研究科教授．『ポール・リクールの思想意味の探索』（創文社，1998 年），*Philosophie japonaise. Le néant, le monde et le corps*（共編著，J. Vrin, 2013 年），『フランス現象学の現在』（共著，法政大学出版局，2016 年）．専門分野：宗教哲学，現代フランス哲学，京都学派の哲学．

鈴木達治郎（すずき・たつじろう） 1951 年生まれ．長崎大学核兵器廃絶研究センター長・教授，パグウォッシュ会議評議員．『核兵器と原発』（講談社現代新書，2017 年），『核のない世界への提言 —— 核物質から見た核軍縮』（監訳，法律と文化社，2017 年），『アメリカは日本の原子力政策をどうみているか』（共編著，岩波ブックレット，2016 年），『エネルギー技術の社会意思決定』（共編著，日本評論社，2007 年）など．専門分野：原子力政策，核軍縮・不拡散政策．工学博士．

竹内日祥（たけうち・にっしょう） 1947 年生まれ．統合学術国際研究所理事長，独日統合学学会日本側理事長，宗教法人妙見閣寺代表役員，公益法人ドイツ大聖恩寺代表役員，日本印度学仏教学会理事，全日本経営人間学協会理事長．

田中 裕（たなか・ゆたか） 1947 年生まれ．上智大学名誉教授，統合学術国際研究所理事，東西宗教交流学会会長，日本ホワイトヘッド・プロセス学会会長．『逆説から実在へ ——科学哲学・宗教哲学論考』（行路社，1993 年），『ホワイトヘッド —— 有機体の哲学』（講談社，1998 年）．専門分野：科学哲学，宗教哲学．

直江清隆（なおえ・きよたか） 1960 年生まれ．東北大学大学院文学研究科教授．『知の生態学的転回 2 技術』（共著，東京大学出版会，2013 年），『哲学トレーニング 1, 2』（編著，岩波書店，2015 年），『理系のための科学技術者倫理』（編者，丸善出版，2015 年）．専門分野：哲学，技術の哲学・倫理．

野家啓一（のえ・けいいち） 1949 年生まれ．東北大学名誉教授・総長特命教授，統合学術国際研究所理事．『物語の哲学』（岩波現代文庫，2005 年），『パラダイムとは何か』（講談社学術文庫，2008 年），『科学の解釈学』（講談社学術文庫，2013 年），『歴史を哲学する』

（岩波現代文庫，2016年）など．専門分野：哲学，科学基礎論．

平井俊顕（ひらい・としあき）　1947年生まれ．上智大学名誉教授，ケインズ学会会長（2011年～），ケインズ全集編集幹事．『ケインズの理論』（東京大学出版会，2003年），『ケインズ100の名言』（東洋経済新報社，2007年），*The Return to Keynes*（co-ed., The Belknap Press of Harvard University Press, 2010），*Capitalism and the World Economy*（ed., Routledge, 2015）．専門分野：経済学史，理論経済学．

藤垣裕子（ふじがき・ゆうこ）　1962年生まれ．東京大学大学院総合文化研究科教授，科学技術社会論学会前会長（2013～2016年度）．『専門知と公共性』（東京大学出版会，2003年），*Lessons from Fukushima: Japanese Case Studies on Science, Technology and Society*（ed., Springer, 2015）．『大人になるためのリベラルアーツ』（石井洋二郎と共著，東京大学出版会，2016年）など．専門分野：科学技術社会論．

水野義之（みずの・よしゆき）　1953年生まれ．京都女子大学現代社会学部教授．『情報ボランティア』（共著，NECクリエイティブ出版，1996年），『原発の安全と行政・司法・学界の責任』（共著，法律文化社，2013年）など．*Quark Lepton Nuclear Physics*（ed., Elsevier Science, 1997），『物理データ事典』（編著，朝倉書店，2006年）など．専門分野：物理学，情報学．

森岡正博（もりおか・まさひろ）　1958年生まれ．早稲田大学人間科学学術院教授，大阪府立大学名誉教授．TOKYO PHILOSOPHY PROJECT代表．『無痛文明論』（トランスビュー，2003年），『まんが哲学入門』（講談社現代新書，2013年），『生命学に何ができるか』（勁草書房，2001年）など．専門分野：哲学，倫理学，科学論．

八木誠一（やぎ・せいいち）　1932年生まれ．東京工業大学名誉教授，文学博士（九大），名誉神学博士（スイス・ベルン大），元日本キリスト教学会理事長．『パウロ・親鸞＊イエス・禅』（法蔵館，2000年），『イエスの宗教』（岩波書店，2009年），『〈はたらく神〉の神学』（岩波書店，2012年），『回心　イエスが見つけた泉へ』（ぷねうま舎，2016年）など．専門分野：新約学，宗教哲学．

教養教育と統合知

2018 年 3 月 16 日　初　版

［検印廃止］

編　者　山脇直司

発行所　一般財団法人　東京大学出版会

　　　　代表者　吉見俊哉

　　　　153-0041 東京都目黒区駒場 4-5-29
　　　　電話 03-6407-1069　FAX 03-6407-1991
　　　　振替 00160-6-59964

印刷所　株式会社精興社

製本所　牧製本印刷株式会社

Ⓒ 2018 Naoshi Yamawaki *et al.*
ISBN 978-4-13-016035-3　Printed in Japan

JCOPY 〈㈳出版者著作権管理機構　委託出版物〉
本書の無断複写は著作権法上での例外を除き禁じられています．複写され
る場合は，そのつど事前に，㈳出版者著作権管理機構（電話 03-3513-6969，
FAX 03-3513-6979，e-mail: info@jcopy.or.jp）の許諾を得てください．

山脇直司 編
科学・技術と社会倫理──その統合的思考を探る　　4/6 判　2900 円

山脇直司
ヨーロッパ社会思想史　　A5 判　2200 円

石井洋二郎・藤垣裕子
大人になるためのリベラルアーツ──思考演習 12 題　A5 判　2900 円

藤垣裕子
専門知と公共性──科学技術社会論の構築へ向けて　　4/6 判　3400 円

福島真人
真理の工場──科学技術の社会的研究　　4/6 判　3900 円

有本建男・佐藤 靖・松尾敬子／吉川弘之［特別寄稿］
科学的助言──21 世紀の科学技術と政策形成　　A5 判　3500 円

ここに表示された価格は本体価格です．ご購入の
際には消費税が加算されますのでご諒承ください．